守望者
The Catcher

阅读　你的生活

La véritable histoire
　　　des douze
Césars

罗马帝国的
黎明

Virginie Girod
[法]维尔吉妮·吉罗 著
信尚尚 译

十二恺撒

中国人民大学出版社
·北 京·

献给我的母亲、我的父亲
因为世上不存在任何一个家庭没有历史

让政治人物感兴趣的不是金钱,而是权力。他只想着权力,无时无刻,日夜不停。他牺牲一切,牺牲掉家庭、健康、尊严,为的永远都是权力。

——弗朗索瓦·密特朗(François Mitterrand)

说到底,当我不表演的时候,我究竟是谁?一个被遗弃在感官之路上的可怜孤儿,在现实那寒风肆虐的角落里瑟瑟发抖,不得不睡倒在忧伤的台阶上,乞求着想象的面包。

——费尔南多·佩索阿(Fernando Pessoa),
《不安之书》(*Le Livre de l'intranquillité*)

致读者

　　这部作品是按照苏埃托尼乌斯《罗马十二帝王传》的模式写就的历史传记，是笔者在查阅了古老资料和当代传记后细致研究的结晶。不过，每一章节的介绍和终章部分均为虚构，并用与正文不同的字体标识出来。这些部分的写作灵感来自古代的文字记载，笔者尽可能减少想象的成分，它们充当了传记的插图，正如电视纪录片里的场景重现。它们只有一个使命，那便是与读者分享某个特定时刻的强烈戏剧性，使读者感受到一种氛围，并提供一个布景，将这本书化为梦回恺撒世界的穿越之旅。不过，尽管如此，不愿遐想的读者大可跳过它们，这并不会影响您理解本书中的人物传记。

前言

为什么要重提罗马十二恺撒呢？因为这群人永远令人着迷。谁没有梦想过拥有尤利乌斯·恺撒一般的胆识，像他那样跨过卢比孔河？谁不曾想过拥有奥古斯都那样老谋深算的头脑，成为万人敬仰的领袖？又有谁，在内心深处从未羡慕过卡利古拉或尼禄的夜晚狂欢？无论好坏，恺撒们都受到尼采所说的权力意志的驱使，那种生命驱动力如此不同寻常，以至于无可救药地将人引向骄横佞妄（hybris）[①]，众神看了都要感到不满。然而，尽管恺撒们的命运那

[①] 在古希腊，hybris 指的是一种过分妄为的生活方式，意指人和神明一样，成为各种激情的奴隶，这被认为是违反宇宙普遍秩序的罪行。

般宏大，他们的错误已变成巨大的沟壑。他们的伤口、偏执、缺乏爱、为维护优越感而产生的支配需要，都让他们成为外显的或内隐的怪物。站在他们的雕像基座上往下看，尽管已经被尊崇为神话般的人物，他们显然依旧只是人类而已。历史令他们不朽，时至今日，他们仍然出现在孩子们的教科书中、各种各样的虚构作品中。从歌剧到电视剧，也包括好莱坞历史巨作和连环画，这群或狂妄自大或拥有远见卓识或邪恶变态的人，都以迷人的姿态活在我们的想象里。

19世纪以来的历史学家们，例如弗兰茨·德·尚巴尼（Franz de Champagny）在其名为《罗马恺撒》（*Les Césars*）[1]的著作中，一直试图证明皇权（以及皇权引起的兴奋和恐惧）将众位帝王引向了疯狂。1991年，研究者雷吉·F. 马丁（Régis F. Martin）试图了解，那些可能存在的疾病，例如众所周知的尤利亚-克劳狄家族的癫痫①或其他各种精神疾病，是如何影响恺撒们有时做出疯狂的决定的[2]。神经科学和认知科学的最新研究表明，他们所有的直觉都建立在这一点上：权力总是腐蚀有权势的人，恒久不变。它令人变得孤立。成为奥古斯都意味着比其他人的价值更高贵，且同时只能存在一个奥古斯都。帝王之上是诸神，之下是众人，帝王本人则处在两者之间的位置。在无人触及的充满象征意义的政治空间里，

---

① 尤利亚-克劳狄家族造就了罗马帝国的第一个王朝，从尤利乌斯·恺撒开始，到尼禄结束。恺撒从来都未曾称帝，而是一直担任终身独裁官。在收养了甥孙屋大维后，他将自己的姓名传给了后者，自此，"恺撒"这个名称从一个皇帝传到另一个皇帝。它原本是血统家系的象征，后来逐渐演变成了一个称号，因此，罗马帝国最初的皇帝来自尤利亚家族。克劳狄家族则通过婚姻运作，与尤利亚家族联合在一起。提比略是第一位继位掌权的克劳狄人，从他开始的罗马皇帝都是这两个族裔的后人。

皇帝如何能脚踩大地，活在现实当中？这种与人隔绝的孤独感影响着他们，在最为专横的人身上表现得尤为明显，比如提比略和图密善。前者在卡普里岛过着与世隔绝的隐士生活，后者每天将自己关在房间里几小时以避开宫廷园囿的喧嚣。

除了这一点，权力也会让人自以为能逍遥法外。卡利古拉和尼禄从不放弃他们的任何愿望，即使遭到全社会的谴责：日耳曼尼库斯将军的儿子卡利古拉，放纵自己侮辱他人的强烈欲望，而尼禄则如贫民窟里出生的小丑一般，在剧院里谋求事业。但是，最重要的是，权力会使与同理心相关的大脑组织萎缩退化[3]。于是，感受人的情绪越发成为一桩难事，甚至是不可能的任务。这可以解释为什么许多皇帝被人视作施虐狂。权力还会破坏大脑的化学反应。体内睾酮水平增加，会让人发展出支配者的个性特征，例如侵略性和独断专行。尤利乌斯·恺撒正是权势人物的完美典范，他的赫赫军功令他坚信，他统治罗马合法合理。

睾酮在力比多中同样起着重要作用。诚然，正如历史学家杰拉尔迪娜·普契尼（Géraldine Puccini）[4]所充分证明的那样，皇帝们的放荡不端经常被其政敌虚构夸大，是一种毁谤的手段。但是必须承认，他们高高在上的地位，使他们能够津津有味地品尝肉欲之乐。对于这一点，那些有志向有野心的女性不会不清楚。即便只是出于骄傲，做一名强权者的枕边人，也会让她们在社会层面获利不少，并充分满足人在自恋方面的心理需求。如果尼禄没有头戴月桂皇冠的话，波培娅定然不会爱上他。和尼禄结婚后，她获得了某种形式的不朽。

在十二位恺撒的床上，以及在宫廷的幕后，无数皇后和公主也参与到政治中来，或借助影响力的游戏，或通过实施阴谋诡计。尽管并不能站在舞台中央，但她们和男人们一样，体验过权势带来的苦痛酸楚，也懂得无所不能的强权多么令人迷醉。显然，最野心勃勃、最具阉割力的母亲们都把影子女王的角色扮演得淋漓尽致。利维娅是帝国的幕后掌权者之一，小阿格里皮娜则摄政长达数月。在厌女文化盛行的罗马，蔑视社会规则的她们，先后为自己的傲慢付出了沉重的代价。但最为重要的是，她们在各自的儿子——提比略和尼禄的身上都播下了挫败感的种子，孕育出了他们日后对专制的渴望。

十二恺撒的故事镌刻在他们家族的历史中，而那些历史纷繁复杂。我们不能将他们的生平简单地总结为一系列相互纠缠的人物传记。他们共同组成了古罗马帝国最冷漠自私的群像，同时也可能是西方历史上最有吸引力的群像之一。可以说，真实的十二恺撒的历史是一部家族传奇史诗，每位皇帝的命运都与他身前身后五代人的命运息息相关。他们世代居住的皇宫是一个充满心理暴力，有时也不乏身体暴力的地方。在通向权力巅峰之前，罗马的主人们就已经用充满嫉妒、仇恨、破碎之爱和复仇之火的毒汁相互戕害。两千多年后，他们仍然是人类澎湃的情与欲的最极端化身。

我们之所以能够潜入罗马最早的皇帝们那迷宫似的内心，还要归功于苏埃托尼乌斯（70—122）。这位罗马小贵族出身于骑士阶层，在哈德良统治时期（117—138）的皇家事务办公室中工作过一段时间。与被视为当时最伟大的历史学家的塔西佗不同，身为皇帝秘书的苏埃托尼乌斯并没有将历史与文学创作混为一谈。那种写作方式当然十分出彩，但多少有点缺乏依据。例如，塔西佗对小阿格里皮娜遭遇船难的描写，就表现出了古典戏剧对叙事结构的影响，牺牲掉了一部分真实性[5]。塔西佗在他的经典名著《编年史》中，编织了恺撒们的神话传说。苏埃托尼乌斯则用他尖刻的眼光提醒我们，归根结底，他们都是因社会地位而遭受强烈感情折磨的人。正如巴尔扎克剖析19世纪的人间百态那样，苏埃托尼乌斯以帕拉丁山为中心，构建出了罗马社会的自然史，一部属于他的《人间喜剧》。在微缩的世界中，他是一名讲解向导，身边围绕着形形色色的群体：由元老和骑士组成的贵族阶层，总渴望窃取一些虚幻的特权；士兵，一股拥有武装的制衡力量，真正意义上的皇帝造就者；民众，一个时而顺从、时而冲动的群体，日日纠缠于面包和游艺；奴隶和获释奴隶，并不像世人想象的那般温顺服从和小心谨慎。然而，遗憾的是，苏埃托尼乌斯其余那些剖析社会的著作，如今均已散佚无踪[①]。

长期以来，苏埃托尼乌斯一直被人轻视，因为他致力于传记写作，这在当时只是一个小众题材。然而，1984年，历史学家雅克·加斯库（Jacques Gascou）在罗马的法国学校发表了以苏埃托尼乌斯为主题的论文。文中，作者充分证明，由于文化势利思想的驱动，苏埃托尼乌斯的著作遭到了负面评价，这种偏见应当被放下。他的作品具有名副其实的历史价值，因为他曾担任皇帝的秘书和图

[①] 苏埃托尼乌斯散佚的作品中，包括了关于国王、办公制度、游艺的论著，以及对罗马年份的研究、为西塞罗的《论共和国》的辩护、对缩写的批评的研究、对罗马服饰的研究、对侮辱诅咒的研究、对罗马人的礼仪和习俗的研究，还有一本关于著名交际花的书和一本以身体缺陷为主题的书。换句话说，人间喜剧的一切素材都集中在他笔下世界的中心——罗马，而罗马的核心，正是宝座上的恺撒们。

书管理员,能够查阅皇家档案[6]。当他转述流言八卦时,无论故事听起来多么令人欲罢不能,他都会描写清楚。他查阅官方文件,并加以引用,这让20个世纪后的世人得以深入了解恺撒们的所思所想。

历史学家尼科尔·洛罗(Nicole Loraux)一直强烈坚持并重复解释道(和她对修昔底德的观点相同[7]):苏埃托尼乌斯不是他们历史研究者中的一员!他没有今天的历史学家无比珍视的方法论和批判精神。本质上,苏埃托尼乌斯远远不像今人这般傲慢,因为他早已明白,人类身上的主观性无穷无尽。从学术层面上来讲,苏埃托尼乌斯并不是一位历史学家,他的所作所为更像一个原始资料调查员。他收集了后来的历史学家们工作中所需的线索和文件。为此,我们应当感谢他。

在充分享受苏埃托尼乌斯留下的文字之前,必须要记住,他写作的目的是取悦皇帝哈德良。因此,他的意图不难理解:表明安敦尼王朝①将罗马带入了黄金时代。这就必然导致在政治层面上抹黑前朝,以及罗列之前皇帝们的个人缺陷。因此,需要批判性地阅读其著作,并小心谨慎地接近真实。

因此,在仔细地印证文本、考古发现和古钱币所提供的原始信息资料,并在借助心理学和神经科学的力量后,我们最终对恺撒们及其相关人员的所作所为有新的了解。在政治动荡不安的罗马,在梦境似的社会背景中,十二恺撒看起来就像混杂了先天与后天、生物特性与文化特征的复杂混合体的总和。

---

① 安敦尼王朝于公元96年至192年间统治罗马,一共经历了六位皇帝:涅尔瓦、图拉真、哈德良、安东尼·庇护、马库斯·奥勒留和康茂德。不管是在领土疆域还是繁荣程度上,罗马在安敦尼王朝的统治下都臻于极盛,不过最后一位皇帝的时代除外。

目录

第一章　恺撒：勇者天命 / 001
第二章　奥古斯都：权力喜剧 / 039
第三章　提比略：卡普里忧郁 / 079
第四章　卡利古拉：孤独暴君 / 117
第五章　克劳狄：畸人治国 / 157
第六章　尼禄：母子悲剧 / 197
第七章　加尔巴：僵硬统治 / 243
第八章　奥托：善终之道 / 265
第九章　维特里乌斯：饕餮无度 / 281
第十章　韦帕芗：时来我用 / 303

第十一章　提图斯：宠儿之路 / 325
第十二章　图密善：家中弃子 / 345

结语 / 368
家族谱系 / 373
事件年表 / 377
注释 / 385
参考文献 / 425
致谢 / 430

第一章 恺撒：勇者天命

为了统治，或需践踏法律。其他情况下，要尊重正义。

——苏埃托尼乌斯，《恺撒》(*César*)，第 30 章

恺撒站在那里，面对卢比孔河驻足不前。穿过眼前的河流，他将违反元老院的禁令，进入意大利境内。这一行动牵一发而动全身。他深知，一旦带领大军踏上故土，便会掀起内战的腥风血雨。而这对于他，正中下怀。

他已经51岁了。他的榜样——亚历山大大帝，31岁就已权倾天下。现在轮到他在世界上占据一席之地了。不久前，高卢王国已向他俯首称臣，这难道不是他强大的证明？他的权势，难道不在庞培之上？人民热爱他，军队逢迎他，是时候去夺取他一直以来想要的东西了：至高无上的权力。

众神发出一个征兆，令恺撒最后的犹疑一扫而空。一位身材高大、美貌惊人的年轻男子——也许他是神——吹着笛子，不知从何处翩然出现。附近的牧羊人和军中的部分士兵围聚到他身旁，年轻人却狡黠地扔掉了手中的乡村乐器，从一个军团士兵手中抢过一支小号，边吹着进行曲边迅速地朝河流奔去[1]。

是不是维纳斯——恺撒的守护者和他遥远的先祖——送来一位如此俊美的牧人？恺撒的肌肉绷紧了。他决心已定，不可撤回。他要跨过卢比孔河。他转身朝向军团，鼓励他们跟随自己，喊道："前进吧，众神的征兆和敌人的不义都在前方召唤着我们。骰子已被掷下。"[2]

公元前49年1月，恺撒的声音在寒风中颤动。他知道他在经历生命中的决定性时刻，却不知道他说出的话语将在历史上回荡不息。前进吧！骰子已被掷下（*Alea jacta est*）。

优越出身

不，恺撒并非生来就是恺撒。由于当时糟糕的消毒状况，他的母亲奥蕾利娅·科塔（Aurelia Cotta）最终死于手术[3]。不过，她看上去倒像是能活得很久，久到足以经历任何母亲都不愿面对的事情：儿子被刺。公元前44年3月15日，这悲剧的一幕让她的儿子

第一章 恺撒：勇者天命

永垂不朽。

公元前 100 年 7 月 12 日，盖乌斯·尤利乌斯·恺撒（Caius Jules César）生于罗马[4]。"恺撒"这一家族名，据说意在向一位在布涅战争中杀死大象的先祖致敬。然而，文献学家证明，这个词其实是尤利乌斯家族的发明，因为"厚皮动物"（pachyderme）一词在任何一门闪族语言中都不叫"恺撒"（caesar）[5]。尤利乌斯家族的人，一直致力于用先祖的传说来证明自己出身尊贵，恺撒也概莫能外。直至他 31 岁那年，他的姑妈、著名政治家马略（Marius）的妻子尤利娅（Julie）去世。在葬礼演说上，恺撒毫不犹豫地宣布，他的血统可以追溯到最早的罗马国王，他是女神维纳斯的后裔[6]。事实上，恺撒来自一个权贵家庭，母亲所属的科塔家族至少出过一位执政官。至于他的父亲，则出身于古罗马高级贵族阶层。

由于母亲的极度宠爱[7]，恺撒从小到大都自视甚高。他的傲慢源于他超乎常人的聪明智慧。他口才出众，擅长雄辩[8]。他学养丰富，各领域都有所涉猎。教师们曾推荐给他一些史诗著作，很可能，在津津有味地阅读这些文段的时候，他对战争艺术有了初步了解。此外，恺撒不仅是一位高层次知识分子，也是一位完美的运动员：他是不知疲倦的骑兵、耐力持久的泳者[9]，还是出类拔萃的剑手[10]。他的身体和头脑同样出色。他拥有成为伟大战争指挥官和优秀政治家所需的一切品质。

除了这些王牌优势，恺撒还拥有非凡的外表。他的容貌，正如他那座图斯库鲁姆肖像①所雕刻的一样。尽管看起来有一丝冷峻，他高瘦又神经质的身躯却散发着一种无可置疑的权威感，领袖气质浑然天成②。罗马钱币上也雕刻着他的半身像，那上面能看出他棱角分明的脸型③。他刚毅的轮廓让人想象出他本人的个性：意志坚强，从不退缩。他漆黑的瞳仁，在苍白脸颊的映衬下，显得异常明亮通透。他唯一纠结的是随着年龄的增长那日益稀疏的头发。所以，他梳理稀疏的刘海，以掩饰自己头部中央的谢顶。作为一个惯于施展魅力的诱惑者，若别人以此说笑取乐，他会觉得十分不快[11]。一向舌灿莲花的大律师西塞罗（Cicéron），一定不会错过这个调侃的机会。根据古历史学家普鲁塔克（Plutarque）的记录，西塞罗曾经夹枪带棒地讽刺恺撒："我在他的所有计划和行动中都察觉到了暴政。但当我看到，他头发的排列方式是如此有艺术性……我简直不敢相信，这样一个人能设计出如此黑暗的计划，去推翻共和国。"[12]恺撒十分重视外表，始终渴望保持完美。他过度关注自身形象，甚至自己动手脱毛[13]。他本人则相当和蔼可亲，像他的外表一样令人愉悦。但是眼光老练的内行人，比如西塞罗，已经感

---

① 恺撒的图斯库鲁姆半身像与他出现在钱币上的形象十分接近。2007年，考古学家吕克·朗（Luc Long）在阿尔勒市附近的罗讷河发现了一尊半身像。很快，他判定那是恺撒的雕像，并宣布他的发现，但学界对此意见不一。著名古代艺术史专家保罗·赞克（Paul Zanker）将其视为共和国末期的人像，但肯定不是恺撒的。英国学者玛丽·彼尔德（Mary Beard）和法国学者扬·勒伯埃克（Yann Le Bohec）也如此认为。的确，半身像与硬币上的恺撒形象没有任何共同之处。
② Plutarque, *César*, XVII.
③ *RRC*, 480/6. 为了展现这一点，我们选择了公元44年铸造的古罗马银币。

觉到，在他诱人的微笑和炯炯有神的目光背后，隐藏着一个醉心权力的强悍灵魂。恺撒，是一个危险的人。

朱庇特的犹豫

恺撒 16 岁时，他的父亲就去世了。在他看来，这并不算是悲惨的损失，更何况，母亲在他身上不仅倾注了足够的爱，还寄托了她所有的希望。和格拉古兄弟（Gracchus）的母亲科涅利娅（Cornélie）一样，奥蕾利娅梦想给这个世界培养一位伟人。当时，罗马已经经历了长期内战，近一个世纪以来几无宁日，政治人物的政治生涯往往极不稳定，且要为从政付出昂贵代价。建立强大的关系网以便在选举中获得支持，以及组织活动来引起人们的重视，乃是必行之事。在这种情况下，政客的婚姻策略至关重要。从 15 岁起，恺撒就与科苏提娅（Cossutia）订婚，女孩来自一个罗马小贵族家庭，属于骑士阶层，嫁妆十分丰厚。然而，婚礼最终未能举行。事实上，民众派①的代表人物秦纳（Cinna）已经注意到了这个男孩的潜力，建议他娶自己的女儿科涅利娅（Cornélie）为妻。而恺撒姑母尤利娅的丈夫马略，正是民众派的领袖之一，恺撒从小就生活在该派系的环境中，耳濡目染。做了秦纳的乘龙快婿后，少年恺撒成为民众派不

---

① 公元前 1 世纪的罗马分为两大政治流派：民众派（*populares*）和贵族派（*optimates*）。民众派偏向捍卫有利于公民的大型土地改革，为了最贫困人群的利益，重新分配土地。与民众派相反，贵族派更为保守，保护上层贵族的特权。

折不扣的未来继承人之一,与科涅利娅的联姻,一下子为他打开了通往政坛光明前程的大门[14]。但是,如果说民众派意识到了他的天资,贵族派又何尝不是?从那时起,贵族派领袖苏拉(Sylla),便开始对这个外表讨人喜欢的傲慢的毛头小子怀有了戒心。

17岁时,恺撒被任命为朱庇特的祭司。这是一个享有盛誉的神职,但同时也是他实现凌云壮志的障碍。一旦他同意成为罗马最具影响力的祭司之一,侍奉罗马万神殿的众神之王,那么,事实上他将不得不放弃荣耀之路(cursus honorum)①。在将军们开疆辟土、赢得功勋之际,他却因圣职而不能离开罗马。他因此显得有些犹豫。其实,他知道这个职位是件有毒的礼物,然而,这礼物究竟是谁送的呢?是马略和秦纳试图保护他免受苏拉的迫害,还是贵族派通过向他提供享有声望的祭司职位(很快,他将会如同活在监狱中)来限制他的政治生涯?时至今日,这仍然是一个无人可解的谜题[15]。

恺撒不断推迟接受祭司的职务。公元前83年,科涅利娅为他生下他们唯一的孩子尤利娅(Julie)[16]。次年,苏拉成为名副其实的独裁者,集国家大权于一身。他利用全权在握这一有利局面,打击敌对阵营的少年天才——恺撒。由于恺撒不服软的态度,贵族派领袖先是剥夺了他朱庇特祭司的职位,随后,又试图强迫他离婚,令他脱离他所属的政治家族。苏拉表示,出身平民贵族的科涅利娅本就不应该与氏族贵族结婚,这场婚姻并不门当户对。当然了,恺

---

① *cursus honorum*,拉丁文意为"荣耀之路",是所有元老都会遵循的政治生涯历程。它的终点是最高行政长官职位,即执政官,但并不是从起跑线上出发的所有候选人都能走到那一步。

撒拒绝离婚,即使苏拉没收了他妻子的嫁妆和财产[17]。这位年轻的父亲在财务上陷入困境,但他依然坚持住了,他绝不会背叛自己的阵营,那将无异于政治自杀。

苏拉大怒,剥夺了恺撒的公民权。恺撒为了生存,不得不在严重发烧①时逃离罗马。苏拉在身居高位的朋友们——其中包括一些女祭司——为恺撒求情之后,允许恺撒返回罗马城并恢复其权力。然而,他警告恺撒的支持者:"你们赢了,保住了他,但要知道,这个你们如此看重的年轻人,终有一天会给你们致命打击。恺撒顶得上好几个马略。"[18]

比提尼亚的王后

恺撒在离开罗马期间,一从发烧中康复,就去接近亚细亚省的总督马库斯·米努修斯·色穆斯(Marcus Minucius Thermus)[19]。19岁那年,他想要在军事和外交领域有所精进,色穆斯便命令他前往比提尼亚,进行外交访问。比提尼亚是一个小王国,位于黑海西南方向,马尔马拉海沿岸。恺撒出访的任务,是将该国国王尼科梅德(Nicomède)许诺给罗马人的海军舰队,带回色穆斯那里。谈判似乎进展得遥遥无期,以至于有传言称,恺撒已被尼科梅德诱惑。他或许已经同意将自己作为少女,敬献给尼科梅德国王,以换

---

① 恺撒可能患了疟疾,这在古代的罗马是一种常见疾病。

取舰队[20]。这些都是政敌诽谤他的流言①,但"比提尼亚的王后"这个绰号却牢牢贴在了他后背的皮护条带(*ptéryges*)② 上,直到他生命的结束。不过,恺撒倒不缺乏幽默感。数年之后,一位满怀嫉妒的元老用对待女性的方式来对待他,以此质疑他的执政能力。他机敏地回应道:"塞弥拉弥斯(Sémiramis)女王统治过叙利亚,亚马孙女战士曾统治过亚细亚的一大块土地。"[21] 不过,当嘲笑来自他自己的军队时,他表现得比较难以忍受[22]。其实,只有那些对他怀有深深敬意的人,才会跟他开这种玩笑。

在完成出访比提尼亚的外交任务后,恺撒前往莱斯博斯岛上的战场[23]。有生以来,他第一次因为战功而出类拔萃。他运用了精湛的计谋策略,发挥了卓越的战斗才能,挽救了许多士兵的生命。作为奖赏,他获得了声望卓著的军事荣誉:市民皇冠③。

公元前81年,苏拉放弃独裁之位,已经久经沙场的恺撒回到罗马。20岁时,他决心踏入政坛,通过恫吓当时的大政客们的方式,来确立自己的政治地位。科涅利斯·多拉贝拉(Cornelius Dolabella)是第一个为此付出代价的人。年轻的恺撒大胆地向这位执政官发难,因为他与苏拉走得很近。多拉贝拉被指控贪赃枉法,在执行公

---

① R. F. Martin, *Les Douze Césars*, Paris, Les Belles Lettres, 2004, p.164:"因此,恺撒同性恋的名声只源于他这次远离罗马、时日久远的旅行。我们倾向于不相信这是真的,因为同性恋倾向会在日后表现出来。说到底,这段比提尼亚的轶事与恺撒的性格不太相符。"

② 军官胸甲上装饰的宽皮带流苏。

③ Y. Le Bohec, *César*, *chef de guerre*, Paris, Tallandier, coll. «Texto», 2015, p.43. 这可能是一项给近身肉搏战胜利者的嘉奖。

职的过程中有贪污舞弊行为。恺撒对目标瞄得很高,或许高过了头。多拉贝拉被宣告无罪。空有抱负的恺撒决定离开罗马一段时间,以便让人们忘记他的这次失败。他打算利用这段时间前往罗德岛[24],向学者阿波罗纽斯·摩隆(Apollonius Molon)学习修辞辩术。

糟糕的是,他在前往罗德岛的航程中遇到了海盗打劫。海盗们俘虏了这群旅行者,要求支付赎金才释放他们,否则就将他们出售给奴隶贩子。当恺撒发现自己的赎金是 20 塔兰特时,立马怒不可遏,因为他估算自己的身价有 50 塔兰特[25],相当于超过 1 050 千克的银子。这则传闻不一定实打实地发生过,但却很好地表明了恺撒的自尊心。他在海盗巢穴中待了 40 天,等待他的仆人们运来这笔令人难以置信的赎金。40 天里,他一直威胁看管他的狱卒。后来,他一重获自由就马上围捕海盗,将他们勒死,然后钉在十字架上。海盗的腐尸将提醒世人,谁也不能袭击了恺撒却逍遥法外[26]。

在罗德岛上度过了一段勤奋学习的时光之后[27],这位 27 岁的战略家,加入了当时与米特拉达梯(Mithridate)开战的罗马军队。米特拉达梯是本都的国王,本都是一个位于黑海附近的小王国。这次战争中,恺撒再次展示了他的军事素养和领导才能。公元前 73 年,一切都已经预示着,恺撒将会成为了不起的大军事家[28]。

初入政坛

获得赫赫战功之后,青年恺撒回到罗马,并在规定的年龄开始了他的荣耀之路，最终做到罗马执政官的位置。这条晋升之路，他仍然不得不一步一步地走。30岁时，他参加了第一次选举，赢得了胜利，当选财务官，该行政任期内，他负责主管西班牙省的财务[29]。这个开端为他提供了一个契机，他借此机会将自己定位为真正意义上的平民，与民众保持亲近，虽然他从不忘提及他的王室血脉和神圣血统——以及他天生的优越性——正如他在尤利娅姑妈葬礼的演说中所说的那样[30]。显然，公共场合中的每一句话都有其目的性：恺撒缓慢而温和地推进着，让罗马人逐渐接受他的掌权。他已经梦想着成为罗马共和国最有权势的人。几个月前，他在加戴斯城（即现在西班牙的加的斯市）的亚历山大大帝雕像前的沮丧情绪，正是他志向的证明。面对着雕像，他不禁唉声叹气道，自己已经30岁了，依然没有成就任何功绩，面前这位骄傲的马其顿人在相同的年纪，却已经让半个世界俯首称臣。他的踌躇满志折磨着他，直至让他难以安眠。一天晚上，他梦见自己强奸了母亲。他把这个荒唐的至少是令人不安的梦，告诉了一位占卜师，占卜师向他解释说，他的母亲是大地，他将很快成为地上的主人。这个预言让他心里的石头落了地，他下定决心，要在罗马扬名立万[31]。

根据苏埃托尼乌斯的说法，恺撒或许本想在31岁的时候发动政变，因为那年他准备成为市政官。实际上，在他看来，荣耀之路实在是太长了，他不惜一切努力去节省时间。雄心勃发的他知道自己还太年轻，无法成为独裁官，他凭借三寸不烂之舌，绕昏了执政官马库斯·克拉苏（Marcus Crassus）：他说服克拉苏一定要成为独裁官，然后让自己当骑士统领，换句话说，他要做克拉苏的副手。但在最后一刻，克拉苏改变了主意，放弃了这个疯狂的计划[32]。这件事让恺撒——马略的继承者——明白了，真正有胆量的人少之又少。幸运的是，像他这样意志坚定的勇士，在罗马仅有一小撮——其中就包括庞培。他只比恺撒大几岁，政坛上一直是苏拉麾下的新人，为之南征北战。这两位战略家都懂得，在政治舞台上，与对方彼此对抗毫无意义，和睦相处才是明智之举。为了巩固他们的良好关系，公元前67年，已经丧妻一年的恺撒，与庞培的亲戚庞培娅（Pompeia）成婚。没有比联姻更好的结盟方法了！

但是，这段婚姻并没能持续太久。五年后，即公元前62年12月4日至5日晚上，庞培娅在家中庆祝"善良女神节"，这项宗教庆祝活动必须在行政官员的府邸举行，并严格规定只有女性参加。然而，当时民众派的主要人物之一克劳狄乌斯（Clodius），却乔装打扮成壮妇模样，前来寻找庞培娅——或许，她是他的情妇。如此亵渎行为，很快引发了流言蜚语[33]。恺撒立即决定休妻，妻子的忠诚令人怀疑[34]，卷入丑闻的配偶，也将严重损害他的声誉。为了证明他的决定是合理的，恺撒毫无表情地宣布："恺撒之妻，不容置疑。"[35] 不过，克劳狄乌斯最后被无罪释放。这当然不奇怪，身为政客，恺撒认为值得与克劳狄乌斯结盟，尽管这位元老之子的头脑相当狂热，是民众派里的真正极端主义者。元老院宁可操控一群街头暴徒制造骚乱来恐吓他的政治对手，也不想和他有半分瓜葛。显然，恺撒更希望得到他的支持而不是敌对。而且，一旦他变成捣乱分子，恺撒也能有理有据地弃绝他们的友谊[36]。为了释放善意，他甚至同意让克劳狄乌斯降至平民阶层。毕竟很久以来，这位年轻人一直要求与元老阶层决裂，而执政官西塞罗对此一直不同意[37]。

公元前60年，恺撒想方设法提高他在罗马的知名度。为了让民众认识自己，也为了得到元老院的认可，他以市政官的身份将部分财富捐赠给集体，并参与到城市美化的进程中。值得一提的是，他建造了一些用他的私有艺术品装饰的柱廊[38]。恺撒着实是一位见识渊博的收藏家。而他在审美上的纵情放肆，也是为了炫耀他的财富，以及表达对公共福祉的关心。他亲自参与，令城邦变得宏伟壮丽，这样的市政官怎能不令人爱戴呢？

然而，仅仅是这些，还不足以使平民们觉得他可亲可爱，他还需要让他们得到消遣娱乐。所以，他不吝金钱，组织狩猎和游戏，甚至因此负债累累。恺撒光芒万丈而无所不在，他的存在令他的同事、当时的另一位市政官马库斯·比布卢斯（Marcus Bibulus）在政坛上黯然失色，后者抱怨道，就像神话中波吕刻斯（Pollux）一直活在孪生兄弟卡斯托尔（Castor）的影子下面一样[39]，他遭遇到了不公平待遇。不过恺撒这边倒不在乎身边同事的愁怨百结：人民热爱自己，而这正合他意。

在完成了市政官的任期后，恺撒出任大法官。于是，时机到了，他终于可以向当年那些支持剥夺自己公民权的、曾经的支持者发起坚定的反击。对狡猾又熟谙法律程序的恺撒来说，通过操纵司法，翻18岁那年的旧账，是清除政治对手的绝佳手段[40]。

公元前63年，一个完美的展示自我的机会出现在恺撒面前。他参加了大祭司长这一尊贵职位的竞选，想要成为罗马宗教的首领（后来，能担任大祭司长职位的只有帝国皇帝）。在此之前，他只不过是一个大祭司，而且还因为太年轻，尚无力监管罗马所有的祭司团体。但是，他拥有无限的胆识。为了确保赢得选举，他挥金如土，用礼物淹没支持者。他花费了太多的真金白银，以至于家财散尽。选举当天的早晨，他向母亲奥蕾利娅保证，自己要么成为大祭司长，要么再也不回来了。他已经想到，一旦失败，他或者选择自杀，或者将自己流放到世界的另一端[41]。但是，命运女神总会垂青乐观者，他最后成功赢得了选举。苏埃托尼乌斯向我们讲述了他是如何大获全胜，如何击败那些比他年长、比他更富有的候选人的[42]。他精心编织的关系网、耐心施展的个人魅力，终于回报给他累累硕果。恺撒在崛起，势不可当。

宽大处理喀提林

同年，一位不名一文的元老喀提林（Catilina）谋划发动政变未遂，震撼了摇摇欲坠的共和国。喀提林也是一位志向远大的罗马人，但他并没有恺撒或庞培的天赋。他梦想当上执政官，却失败了。此后，他便和那些交往最少的潦倒元老聚集在一起，共同密谋造反，但他们的计划被发现了。随后接连发生了数天政治动荡，其间，西塞罗发表了著名的系列演讲：四篇《反喀提林演说》（*Les Catilinaires*）。

大多数元老希望处死所有谋反者。恺撒虽然也是揭露喀提林阴谋的人之一[43]，却明显比较宽容，只出面要求将叛徒流放，并没收他们的财产。对此，他进行了合理的论证：一方面，社会性死亡是更严酷的惩罚；另一方面，罗马公民会记得，他们的选择使另一些同胞免于流血。后者作为论据相当不堪，只是因为元老要想变换行政职务，需要先当选才行，故而需要民众派的支持。渐渐地，民众派的人开始倒向恺撒。然而，个性严肃的小加图（Caton）对此明确表示反对。在他看来，所有共和国的敌人都必须遭受死刑惩罚。在会议大厅里，惩罚喀提林的呼声渐高，元老们最终纷纷同意小加图的观点。之后爆发了一系列针对恺撒的暴力行为，他只好在朋友的帮助下离开自己的住所。野心满满的恺撒失败了，没能说服众人。对他而言，此事真正挫伤了他的傲慢。随后一年多的时间里，他都没怎么去参加这个贵族大会[44]。

几个月后，恺撒被政敌指控为谋反者的同谋，而这正是他要求宽大处理喀提林一伙人的原因。为了证明真相，他不得不请求西塞罗的帮助，虽然他讨厌这位雄辩家。他恳请西塞罗公开发话，讲述他曾经如何尽力地揭露喀提林的阴谋。举报他的那些亲贵族派的人，最后都被投进了监狱[45]。虽然他在战胜这群敌人的同时，展现了自己争讼不休、睚眦必报的一面，但更重要的是，他表明了强悍的性格以及扫清一切障碍也要达成目标的决心。如果谁想与恺撒对抗，最好先确定能把他打得一败涂地，否则就等着瞧吧。君子报仇，十年不晚！

公元前 62 年年底，恺撒开始加强与庞培的关系[46]。庞培在东方[47]赢得了一系列伟大军事胜利后，元老院开始不再信任他，就像他们警惕恺撒那样。由于不少人已在他俩身上看到了未来暴君的影子，两位魅力非凡的战略家开始彼此释放友谊的信号。当时，恺撒正瞄准执政官之位，觊觎着一场胜利。不幸的是，由于候选人资格递交晚了，他不能参加执政官选举。通过操控支持者，他设法获得了豁免资格，不顾一切地参与了竞选。那年他40岁，刚到法定最低参选年龄，就准备图谋罗马共和国的最高职位。然而这对他而言，不过是迈向更多新胜利的跳板。

在尤利乌斯和恺撒的共同执政下

公元前60年，恺撒准备竞选执政官，他秘密地与罗马帝国最强大的两个人——克拉苏和庞培——结成新的同盟。庞培是公认的最杰出的军事领袖，也因此招致元老院元老们的反感。至于克拉苏呢，虽然富可敌国，在政治舞台上却是被排挤的孤家寡人。三人彼此相辅相成——恺撒手中有的不再是一星半点的钱权，现在他拥有庞大的人脉网络和无数支持者——结盟对他们每个人都有利[48]。于是，他们制订了一个简单的计划：庞培和克拉苏支持盟友恺撒参选执政官，然后三人轮流坐庄。庞培终于得到了元老院元老之位——尽管他之前在东方立下了汗马功劳，元老院却一直拒绝接纳他。三个人都是赢家。历史学家常将他们命名为"前三头同盟"[49]。不过，这三个人只是私下来往，而"后三头同盟"的安东尼（Antoine）、屋大维（Octave）和雷必达（Lépide）三人则毫不掩饰他们的关系，他们曾经强力统治罗马长达数年[50]。

在贵族派看来，恺撒毫无疑问会当选。同样地，他们尽可能地捍卫自己的候选人，以便其中一位能被任命为恺撒的同事。为了赢得这个位置，马库斯·比布卢斯在贵族阵营的敦促下，不得不许下与竞争对手同样的诺言，并且不加节制地散发了很多财物，甚至小加图也支持了这一过分行为[51]。

最终，恺撒和比布卢斯同时当选，二人于公元前59年8月1日就职。恺撒不喜欢躺在功劳簿上，何况，他的功劳尚且不多。新官上任，他的首个政策是立即恢复一个古老的习俗：在公共日志中记录元老院的所有行为。这想法的初衷当然很好，确保政治透明度，是严控武力、限制束棒和利斧的绝佳妙法。恺撒在罗马城内前行，总是身处一行队伍的簇拥中，人人皆知，这是他权势的标志。第一个惹恼手执束棒的侍从官的不是别人，正是比布卢斯。关于恺撒答应通过的一项土地法案，二人的意见分歧很大。民众派战略家没办法使他的贵族派同事屈服，因此动用武力，将其驱逐出了公众集会广场。这可真是前所未见：恺撒已经表现得像一个独裁者，藐视共和国的任何规则。比布卢斯在元老院中抱怨他，却听不到任何赞同的声音。元老们都畏惧恺撒……

比布卢斯被除掉了，不仅在象征层面上，字面意义上也一样。从那以后，他只能在家中履行执政官职责。这使他仅剩的一点政治信誉也消失殆尽。自此，恺撒成了元老院最有权势的人。他当时的权势登峰造极，以至于一句玩笑话流传开来：从公元前59年开始，共和国的两位执政官再也不是恺撒和比布卢斯了，罗马处在尤利乌斯和恺撒的共同执政下[52]！

无所不能的执政官不放过任何一个恫吓对手的机会。当西塞罗胆敢反对他时，他便威胁后者。他还将小加图投入狱中，关了一段时间[53]。他变得残暴专横，同时也积极打击政府机构中的腐败行为。这样的他，将达摩克利斯之剑悬在了众多亲近贵族派的元老头上。

同时，恺撒缔结了新的婚姻联盟，他这次的妻子是卡尔普尼娅（Calpurnie），她父亲皮索（Pison）是元老院元老，也是西塞罗的强烈反对者。敌人的敌人就是朋友！为了加强与庞培的友谊，他把自己的女儿尤利娅嫁给了他。一向愤世嫉俗的小加图嘲笑道，国家已经成了"婚姻介绍所"[54]。庞培和恺撒比以往任何时候都走得更近，影子般的三巨头逐渐演变成为两巨头。自那时起，在元老院的讨论中，执政官会首先让他的女婿发言。而对克拉苏来说，这意味着他在恺撒眼中不再重要[55]。

执政官任期结束时，恺撒赴任高卢总督[56]。他可以平静地离开罗马，因为他的岳父皮索继任执政官，很久前就与他结盟的那位躁动不安的克劳狄乌斯，也当选为保民官。昔日年轻的煽动者已成长为一名老练的政治家。他正面攻击西塞罗，剥夺了后者的财产。西塞罗不愿自杀，宁可流亡，这种做法并不符合罗马人的荣誉观[57]。恺撒将军在罗马再无值得一提的对手，他可以离去，去征服高卢。

征服高卢

高卢战争使恺撒成为最伟大的罗马将领，并进一步合法化了他通向独裁统治的道路。他往共和国给他的军队中增加了新军团，其中包括一个来自已经罗马化的地区、由外高卢人组成的军团[58]。为了取得新军团的支持，他赋予所有士兵公民权，使他们成为罗马人。这可不是无关紧要的事，这些人事实上已不再是雇佣军，那么为罗马城的荣耀而战，符合他们的利益，赢下战争将给他们带来战利品和土地。就恺撒而言，他尽力征收最多的军团士兵，每个人都能成为他麾下的一员。多亏有他们，他才有资格得到英白拉多（imperator，意为大元帅、大将军）称号[59]。他知道如何使自己的军人忠诚。他将他们每年的军饷翻了一番[60]，使他们受宠若惊。他和士兵们一样，百折不挠，不遗余力。在紧急时刻，他甚至比信使还要迅捷。在战场上，他亲自逮捕逃兵，命令他们如果不想死在自己手上，就回到战场继续战斗。恺撒知道如何用激动人心的演讲激励部队，在回馈他们的同时施加铁的纪律。他希望自己的军队是最优秀的军队，事实也正是如此，因为他的军队也认为他们拥有最好的将军。

由于军队训练有素，势如破竹，恺撒用 8 年时间征服了高卢。他使凯尔特部落组成联邦，联合他们毫不留情地打击其他人。他离开高卢后不到 3 年，公元前 57 年，元老院震惊于他的赫赫战功，组织了为期 15 天的大型祈祷。其间罗马人不停向诸神祷告，求神庇佑英白拉多保持不败。一年又一年过去了，恺撒从布列塔尼打到日耳曼尼亚，让整个高卢俯首称臣。在征战的将近 9 年中，他只遭遇过三次失败，其中包括日尔戈维亚围城战役[61]。

公元前 52 年春天，恺撒大军兵临阿维尔尼部落首府城下。高卢人维钦托利（Vercingétorix），一名不到 30 岁的年轻领袖，竭力击败了前来挑衅的高卢征服者。为了增强实力，抵抗罗马人进攻，维钦托利拉拢了好几个凯尔特部落，成为公认的战斗首领[62]。这不是两位战术大师的第一次对决。这次，恺撒率军包围了日尔戈维亚城堡长达一个半月，遭受到惨重损失[63]，然后放弃了。这个地方的地形对他不利，同时，他的副官之一拉比努斯（Labienus）在高卢北部陷入了艰难处境。因此，恺撒认为眼下首要任务是保持被征服地区的稳定[64]。而且，他知道他以后还会回到阿维尔尼，让维钦托利也尝尝战败的苦楚。

几个月后，罗马军队发现维钦托利军队在阿莱西亚的城堡要塞里，80 000 名高卢步兵四周设防。高卢人的目标是动用围城工事，令罗马人精疲力尽，然后将他们困在凹角堡里，再由堡垒中的步兵与外边的战士一起将他们钳制住[65]。这是对恺撒的低估。罗马一方也修建防御工事，阻碍敌军离开城堡攻击己方。恺撒并不尝试进入阿莱西亚，而是阻止高卢人离开它，这样就可以毫无困难地打退凯尔特军队从外部的进攻。被围在城堡里的人也将很快发现自己完全是笼中之鸟，死路一条。

经过数周的包围，维钦托利被击败了，却虽败犹荣。他策马而行，找到总督恺撒，表示愿意投降。恺撒已成功镇压所有高卢人的抵抗，这个地区是他的了，维钦托利则是他的战利品。为了准备凯旋，恺撒将阿维尔尼部落囚禁在罗马监狱中，随后写完了他的战斗日记《高卢战记》（*La Guerre des Gaules*），以宣传自己的军事天分。为了庆祝这个新行省的建立，元老院投票决定进行 20 天的盛大祈祷，以感谢强大的众神[66]。

骰子已被掷下

公元前51年，恺撒平定了高卢，此刻，让他魂牵梦萦的只有罗马。他的独生女尤利娅已去世三年[67]，庞培不再是他的女婿，他们之间的关系已大为生疏。公元前53年，克拉苏去世，"前三头同盟"宣告终结[68]。再也没有任何人能在剩下两个雄心勃勃的人之间，扮演调停者的角色了。庞培现在是首都罗马最有权势的人，但他知道总有一天他要面对曾经的盟友恺撒。共和国日渐危机四伏。昔日贵族派与民众派之间的争吵，转变为争取个人权力和自身成就的战争[69]。

征服高卢后，恺撒走到了总督生涯的尽头。他的职位任期已经延长过。如果他离开行政机构，他的豁免权将消失，政敌可能会起诉他，指控他在指挥战争时滥用职权[70]。所以，他必须不惜一切代价谋求新的职位。

与惯例不同，他打算再谋求一届执政官任期，可是当时他人并不在罗马。此外，他还请求解散庞培的军队，也提议解散自己的军队。这显然是为了伺机而动而签订互不侵犯条约，毕竟两人的对抗不可避免。恺撒的意外之举令所有罗马人心生恐惧：从来没有人让自己的同胞兄弟们自相残杀。

庞培拒绝了高卢征服者的提议，并于公元前50年11月13日将他召回罗马，但没有征召他的军队。恺撒试图做出妥协，提议自己仅带领两个军团，驻扎在内高卢地区。局势变得紧张起来。两位将军都不接受外交路线，都把斡旋视作失败。庞培察觉他的前岳父继续向意大利进军，他永远不可能放弃军队，因为他想要发动内战。于是，公元前49年1月[71]，庞培组织元老院投票，将恺撒命名为"国家公敌"。然而，恺撒派的人在罗马仍然为数众多。时任保民官马克·安东尼（Marc Antoine）正是恺撒的左膀右臂之一。因此，恺撒已经准备好迎接他最后的对手。

公元前49年1月12日，恺撒到达卢比孔河以北地区，时年51岁。元老院已向他发出了禁令，如果他不顾一切越过河流，便会掀起内战。根据西塞罗的记载，恺撒总把欧里庇得斯的话挂在嘴边："为了统治，或需践踏法律。其他情况下，要尊重正义。"[72]他也曾梦见自己象征性地强奸了母亲，而越过卢比孔河发动内战，正是预感的实现。恺撒在犹豫吗？必然不是。他想得到罗马，他将把它收入囊中。在河岸边，他向军队发表讲话，句句掷地有声，一如人们熟知的那样。他激励他们与他一同过河战斗[73]。他必须确保士兵们坚定的支持，因为这一次，他们将把利剑插入那群庞培派兄弟的胸中。历史转折的这一刻被渲染成传奇，而且如所有传奇一样，一件非同寻常的事件发生了。恺撒的演讲结束时，一位俊美非凡的年轻人吹着牧笛，不知从哪里突然出现。他一露面就吸引了整个大军，人们仿佛见到神明显灵。众人注视着这位年轻人，稍作停留的他却吹着口哨，奔向河流，步伐坚定地越过了河道。这不可能是别的，只能是神迹。英白拉多深信众神与他同在，喊道："前进吧，众神的征兆和敌人的不义都在前方召唤着我们。骰子已被掷下。"[74]

自此，恺撒向罗马进发。庞培首先预想到首都可能会发生战争，但一方面他手下的人在数量上处于劣势，另一方面他不想让城内居民受到波及，白白送命。于是，3月19日，他决定前往东方，重新组建他曾屡立战功的军队。恺撒会追来的，战斗将在他选择的地方进行。两位将军之间的死战在所难免[75]。

我来，我见，我征服

越过卢比孔河后，恺撒仅用60天就占领了意大利，并首次坐上了独裁官这个至高无上的位子，在有限的几个月内，他手握全部大权。不过，他不想变成一位暴君，这会妨碍他达成最终目标：专制统治。因此，他在几个星期后放弃了至尊权力，离开罗马，与庞培一决高下。

公元前48年春，恺撒和庞培在现在阿尔巴尼亚的都拉基乌姆附近展开阵地战。双方都受到后勤补给问题的困扰，在条件不利的情况下，两位将领都过于审慎，从而不愿选择先发制人。形势就这样僵持到了7月底，两军又在塞萨利亚的法萨罗再次对垒。这一回，战事无可避免。8月9日，战争打响，庞培遭受了一生中最惨痛的挫败：他手下共有超过6 000人丧生，近24 000人被俘。与此同时，对手那边仅仅损失了1 200名士兵。面对用兵如神的恺撒，伟大的庞培仿佛不值一提。饱受羞辱的他被迫向东方逃亡。但是，地中海东岸所有王国和所有大城邦都拒绝收留他。没人喜欢败者，更没人想冒险与恺撒对抗。

恺撒这边呢，则对战俘宽容以待。他总是知道何时应该表现得宽厚仁慈、何时应残酷无情，这取决于他需要被爱戴还是被畏惧。因此，他释放了大部分庞培派的囚犯，让他们回到西方。而他，将以获胜者的身份凯旋。

9月，庞培与托勒密十三世（Ptolémée XIII）开始谈判。之前，他曾经接近过后者的父亲，希望能在埃及找到容身之所。但是，面前这位年轻法老只是一个少年，尚无能力理解使地中海地区风起云涌的权力游戏。最终，托勒密十三世听从了顾问们的建议，他们说服他，杀掉庞培将军来赢得独裁官恺撒的恩典。

9月28日，庞培在埃及海岸的佩卢西翁登陆。他不过是一个逃亡者，来迎接他的只有托勒密十三世的顾问们，以及留在埃及的他昔日的一名士兵——塞普提米乌斯（Septimus）。他意识到，自己落入了陷阱，但为时已晚。他背上挨了第一剑，之后遭到刺杀，在虚弱中死去[76]。托勒密十三世的顾问砍下他的头颅，交给恺撒，他的尸身则留在他靠岸的海滩上，慢慢腐烂。

事发四天后，恺撒抵达埃及，发现庞培被砍下的头颅，勃然大怒。他一向敬重庞培，认为击败此人才能证明自己的天才，因为这是唯一配得上他的敌人。现在，他的胜利被剥夺了。除了这一点，他也鄙视那些埃及人，他们竟敢招惹一位强大的罗马人。于是，他强制要求托勒密十三世处罚塞普提米乌斯，砍掉这名罗马叛徒的项上人头。

恺撒渴望渲染庞培的荣耀，那是一位值得敬重的对手。他先在佩卢西翁的海滩上竖立了纪念碑，又将庞培的骨灰交还给了他在罗马的遗孀。处理完这些后，恺撒将目光转向埃及，决定驻守在那里过冬。他对丰饶的尼罗河谷的兴趣由来已久。不久之后，他将拥有一个新的政治盟友。

埃及的克里奥佩特拉女王（Cléopatre）决心夺回她的王位。此前，她被既是弟弟又是丈夫的托勒密十三世驱逐出了亚历山大。为了达成目标，她决定将那个时代最有权势的人——恺撒——当作手中的王牌为己所用。于是，公元前48年年底，恺撒接待了年轻女王的亲戚阿波罗多洛斯（Apollodore）。后者奉上女王赠送的一卷地毯，恺撒将它徐徐展开，克里奥佩特拉便从里面走了出来[77]。这个巧妙的计策，是她得以避免被弟弟的卫兵逮捕，又能见到想见的人的唯一方式①。果不其然，妙龄女王散发出动人心魄的魅力，瞬间就迷住了罗马大元帅[78]。二人都知道他们彼此间有很多共同利益，并决定结成同盟。罗马独裁官立刻安排了他和埃及法老之间的会晤。显然，托勒密十三世看到自己厌恶的姐姐和恺撒在一起，大为恼火。会谈进行得很不融洽。对恺撒来说，武装冲突如箭在弦，毋庸赘言。

公元前47年1月13日，尼罗河上，恺撒率军大败埃及军队，人们认为托勒密十三世当时淹死在了河里[79]。法老自此缄默，魂

---

① M. Sartre, *Cléopâtre, un rêve de puissance*, Paris, Tallandier, 2018, p. 76. 根据该书作者的说法，恺撒在《内战记》(*Guerre civile*) 中没有提及此事，故而未必可信。

灵返回到伊希斯（Isis）的王国，获胜的英白拉多则将他迷人的女王扶上了王位。为了遵循托勒密王朝的传统，克里奥佩特拉与弟弟托勒密十四世（Ptolémée XIV）[80]结婚。然而，事实上埃及艳后独自一人统治着她的国家。

公元前 47 年春天，恺撒离开亚历山大，前往本都王国，在那里征服了庞培昔日的盟友法尔纳斯二世（Pharnace II）。对他来说，这只是一场闪电战，其间，他写下了著名的 3V 书信："Veni, vedi, vici。"（"我来，我见，我征服。"）[81]信的格式简单明了，随后而来的，是几场像这封信般简洁响亮的战斗。在西班牙南部蒙达的战役中，恺撒击溃了最后的庞培部队。公元前 46 年 7 月，他作为内战的最终赢家，回到了罗马。庆祝凯旋的活动，整整进行了四天。恺撒乘坐着马车，如同真正的朱庇特，数次在罗马城来回穿行。当时，克里奥佩特拉受到邀请，在首都驻留，以罗马的女王朋友的身份，参加了为期四天的庆祝活动。

那一年，已经第三次担任独裁官的恺撒无疑是罗马最有权势的人。他受到人民的崇拜，但同时也引起了元老院的怀疑，他朦胧的专制愿望令元老十分担心。公元前 44 年，他的专制力量变得越发强大，他被宣布为终身独裁官。在此之前，没有人拥有过这一头衔。

维纳斯的宠儿

恺撒在自我宣传的过程中，曾机智地突出道，维纳斯是他神圣的祖先。如今，他正坐在维纳斯的大理石雕像脚下，在自己守护神的殿堂中，接待众位元老。恺撒似乎把自己当成了君王？的确，丰功伟绩使他变得傲慢自大。他得意扬扬地宣称"共和国只是一个虚妄的词语，既不可靠也不现实"。此外，他还嘲弄昔日的敌人苏拉，笑他放弃了独裁官的位子[82]。事实上，没有人能否认恺撒就是罗马之王。所谓独裁官只是个虚幻的头衔，是合乎法律形式的逢场作戏。相比象征性的权力符号，野心家恺撒更在乎的是权力的具体展现。节日里，他充分体会到这一点，兴高采烈的人群都热情地欢迎他。仰慕者朝他的石像走去，在雕像头上放上系着白色细带的月桂花冠。如今人们所说的"王冠"，在古代其实并不是冠冕，而是这样一条白色的头带，古希腊君主们拿它来束住长发①。当时，保民官埃皮迪乌斯·马鲁拉斯（Epidius Marullus）和凯塞提乌斯·弗拉维乌斯（Caesetius Flavus）目睹此景，下令要求摘下花冠，并将那位无礼的恺撒追随者逮捕入狱。恺撒得知后，怒火中烧。根据苏埃托尼乌斯的说法，他其实心知肚明，自己实际上不可能建立君主专制政权，然而他更明白，保民官们不会允许他表现出对君主制的回绝。在罗马的街头盛宴中，他要是能装模作样地拒绝这一至高荣耀，必然能够引起强烈轰动。想到这些，恺撒怒不可遏，革除了马鲁拉斯和弗拉维乌斯二人的保民官职位。

---

① 克里奥佩特拉曾头戴这种"王冠"，她著名的半身像上就是这样。该雕像现存于柏林，我们能看到一条织物带缠绕在她头上，从头顶一直到发髻下方。

第一章 恺撒：勇者天命

不久之后的公元前44年2月15日，牧神节①期间，维纳斯的宠儿恺撒出现在演讲台上。在那里，马克·安东尼递给他一副花冠。戏剧化的一幕出现了，恺撒面对安东尼伸出的手，一再表示拒绝，并要求在卡皮托利山的朱庇特神殿里佩戴君王徽章[83]。当时，二人的表演都过于夸张，以至于人们不得不怀疑，两位密友早已排练多时……

恺撒不是国王。若是需要时不时地表演一下谦虚，他并不会有一丝不快——只要主角是他自己就好。权力是欺骗的游戏。恺撒深知自己魅力超凡，他以体贴关切和慷慨大方来吸引民众和士兵，以和蔼可亲来吸引女人，因为他知道如何激发他们的热情[84]。他是一个征服者，女人对他而言并不是神秘未知的"黑暗大陆"②。诚然，他的婚姻是政治联盟，仅取决于利益。但是，他绝非那种流连于妓馆以宣泄淫欲的人。他偏好向罗马所有的贵妇献殷勤，她们是那么容易屈服于诱惑[85]。爱欲狂潮带来的回报可不是只有虚名。一方面，这象征性地证明了，他像维纳斯一般迷人；另一方面，从社会角度看，他用玷污其妻子的方式羞辱了对手，而从政治角度来讲，他借此良机，在枕上收集到了不少秘密。

恺撒的众多情妇里有几位颇有心机，与他不止一次地共度良宵。情感上的眷恋，又或者说是绵绵爱意，再加上某种心智上的相

---

① 罗马城的一种净化仪式，在此期间，刚达到生育年龄的男孩们光着身子在街上奔跑，边跑边用为节日准备的山羊皮条鞭子抽打路人。

② 弗洛伊德或许说过，女性是一片"黑暗大陆"，意思是说女性的性仍然是一个晦暗不明的调查研究领域，在他眼中是不可理解的。

似，铸成了他和一些不凡女子之间的坚实纽带。最让他激情难却的，是政敌小加图同父异母的妹妹塞维利娅（Servilia）。他们之间的关系维持了十年以上。身为限制奢侈法[86]的拥护者，他曾赠予她一颗价值连城的黑珍珠，而对自己的历任妻子都未能如此出手大方。二人别出心裁地维持他们的奸情。情书一事，便是众所周知的轶事。一天，元老院会议上，众人正在讨论喀提林的阴谋，一位信使谨慎地将一片书板交给恺撒，小加图抓住机会，趁机指责恺撒是喀提林的同谋。恺撒并未因此慌乱，而是决定大声朗读这封来信。结果会议厅里充满了塞维利娅的爱语，随后，大家哄堂大笑[87]。小加图羞愧难当，恺撒的男子气概则得到了充分满足。有流言称，塞维利娅不惜一切代价留住独裁官的宠爱，甚至将自己的女儿特尔提娅（Tertia）奉送给他。但这只是出于嫉妒的造谣中伤罢了。恺撒钟爱的另一位情人则更为出名，那就是埃及艳后克里奥佩特拉[88]。年轻的埃及女王，正是女版的另一个他自己，公元前46年至公元前44年间，女王两次在罗马停留，但是他们的关系更多的是服务于政治。恺撒被指责想效仿女王，大权独揽。而埃及艳后的名誉无时无刻不遭到讥诽，他们的儿子恺撒里翁（Césarion）的出生，更是一桩不折不扣的丑闻。

善 终

56岁那年，恺撒正式成为终身独裁官。他的权势登峰造极，在他之上，唯有神明。经历过丰富感情生活的他，年事渐长，似乎觉得有些无聊。他平生最看重的目标已经实现了[89]。那么对他来说，活在顶峰的日子是否有点平淡无聊呢？

傲慢自负和清醒理智，惊人地混合在了一起，恺撒公然宣称："比起我本人，国家更倚赖我对它的救赎。就我个人而言，虽已长期处于荣誉的巅峰，但是，如果我有个万一，那么国家不但不能得到休养，反而必然将遭受无限苦难，并将陷入内战的泥潭。"[90]独裁者知道自己会遭受危险。在无限荣光中骤然辞世，突然间成了他遥不可及的幻梦，以至于他的朋友们都支持他自愿选择死亡[91]：这样才是善终！

元老们意识到，独裁者恺撒将永远不可能让罗马回归共和[92]。出于同样的仇恨或沮丧，心怀不满的贵族、妒忌恺撒的人、忘恩负义者们团结在了一起。阴谋在卡西乌斯（Cassius）和布鲁图斯（Brutus）那里萌芽，二人都是坚定的共和制拥护者。前者个性强悍，醉心于战争和权力，看上去和恺撒很相似——或许远远过犹不及[93]，他连恺撒的脚后跟都够不着；后者则是塞维利娅的儿子，对恺撒其人极为了解。卡西乌斯的妻子是布鲁图斯的妹妹，所以没有人觉得他们互相见面有什么不正常，没有人预料到他们会结下血契……

二人花了几周的时间来策划他们的阴谋。他们必须以迅雷不及掩耳之势行动，将同伙召集在一起，但同时又不能走漏风声。庞培派的余党们也集结在了一起。共有大约 20 至 60 名元老谨慎地加入了计划[94]，这已经足以让独裁者一命归西。

公元前 44 年 3 月 15 日上午，恺撒的妻子卡尔普尼娅经过一夜可怕的噩梦后醒来。梦中，他们房子的屋顶倒塌了，砸在她丈夫的身体上，她双手抱起那血淋淋的遗骨。罗马人从不把占梦当作小事一桩。卡尔普尼娅对夜里所看到的一切感到恐惧，恳请丈夫不要前往元老院[95]。恺撒嘲弄了她一番，他不会因为迷信而放弃该处理的事务。他将满脸泪痕的妻子留在了家门口，在 24 位手执束棒的侍从官的陪同下，坐着驮轿去了战神广场附近的庞培议事厅，当天上午那里将会举行会议。

在大厅入口的台阶上，恺撒碰到了肠卜僧斯普林纳（Spurinna）。肠卜僧是占卜师的一种，通过观察宗教仪式上祭祀牲畜的内脏，来预测罗马城的吉凶祸福。斯普林纳常用的方法是观察鸟类在城市上空飞行的方向，或者解读闪电的形态。早在一个月前的牧神节期间，他便发现，仪式中宰杀的公牛没有心脏①，于是警告恺撒说，这是一个非常糟糕的预兆，然而后者却不以为意[96]。尽管如此，斯普林纳当时还是建议恺撒保持警惕，厄运可能会在 30 天内发生。这位占卜师可能对阴谋有所耳闻，并试图用预言的方式，小心翼翼地提醒独裁者[97]。

显然，恺撒对斯普林纳的建议充耳不闻。那个晴朗的 3 月的早晨，他甚至在议事厅的门口嘲笑斯普林纳，失望的占卜师已不抱幻想，反驳道："预言中的那一天的确已经来了，但是仍未过

---

① B. Strauss, *La Mort de César*, Paris, Albin Michel, 2018, pp. 134 – 135："假如不是占卜师以某种方式偷取了心脏，那么该器官可能缩回或移动到了胸腔里。……斯普林纳试图以此说服恺撒不要走得太远，放弃称王的想法。他是恺撒的朋友。"

去呢。"[98]

　　恺撒走入大厅，大厅演讲台上立着高大雄伟的庞培雕像。他迟到了。所有密谋者早已等候多时，他们肌肉绷紧，心脏在长袍下剧烈地跳动着，手中紧紧握着匕首，气氛显而易见地剑拔弩张。恺撒走上讲台，在金色椅子上就座。他从来都气度非凡。他穿着提花的托加长袍，那属于凯旋将军的带金色织锦的紫色长袍。

　　众人入座，庞培议事厅里挤满了人。然而，其中缺少了一些重要的面孔。密谋者之一的特雷博尼乌斯（Trebonius）依照同谋指示，负责将马克·安东尼留在元老院门外[99]。行动还没开始，恺撒就已经被数名元老包围。他们离他实在太近了，其中一个紧紧抓住他的肩膀，让他无法起身，他大惊，喊道："这是暴力！"最先下手的人是卡斯卡（Casca），尽管他是恺撒的朋友[100]，却拿出匕首，对着他的背部就是一击。出于求生的本能，恺撒设法反击，但他的对手太多了。他们围住他，然后每个人都向他刺去。这样，他们所有人都是杀死恺撒的刺客。在一众阴谋者中，恺撒发现了塞维利娅的儿子布鲁图斯，那个年轻人是他看着长大的。此情此景，比匕首的刺伤更令他痛苦，沮丧的他用希腊语大喊："怎么有你，我的儿子！"[101]这句话的意思今天听上去十分含糊，因为布鲁图斯显然不是他的孩子，这话或许是一种咒骂[102]。

　　阴谋者们把恺撒紧紧围住。恺撒爆发出最后一丝尊严，将托加长袍的下摆拉到脸上，以遮住自己的面孔。他断气了，被刺中23刀。空气中的紧张终于烟消云散。带着疑虑的共犯们，也意识到了自己的胆大行径。由于无法将尸体拖到台伯河，他们把它留在了议事厅，留在了庞培雕像冰冷的凝视下。

恺撒被刺的消息爆炸性地传遍罗马城。民众们走上街头，悲痛地呼天喊地。而一些阴谋者——包括布鲁图斯和卡西乌斯——则站在讲坛上，在灿烂的演讲中庆祝罗马共和国的解放。与此同时，奴隶们带着紫红色长袍卷起的恺撒尸体，找到了泪流满面的卡尔普尼娅。她的噩梦变成了现实。

次日，恺撒的朋友们在执政官马克·安东尼家会面。出于谨慎，安东尼穿上了战斗的胸甲。

经过长时间的商议，恺撒派的人决定与布鲁图斯和卡西乌斯进行谈判。他们终将为恺撒报仇，但不会让刺客们血溅首都。深夜，安东尼利用执政官的特权，前往恺撒遗孀卡尔普尼娅的家中，收走了恺撒的私人文件，并占有了他的个人财富，估计共四千塔兰特[103]。他认为自己能以正当理由保护这些东西。

3月19日，马克·安东尼在家中组织了已故元帅恺撒的遗嘱宣读仪式。自从9月以来，它一直安全地存放在维斯塔贞女那里。在阅读遗嘱时，安东尼或许惊愕地发现，他的老友和庇护者将四分之三的遗产赠予了自己的甥孙及养子屋大维。当时，刚满20岁的屋大维身在阿波罗尼亚，这个地区位于现今的阿尔巴尼亚。恺撒派屋大维去那里熟悉驻守在伊庇鲁斯的部队，以便为之后的征战做准备。于是，执政官安东尼被选为宣读恺撒悼词的人。他将借此机会，为了自己的事业，重新集合恺撒留下的士兵，就像他们的新主人屋大维所做的那样。安东尼深知，今日恺撒派的朋友就是他明日的敌人。一旦布鲁图斯和卡西乌斯死去，他、屋大维，以及恺撒手下的前骑兵长官雷必达，将对独裁政权提出质疑。无论遗嘱的内容如何，这三个人都以各自方式成为恺撒的继承者。

声势浩大的葬礼于 3 月 20 日举行。悲伤的情绪弥漫开来，支持刺杀恺撒的人似乎都消失了。布鲁图斯和卡西乌斯都明白，离开罗马是明智的选择。接下来几周的时间里，这场共和国之殇中的每个主人公都为最后的冲突做着准备。马克·安东尼组建了自己的军队。屋大维则回到罗马，决心夺回继承权，其中也包括他个人的权势。

为了纪念他的养父，年轻的屋大维以纪念恺撒的名义举办公开活动。这样做可以造势，以弥补他不如安东尼的名气。或许是天意巧合，一颗彗星穿过罗马的天空。恺撒之子声称，这代表着父亲的灵魂升天，加入了众神之列[104]。公元前 29 年 8 月 18 日，屋大维将为神圣的恺撒神庙揭幕。自此，他将证明，独裁者父亲选择信任他是正确的决定。

终　章

安东尼猛击他身后的客厅大门，发出愤怒的吼叫。恺撒背叛了他！他猛地挥手，把桌上的酒杯和精雕的银酒罐打翻在地上。罐里的酒溅湿了他的胸甲，弄脏了他的皮鞋。他狠狠一脚把罐子踢开，它被踢飞到房间另一头，砸中了摆着的狄俄尼索斯和阿里阿德涅的雕像。酒罐掉在马赛克上,发出金属碰撞的哗啦声,随它一同掉在地上的还有神像的头颅。

恺撒选了屋大维这个傲慢的毛头小子当他的第一继承人,将四分之三的遗产赠给了他,还把他收为养子[105]。可他安东尼呢,为了恺撒,曾不止一次冒过生命危险,陪同参加了许多竞选活动,支持恺撒那些最疯狂的政治计划,得到的回报就是——第二继承人!只有在屋大维拒绝的情况下,他才可以继承恺撒的遗产,但是这个男孩很快就会回到罗马要求继承权。破坏遗嘱是没有用的,他自己事先已经做好了预防措施,准备在恺撒家里公开遗嘱,那时会有为数不少的见证者在场。他邀请了很多恺撒派的人,因为他深信恺撒的遗产将是属于他的,认为恺撒会为他打开通往个人权力的大门。安东尼紧握拳头,这时门发出吱吱响声,他转过身,从门洞中看去,认出一个苗条纤细的身影,那是他的妻子——富尔维娅(Fulvie)。

富尔维娅关上了身后的门。和往常一样,她保持着冷静。但是,安东尼知道她也很失望。

"陷入这种状态毫无意义。你的朋友们在会客厅里等你,你应该去和他们讨论恺撒的悼词。"①

安东尼哼了一声,他可没心情研究说辞。

富尔维娅向前迈出了决定性的一步,她将一根手指穿过他胸甲

---

① B. Strauss, *La Mort de César*, op. cit., p.198. 该书作者认为富尔维娅是在困难时期支持安东尼的人之一,并促使他后来采取了行动。

的领口，将他拉向自己。如果富尔维娅是男子，她定然会是一位伟大的将军①。她踮起脚尖，看着安东尼的眼睛说道：

"屋大维此刻在阿波罗尼亚，而恺撒的葬礼将于明天举行。你将登上讲台，发表一生中最精彩的一次演讲。明天，这座城市将挤满士兵，他们从意大利各地赶来，向将军表示最后的敬意，他们必然把你视为他唯一的军事继承人。恺撒留下的大军必将成为你的部队，屋大维对此无能为力。"

她放开他的胸甲，安东尼整了整护着脖子的围巾。妻子是对的，恺撒的军队了解自己，敬重自己。他不必在乎遗嘱，他是恺撒象征意义上的继承人。

安东尼爱的一直是坚毅的女子。他看着妻子，她柔软的身体在真丝裙下一起一伏，他的愤怒变成了兴奋。突然，他猛地把她撞在墙上，开始亲吻她。富尔维娅感到快感，弯曲了背部，让安东尼抱得更紧了，但最终她还是站了起来，将他推开。现在不是这样做的时候。恺撒的支持者们都在外面等待。她急忙前去开门，但脚碰到了什么东西。她弯下腰，捡起地上断了的狄俄尼索斯的头，放在指间滚动，神色谨慎。

"你真的觉得，现在是得罪神的时候吗？"

---

① 事实上，她很快就会以非正式将军的身份参加在佩鲁贾对屋大维的战争。

第二章　奥古斯都：权力喜剧

我是否把人生这场戏演得恰如其分？

——苏埃托尼乌斯，《奥古斯都》(*Auguste*)，第 99 章

罗慕路斯（Romulus）……他多么渴望人们能这样称呼他。但他知道，必须放弃过分的荣耀，这只会给自己招来嫉妒者的仇恨。人们可能会指控他试图恢复备受唾弃的君主制[1]。他有足够的理由拒绝接受机会主义者马库斯·普兰库斯（Marcus Plancus）的提议。昨天，这个人还为他的对手摇旗呐喊，今天，就对自己百般奉承讨好，那明天呢？他并不在乎谁会反水。罗马，就像一个沉醉爱河之人，在他面前陷入痴狂。而他，屋大维，乃是罗马共和国的英雄。35岁那年，他结束了内战，自此罗马的孩子们不再流血死去。这一点他成功做到了，而在他之前有那么多人都失败了，那么多伟人都功败垂成：马略、苏拉、庞培以至恺撒。这就是为什么他是同侪之首（*primus inter pares*）。他击溃了所有对手，甚至包括马克·安东尼和他的埃及情人。罗马是属于他的。这天早上，元老院一直熏香不断。屋大维沉醉在狂喜之中，他天生便是操纵人心的高手，即使心中满怀不可一世的傲慢，也知道如何表现得虚怀若谷。

公元前27年1月16日，屋大维的荣耀之日。那一天，元老们想给他取一个新的称号，以彰显他至高无上的地位。如果不能叫他罗慕路斯，那就需要提出一个前所未有的头衔。"奥古斯都"（Auguste）似乎是不二之选。成为奥古斯都，他便不再只是一个凡人[2]。他被封神[3]，成为超越庸众的伟人。这样的地位才配得上他。自那天后，屋大维便是奥古斯都，而罗马帝国也随着他的大名而诞生。

那样一位罗慕路斯

公元前64年年末，盖乌斯·屋大维乌斯（Caius Octavius）的妻子阿提娅（Atia）坐着驮轿前往阿波罗神庙。那天，祭司们举办了一个针对女性的特别仪式，阿提娅也参与其中。夜已深了，轿夫们将她的驮轿放在神庙内，庙宇内充满着虔诚的沉思冥想气氛。阿提娅不习惯熬夜，便倒在睡眠之神怀抱中，沉沉睡去，没有注意到其他女子已回了家。她独自一人留在封闭的神殿里，留在夜的寂静中。一条蛇趁她睡着造访了她的轿子，又在停留片刻后离开了。当她醒来时，就像欢爱过后一般，一阵沐浴的渴望突然袭来。她注意到自己的皮肤上多了一个奇怪的痕迹，一条擦不去的蛇行留下的波浪。阿提娅被蛇造访后不久，她的丈夫梦见她胸口闪着太阳光线。9个月后，她生下一个金发男孩。这是阿波罗的儿子！正如发生在战神马尔斯（Mars）和蕾雅·西尔维娅（Rhea Silvia），还有宙斯（Zeus）和奥林匹娅丝（Olympias）之间的那样，神明让阿提娅在睡眠中受孕。她的孩子，生来便注定要统治世界[4]。

屋大维逝世近一个世纪之后，苏埃托尼乌斯在门德斯的阿斯克雷皮斯（Asclépias）[5]的一部著作中，发现了关于屋大维降生的奇特叙述。如今，世人只知道这位作者生活在公元1世纪，是一位用希腊语著书的历史学家，除此之外一无所知。也许这个故事是奥古斯都本人编造出来的，神话传说可以帮他合情合理地宣传自己。不过除了那些天真幼稚的人和传奇故事的爱好者，没有谁是傻子。在那不勒斯湾的博斯科特雷卡塞，一幢富丽堂皇的别墅的墙上就有一幅涂鸦，表明了房主的怀疑精神："恺撒·奥古斯都的母亲？那是一位女人。"[6]所以，阿提娅只是一位普通女子而已，和所有与丈夫同房后怀孕的女人一样。

公元前63年9月23日，未来的奥古斯都出生于罗马[7]。他的诞生再平淡不过了。那天，元老院里，执政官西塞罗以他惯用的雄辩术，揭穿了喀提林的阴谋。命运女神福尔图娜（Fortuna）就是这么爱开玩笑，她让密谋造反的喀提林夺权失败，却在同一时间，让将要永远终结共和国的屋大维诞生于世。

屋大维出生在帕拉丁山一栋漂亮房屋里，那片居住区被称作"公牛之首"[8]，地段在贵族阶层中格外受欢迎。未来的奥古斯都，拥有一个令人艳羡的家谱。他的母亲阿提娅是恺撒的外甥女，是恺撒姐姐尤利娅（Julie）和元老阿蒂乌斯·巴尔布斯（Atius Balbus）[9]——后者是庞培的侄子——的女儿。于是，由于母亲的身份，小男孩屋大维成了内战中两位最伟大的将军和政治家的亲戚。他的父亲盖乌斯·屋大维乌斯则来自一个威望几经起伏的氏族。屋大维乌斯出身于骑士阶层——换句话说是小贵族——属于屋大维一族，一个生活在罗马附近维利特斯村的古老家族。老塔克文（Tarquin l'Ancien）将这个家族升至贵族行列，之后他们又世世代代沦为平民，直至恺撒执政时期，才重返贵族行列，在市政管理中大放异彩[10]。屋大维乌斯比他的祖先们更有野心，经过努力升任元老，并逐渐步步高升，前途越发春风得意[11]。

出生后第八天，屋大维得到了父亲的名字。按照风俗惯例，他被置于父亲的脚下。幸福的父亲将儿子抱在怀里，给他起了和自己一样的名字：盖乌斯·屋大维。根据古罗马取名的三名法（tria nomina），还需要补上一个家族名，于是他又在最后添上了姓氏图里努斯（Thurinus）[12]。

小屋大维在罗马而不是在维利特斯的简朴农屋中长大，后来，该村庄的居民把他的祖屋当成了神圣之地[13]。当他父亲被任命为马其顿总督时，他仍在母亲怀中嗷嗷待哺——当然更可能是在乳母怀中。后来，屋大维的父亲返回罗马，申请参选执政官[14]。但却在选举前突然离世，撇下了妻子阿提娅和三个孩子：长女屋大维娅（Octavie l'Aînée）、次女小屋大维娅（Octavie la Jeune）① 和年仅4岁的儿子屋大维[15]。

像所有爱子心切的母亲一样，阿提娅希望孩子们能得到最好的一切。不出意外地，她早早就开始为儿子规划着远大前程。因此，她做出了一个重要的决定，将屋大维交给自己的母亲尤利娅抚养，而她则尽心竭力抚养女儿小屋大维娅。小屋大维在外祖母那里接受了最好的教育。他无时无刻不在政治事务中长大，他会偷听大人物的讨论，甚至学会了博取他们的好感。

权力学院

屋大维不仅仅是一个乖巧的好孩子，他完美无缺，潜力无限。历史学家弗雷德里克·于尔莱（Frédéric Hurlet）依据尼古拉·德·达马斯（Nicolas de Damas）留下的文字片段，描绘出屋大维的形象：“理性而恭顺长辈，虔诚敬神又甚为朴素，有着极为符合罗马道德规范的严肃刻苦。”[16] 在外祖母尤利娅的家中，屋大维遇到过庞培、恺撒和其他雄心勃勃且热爱权力的元老。他亲耳听过舅公恺撒谈论自己在高卢的丰功伟绩，毫无疑问，年幼的他梦想着有一天能与这些统治世界的人平起平坐。在他仅12岁时，外祖母尤利娅

① 本书中，如无特别提及，所出现的屋大维娅均指小屋大维娅。

去世，她死后，他开始迈出成为演说家的第一步。事实上，是亲戚们选他在外祖母的葬礼上发表悼词演讲。或许是因为有成人陪同，少年屋大维表现得相当出色。在广场的讲台上，他牢牢抓住了自家族人、葬礼参与者和围观路人们的心。魅力四射的他，第一次感到那种用言语让众人拜服的快感[17]。

随后，他与母亲和新继父——元老卢齐乌斯·马齐乌斯·菲利普斯（Lucius Marcius Philippus）——一起生活，一家人居住在罗马广场附近的富人区卡莱内斯[18]。16岁那年，他穿上了属于成年男子的托加长袍。当奴隶们用白色长布包裹起他的身体时，没缝好的紫红色长条饰带掉落在了地上。当时在场的元老们面面相觑，目瞪口呆。紫红色饰带象征着元老院的规章秩序，此情此景，难道预示着将来有一天，秩序会倒在屋大维的脚下吗?[19] 显然，这段精彩传闻不足为信，但可以肯定的是，无人怀疑这位年轻人的能力。随后，他进入最高祭司团，他早已渴望开始自己的荣耀生涯。尽管年纪尚轻[20]，但他很快便在罗马的政治和宗教生活中占有了一席之地。饰带掉落事件发生几周后，他的舅公恺撒从非洲凯旋并举行盛大游行，他也参与其中，其间还获得了象征性的军事奖励，毕竟，他还未曾在战场上大放异彩[21]。这是恺撒为帮他步入伟人行列，授予他的第一项荣誉。

高卢征服者与天才少年之间真正的关系，某种程度上仍然是个谜。恺撒肯定在少年那充满活力、熠熠发光的眼神中，读出了令他欣赏的智慧和决心。而在屋大维看来，恺撒是一位人生导师。他跟随恺撒，经历了许多事件，在观察的同时学到很多东西。公元前45

年，他加入了恺撒在西班牙南部蒙达战役的征程，从历史上最伟大的战略家之一那里，受到战争艺术的启蒙。事实证明，即使是相对于舅公而言，他也还算出色，堪居次席[22]，不过，在后勤和外交方面，他着实天资聪颖。事实上，屋大维并不喜欢战场。泥浆、鲜血，还有因恐惧产生的肾上腺素，都不会激起他的兴奋。他更喜欢在讲台上漫步，或在会议厅里高谈阔论，但眼下的政治就是军营，这一点，他心知肚明。

恺撒的遗产

在西班牙取得了一些胜利后，恺撒让阿格里帕（Agrippa）和梅塞纳斯（Mécène）陪同屋大维前往希腊的阿波罗尼亚驻守，二人也是屋大维的毕生挚友。出于可能在东方开战的考虑，刚满18岁的年轻人日渐熟悉驻守在伊庇鲁斯的部队。他还像所有受过良好教育的男孩子一样，投入希腊文化的学习中，学识日臻完善。然而他也无法抵抗与当地占星师交流的冲动——他们都保证说，他将成为世界的统治者[23]。只要能听到自己想听的东西，他不在乎面前的人是溜须拍马，还是招摇撞骗。恺撒那边呢，定然打算在远征达契亚时[24]，任命屋大维为下任骑兵指挥。但是在发动新战争之前，恺撒在拉提乌姆[25]的一栋别墅中写下了遗嘱。不久后，屋大维将会发现他的舅公对他有多么信任。恺撒将印章印在遗嘱的书板上，然后将书板交给维斯塔贞女。遗嘱存放在圣殿中，女神的仆人们将保证它万无一失。

屋大维在阿波罗尼亚待了 6 个多月后，收到母亲阿提娅的来信。当时已经是 3 月 15 日过后的第十几天了。他从几行文字中得知，恺撒被布鲁图斯和卡西乌斯领导的阴谋者们暗杀于庞培议事厅。4 天后，遗嘱被公开，屋大维被宣告为恺撒的合法养子，继承他四分之三的财富。屋大维时年尚不满 20 岁，但他深刻明白这份遗产所代表的意义。恺撒，永久的独裁官，为自己的权力扩张开辟了道路。自此，年轻的屋大维便属于盛产执政官和得胜者的尤利亚家族。为了铭记新家族的荣耀，他更名为英白拉多·恺撒·屋大维努斯（*Imperator Caesar Octavianus*）①，也就是现代历史学家笔下的"屋大维"（Octavien）。

屋大维首先想的是要出兵为养父恺撒复仇，但这似乎太冲动了。谨慎起见，他改变了主意，动身回到罗马。不管下一步要做什么，他首先必须牢牢拥有自己的遗产[26]。这一决定意味着内战。他下定决心，坚定不移地迈向了血与怒之路。这条路他一走便是整整 14 年。

返回罗马 4 个月后，民众眼中的屋大维已经成为罗马不可或缺的重要人物。他以纪念恺撒为名组织游戏活动[27]，并宣称自己是恺撒唯一的合法继承人。巧合的是，当时一颗彗星在天空中闪耀了 7 天[28]，容易被愚弄的人们把这视为恺撒升天的象征。尽管直到公

---

① F. Hurlet, *Auguste, les ambiguïtés du pouvoir*, Paris, Armand Colin, 2015, p. 41. 他的政敌很可能用"屋大维努斯"来称呼过他，尤其是西塞罗，目的是让人想起他的出身。

元前42年[29]，元老院才正式准许祭拜恺撒，屋大维却趁机利用这一天文现象，将自己描述为神之子。

对年轻的屋大维来说，成为神之子，便仿佛手中有了一件不可思议的交流工具，而他深知如何善加利用。每一次演讲的过程中，每一次铸币的时候①，他都提醒人们他是神的儿子。不过这还不足以让他掌控罗马。在向布鲁图斯和卡西乌斯发难、为恺撒复仇之前，眼下的当务之急，是先与包括安东尼在内的恺撒派结盟。在屋大维看来，自己务必要给人留下为国为民、遵纪守法的印象，一旦表现得傲慢自大，将会酿成戏剧性的大错。

刺杀恺撒的两名组织者知道，首都罗马对他们而言不再是安全的容身之处，他们倾向于离开罗马，逃往东方。屋大维和安东尼借此机会，指出了二人的卑鄙怯懦，并在二人缺席的情况下对他们进行了审判[30]。屋大维感到自己的声望日渐高涨，尽管还没有到达法定年龄，也没有相应的社会地位，他依然借此机会，要求接替刚去世的前辈，担任保民官一职。这必然会增强他的身份合法性，并使他能够在政治舞台上自由地大展拳脚。安东尼立刻明白了屋大维的精心设计，随即表示反对[31]：他绝不允许自己被年轻20岁的傲慢小毛孩子踩在脚下，更不用说这孩子连剑都不知道怎么握。他认为自己

---

① RRC，538/1。例如，屋大维政权最后一次铸币出现在公元前37年，硬币正面为IMP. CAESAR-DIVI. FILIVS IIIVIR ITER. R. P. C.［*Imperator Caesar diui filius Triumvir iterum Rei Publicae Constitudandae*（英白拉多·恺撒，神圣恺撒之子，为了重建共和国而第二次担任三巨头）］，以及屋大维本人的右半身像。反面则是COS ITER ET TER DESIG，这是一句祭祀用语。

才是恺撒唯一、真正的继承人——恺撒在军事层面上的继承人[32]。

他们对彼此心怀敌意，不可避免地在公元前 44 年 9 月发生了第一次冲突。但他们手下军团的成员全是恺撒派的人，都表示不愿互相残杀。于是，眼下屋大维和安东尼的对立完全是政治性而非军事性的。公元前 43 年 1 月 3 日，屋大维例外地从元老院获得了大法官的权力。有了大法官头衔，在内战爆发的情况下，他可以调令军队。同时，西塞罗和屋大维越走越近，前者认为自己可以毫不费力地操控年轻的屋大维。在元老院的会议厅里，西塞罗猛烈地抨击安东尼，试图宣布他为国家公敌。种种剑拔弩张之下，公元前 43 年春，内战终于爆发，史称摩德纳战役。扎根于这座城市的安东尼派，与屋大维派展开对峙。

屋大维在元老院比在战场上更勇敢，他更喜欢待在后方。不过，鹰旗手受伤后，他毅然代替旗手举起鹰旗[33]。他的举动看上去十分英勇，但也别忘了，鹰旗手并不参与近身作战。屋大维通过这样做，首先确保自己拥有良好的观战视野，同时，又将个人生命危险降到了最低。战斗相当激烈，双方都损失惨重，难以断定谁是赢家。安东尼处于有利位置，但他更愿意避免第二次战斗的冲击，并边打边撤，退至北方[34]。

时任执政官希尔提乌斯（Hirtius）和潘萨（Pansa）在战争中丧生，二人同属恺撒派。由于手握兵权，屋大维大胆地要求担任执政官，尽管他当时才刚满 20 岁。不出意外地，元老们对他进行了挖苦嘲笑，却忘了恺撒的养子可没有他那么冷静，并且身后还有军队，士兵会誓死追随这位新的恺撒。决心已定的屋大维向罗马进军，并要求元老院让他担任执政官的职位。公元前 43 年 8 月 19 日，他当选为执政官[35]。现在的他在政坛上有了合法身份，可以取布鲁图斯和卡西乌斯的项上人头了。

从后三巨头到同室操戈

屋大维本质上并不是一名战士，恰恰相反，他是一位优秀的政治战略家。他设法使多位元老联合起来，对恺撒遇害一事提出反对。这样他便可以明智地搁置继承权问题，从而避免首当其冲。随后，他小心谨慎地与摩德纳战役中的敌人马克·安东尼和雷必达展开接触。公元前 43 年 11 月，三人于波河平原会面，共同缔结了罗马的第二个"三头同盟"，旨在恢复共和国。11 月 27 日，《提蒂亚法》(*la loi Titia*) 通过，从法律上公开确认了"后三头同盟"的合法性，承认他们在军事和民事领域都享有额外特权，为期五年[36]。

一旦权力得到确定，三名长官随即恢复剥夺公民权的法令。受害者一旦被正式剥夺公民权，要么只剩短短几个小时来逃命，要么干脆自行赴死，否则，任何人都可以合法地谋杀他们。随后，为了国家的利益，他们的财产将被没收。此举粗暴而有效：三巨头迅速除掉了那些最强大的对手。西塞罗也位列名单之上，他试图逃跑，途中遭到谋杀。马克·安东尼将西塞罗的头颅和右手挂在广场的演讲台上，那只手曾写下抨击安东尼的《反腓立比克之辩》(*Philippiques*)[37]。

这一波大清洗浪潮结束后，罗马再没有谁敢挑战三巨头的权威。于是，他们的敌意转向了卡西乌斯和布鲁图斯，两位恺撒的刺杀者成功占领了包括叙利亚在内的东部行省。屋大维和安东尼一路东行，到达马其顿，雷必达则留在罗马，确保对意大利的控制。公元前42年10月，腓立比之战爆发。战役的结局已无从确定，因为屋大维的军队由侧翼被击破，但安东尼率领的部队最终取得了胜利。卡西乌斯和布鲁图斯先后自杀。现场作战的安东尼所采取的行动具有决定性作用。至于屋大维，这位年轻人有一种与生俱来的交流天赋：他将布鲁图斯的头送到罗马，放在恺撒雕像的脚下。接着，他无情地处理了刺杀恺撒的主谋，杀死他们，并禁止他们下葬[38]。他的残酷举动，看似可以归咎于年轻人的热血，实际上却是他深思熟虑后的结果：他渴望令人恐惧。

腓立比战役胜利后，三巨头割裂了罗马领土，呈三足鼎立之势。整个东方，除了已经臣服的纳博讷和长发高卢外，统统交给了安东尼，这是对他军事才能的公正奖励。而雷必达控制了非洲，屋大维得到了西班牙各省和地中海西部的岛屿。

公元前41年，新的社会危机动摇了意大利。当安东尼忙于东方的事务时，他的妻子富尔维娅和他的兄弟卢齐乌斯（Lucius）与屋大维发生了军事冲突。屋大维在他的忠实挚友、英勇的阿格里帕的协助下，于佩鲁贾围攻对手，并最终取得了胜利[39]。卢齐乌斯和富尔维娅在战争中幸存下来，而屋大维再次展现了对敌人支持者的冷酷无情[40]。分别身为恺撒的政治继承人和军事继承人，屋大维和安东尼都知道，由于罗马人憎恶内战，他们至少需要临时联合在一起。于是，公元前40年，二人签署了新的和平协议，史称布林迪西协定（le pacte de Brindes）。为了强化他们之间的新同盟关系，屋大维将自己的姐姐屋大维娅嫁给了安东尼。

屋大维则与庞培派的斯克里波尼娅（Scribonia）成婚，这位女子已先后成为两名执政官的孀妇[41]。他们的结合，旨在缓和屋大维与已故大将军庞培之子塞克图斯·庞培（Sextus Pompée）的关系。由于掌控着地中海地区，小庞培曾试图参与到"三头同盟"中来，而这是屋大维想要竭力避免的。后来，斯克里波尼娅怀孕了。在一次晚宴上，最年轻的巨头屋大维见到了利维娅（Livie），她的丈夫是恺撒曾经的对手提比略·尼禄（Tiberius Néron），她当时正怀着丈夫的第二个孩子。她的父亲在腓立比战役中去世，但她自己幸免于难，没有被剥夺公民权①。年轻的利维娅有着摄人的眼波和精致的嘴唇，屋大维立刻沦陷了。他引诱她离开餐桌，过了一会儿才头发散乱地回来。几周后，屋大维的女儿尤利娅（Julie）出生，他随即与妻子斯克里波尼娅离婚，并迫使提比略·尼禄将利维娅让给自己。在克服了法律和宗教上的重重麻烦之后，他与利维娅最终成婚。三个月后，利维娅生下一子，屋大维允许孩子的生父来认自己的儿子。这场婚姻既源于真挚的一见钟情，又是微妙的政治运作的结果。一方面，屋大维重现了罗慕路斯与赫西利娅（Hersilia）的婚姻，后者是被掳走的萨宾妇女当中，唯一一位误嫁于人的女子[42]；另一方面，他中断了与斯克里波尼娅所属的庞培派的联系，便可以向小庞培发起进攻。之后的西西里岛战争，本质上是交战双

---

① 参见本书第三章。

方在海上进行的长达两年的冲突。屋大维一方的胜利，源自阿格里帕的军事天才。海军司令阿格里帕行事谨慎，不爱夸耀。然而，安东尼却散布谣言，说屋大维就像个糟糕的士兵一样，在决定性的进攻中睡着了[43]。雷必达利用此事来威胁屋大维，后者不仅没有被挑衅，反倒除去了前者手中的军队，还将他踢出了"三头同盟"。最终，雷必达被流放，在拉提乌姆的住所中度过余生[44]。换句话说，雷必达在社会层面上已经死亡了。

公元前 36 年，屋大维和安东尼共同统治罗马。前者占据西方，后者盘踞东方。在接下来的四年中，两人都为罗马开疆辟土，以增强自己的声望和财富。他们知道，有一天他们将不得不针锋相对，但是就目前而言，一个研究着政客的心机谋略，另一个则推行更加希腊化的权力观念。

尼罗河的群蟒

公元前 41 年起，安东尼大部分时间都在东方度过，与埃及艳后克里奥佩特拉深陷爱河。公元前 39 年，克里奥佩特拉诞下一对龙凤胎：亚历山大·赫利俄斯（Alexandre Hélios，Hélios 为太阳神之名）和克里奥佩特拉·塞勒涅（Cléopâtre Séléné，Séléné 为月亮神之名）。公元前 36 年，安东尼的妻子屋大维娅和情人克里奥佩特拉又各自为他生下一个孩子。公元前 32 年，罗马的局势安定下来，安东尼和屋大维不再有任何对手，他们的政治同盟已经名存实亡。安东尼离弃了屋大维娅，打破了同盟。家庭纽带消失了，屋大维和安东尼再也不必表现得团结一致。

当安东尼成为半官方的东方之王时，屋大维继续担任罗马唯一强人的角色。是时候了，该向又一个新的共和国的敌人、他的姐夫安东尼发动攻势了。他拿到了保存在维斯塔贞女手中的安东尼遗嘱[45]，将其公之于世，遗嘱的内容引起了轰动：安东尼承认恺撒里翁是恺撒的儿子，将自己和克里奥佩特拉的孩子立为继承人，将他征服的罗马土地作为遗产赠予他们，死后要葬在克里奥佩特拉旁边[46]。屋大维抓住安东尼的背叛行径，宣布他为国家公敌[47]。现在，两人之间可以开战了。

公元前31年9月2日，在阿克提姆附近的科孚岛附近，安东尼和克里奥佩特拉的联合舰队与阿格里帕率领的屋大维舰队展开对战。联合舰队遭遇溃败。几周后，屋大维再次前往埃及袭击安东尼。但是，自阿克提姆海战以来，安东尼一蹶不振，仿佛只剩下一具空壳，失败已成定局。他自杀了，死在心爱的女王的怀抱里。克里奥佩特拉意识到，屋大维即将取得胜利，而她将成为他凯旋的战利品。她试图与他进行谈判以保护自己的孩子。同时，她将她和恺撒的儿子恺撒里翁送到埃塞俄比亚，以求避难。她知道不可能诱使屋大维成为盟友——这个冷酷的人想消灭眼前所有的敌人①。尽管

---

① R. F. Martin, *Les Douze Césars*, op. cit., p. 131. 根据苏埃托尼乌斯笔下的传闻，该书作者认为奥古斯都是个耽于欲望的人。这忽略了罗马对刚强雄性特质的颂扬，此行为必然涉及对女性的征服。当然，像所有权势滔天的人一样，奥古斯都一定认识相当数量的女性。然而，与人们从恺撒或马克·安东尼那里看到的相比，他的欲望要低得多。

如此，她还是展示出一副弱女子的形象，扮演泪流满面的母亲。然而一切都是徒劳，她在军事和政治上双双失败。出于荣誉，她选择了自杀，避免了作为战利品被装入覆满锁链的战车，拖在胜利者后面游街示众的羞辱[48]。

屋大维拒绝让任何人与他分享罗马。他下令暗杀恺撒里翁以及安东尼的长子，以免将来遭到他们的报复。不过，他将安东尼剩下的几个孩子交给了姐姐屋大维娅，以证明他的怜悯之心。屋大维娅成为这些王室子女的专职养育人，负责照料安东尼和富尔维娅的小儿子尤卢斯·安东尼乌斯（Iullus Antoinius），以及安东尼和克里奥佩特拉的双胞胎还有小儿子。

屋大维完成了他在埃及的任务，埃及最终成为罗马下属的行省[49]。随后，他决定前去拜访亚历山大大帝之墓，停留片刻并沉思冥想。在那里，他见到了亚历山大大帝的遗骸，并将一顶金王冠戴在他头上。他用这种方式，向他心中的少数几位榜样之一表达了敬仰。然而当有人向他提出，是否去看托勒密王朝的王陵时，他回答道："要见的是国王，而不是死了的人。"[50]他看不起托勒密王朝，那里的历代君主要么是没有气魄的法老，要么是权欲熏心的女子。

回到罗马时，他不再拥有任何叫得上名字的对手，最多只须提防一些敌人。阿克提姆的征服者屋大维，将在8月13日至15日庆祝自己凯旋。他还有最后一项征服尚未完成，也是最微妙的那一项：绝对权力。

第二章 奥古斯都：权力喜剧

封神授位

公元前 29 年，内战结束。为了表示纪念，屋大维关闭了雅努斯神庙的大门，这一象征性的举动表明首都罗马和整个国家都处于和平状态[51]。根据苏埃托尼乌斯的记载，那天，屋大维原本考虑从政坛隐退，但又想到深陷泥潭的共和国如此脆弱，实在无法承受他的缺席[52]。这场故作谦虚的戏码，不过是玩弄傻瓜的伎俩：屋大维十分清楚，他绝对不能给人留下自己想成为恺撒般的独裁者的印象。眼下的当务之急，乃是重建共和国的幻象，这样一来，他本人便会成为政府中最重要的人，来确保繁荣却分裂的共和国的永久生命。公元前 28 年，他被元老院确认为第一公民（*princeps*）。在元老们的集体同意下，屋大维不慌不忙地在苍老的共和制度上，施加他的政治霸权。

公元前 27 年 1 月 1 日，屋大维第七次当选为执政官。1 月 13 日，他放弃了手中所有非同一般的特权：各省的管辖权、军团的调动权和颁布法令的权力。在随后的一次会议上，元老院决定将高卢、西班牙、叙利亚和埃及的控制权交到他手上——这些地方将很快正式成为帝国的行省，省总督由皇帝亲自任命[53]。1 月 16 日，元老们就屋大维的新头衔展开辩论，元老院将给予第一公民一个新的称呼，以感激他的丰功伟绩。屋大维拒绝了"罗慕路斯"这个名字，因其含义过于危险。他选择了"奥古斯都"，它的意思是，屋大维比其他人更为神圣高贵[54]——时年，屋大维 35 岁，和亚历山大一样，他已经征服了一个帝国，他取得成就时比恺撒还年轻。历史学家认为，屋大维成为奥古斯都，意味着罗马帝国的诞生。后来，皇位传了一代又一代，奥古斯都这一头衔逐渐等同于帝国皇帝。

在接下来的几年中，元老院和奥古斯都联手，逐步修改法律，赋予第一公民更多的特权。一切通常是静悄悄地暗中进行，并且永远不会让人觉得奥古斯都正在赋予自己更多权力。他知道，如果没有元老院的合作，他迈向君主制的努力必将失败。因此，他建立了表面上的双头政治，元老们绝大多数也都默许。由此，帝国政体不再是君主制，而是由第一公民领导的元首制。

随着个人权力的逐步增强，奥古斯都计划建立他的王朝。实际上，他的主意更加精妙：他温和而缓慢地令民众、军队和元老院做好准备，接受他所选择的继任者，以确保罗马和平（*pax romana*）能延续下去，持久不息。他的手段很高明。但是，奥古斯都意识到，他的家庭与其说是温暖的家，不如说更像是毒蛇的巢穴。

一家之父

与安东尼甚至恺撒不同，奥古斯都对奢华排场毫无兴趣，从不妄尊自大。如果他的居所一定要承担起宫殿的职能[55]，他也会设法保留一部分家庭生活。人们所说的"奥古斯都之家"（*Domus*

Augusta）指的就是他那符合当时罗马风俗的日渐扩大的家庭。他的家必须是他培育继承人的场所，然而，奥古斯都面临着令他无能为力的悲剧：意向中的继承人先后逝去，而他身边的女性一个个野心勃勃。

奥古斯都只有一个女儿，尤利娅，生于公元前 39 年，是他与第一任妻子斯克里波尼娅的孩子。在女儿出生后，他娶了已育有两个孩子的利维娅，并希望再度成为父亲，却未能如愿[56]。但是，他没有离弃利维娅，而是在真诚的爱恋中，与她共度余生。她是他身后可以依靠的坚强女性，是一位受过良好教育、足以支持伟大人物的贵族女性。

这样一来，他唯一的后代尤利娅，成了他计划中的关键人物[57]。公元前 25 年，他把女儿嫁给了她的堂兄马凯路斯（Marcellus），可惜的是，这个青年在公元前 23 年就去世了。尤利娅当时只有 16 岁，尚未生育。于是，他又将她嫁给了忠实的阿格里帕，以感谢他的赤胆忠心。婚后，二人共育有五个孩子。两位长子——盖乌斯（Caius）和卢齐乌斯（Lucius），年幼时便被奥古斯都收养，并接受继承人教育[58]。他们两人都继承了恺撒的姓氏，并获得了"青年王子"的头衔。两个男孩的名声远扬，传向了罗马帝国以外，尼姆的四方神殿当年就是为致敬他们而建造的①。日渐老去的奥古斯都相信，他的王朝后继有人了，可是，无常的命运女神先后于公元 2 年和 4 年带走了两位王子的生命。

---

① 罗慕路斯建城时已初具雏形。

奥古斯都的两个外孙女小尤利娅（Julie la Jeune）和大阿格里皮娜（Agrippine l'Ancienne），依照他的王朝策略缔结了美好的婚姻。大阿格里皮娜与利维娅的孙子日耳曼尼库斯（Germanicus）成婚，权力依然留在他们家族内部。不过，他最小的外孙阿格里帕·波斯图穆斯（Agrippa Postumus）却一再让他失望。这个孩子是遗腹子，刚好在父亲去世后诞生，为人缺乏政治智慧，除了关照自己大力神般的强悍外表，大部分时间都在海上钓鱼。不仅能力有限，阿格里帕·波斯图穆斯还十分傲慢妄为，常与利维娅发生冲突，从而被利维娅厌恶，也被奥古斯都瞧不起。

阿格里帕于公元前12年去世。随后，奥古斯都迫使女儿尤利娅嫁给了利维娅的长子提比略（Tibère）①。毫无疑问，婚姻出于政治目的，他们俩并不合适[59]。实际上，尤利娅和提比略彼此厌恨，两人私底下很快交恶，给皇室带来了恶劣的影响②。

奥古斯都很少关心身边人的精神状态，他建立起自己的世界，以专制家长的方式统治着全家。自由人和奴隶也是他的家庭成员，同样需要忍受主人的顽固[60]。奥古斯都在公众面前声称，自己讨厌被称为"主人"[61]，然而，他一直保持着对亲人和帝国的权威。

奥古斯都专制地掌控着他的公共和私人生活，致力于依照他朴素严谨的价值观重塑世界，他是一位护卫，守护着祖先的法则（*mos maiorum*）。

---

① 参见第三章。
② 参见第三章。

第二章　奥古斯都：权力喜剧

再现昔日荣光

奥古斯都希望弥补内战造成的道德和制度松动。他整肃司法，增加了法庭开庭的天数，以便每桩案件都能尽快得到审理。重要的是，他希望"正义"不再只是一句空话。他规定了法律时效，让不法行为的处理不会一拖再拖，还增加了法官人数，并将担任法官的最低年龄从 35 岁降到 30 岁。然后，他为法官们提供各种便利，使该职业更具吸引力。毕竟，不是每个人都能成为执政官，所以奥古斯都明智地采取了这种措施[62]。

此外，他树立榜样，以身作则，行使正义——之后的皇帝也纷纷效法。他一丝不苟地处理案件，对轻微小罪和真诚悔过示以宽容。当疲倦袭来，他便躺在轿子里，继续工作[63]。

奥古斯都还对元老院进行大刀阔斧的改革，元老院的存在是阻止暴君产生的最好方法。他希望这个古老的机构找回它的高贵，这意味着要驱逐坏分子，尤其是那些借着内战迅速积聚实力的人。奥古斯都是彻头彻尾的精英主义者，希望将最负盛名的家族的成员留在议事厅里。他展示出令人难以置信的机敏手腕，要求每位元老选择一位值得留下的同事留在元老院。名单就这样定了下来，交给奥古斯都和阿格里帕过目。他们一起选出了要被剔除的元老。这一措施是如此危险，以至于在元老院改组的日子里，第一公民要在托加袍下穿着军甲前往元老院[64]。但是，改革最终得以顺利进行。元老院的声望有所提高，其成员有了荣誉感，整体来说，他们都是被聘任的，因此没有任何理由进行反叛。然而，新晋元老们的过度兴奋，令奥古斯都的尊贵身份显得有所降低，于是元老院毫不犹豫地将他重新推到元首的位置。奥古斯都提议，当他任执政官时，让两名同僚和他一起行使权力，以便使更多官员担任执政官这一职务。元老们拒绝了他，他们不想成为空壳官员，然后沦为临时演员[65]。

之后，他允许元老的儿子们一穿上成年托加长袍，即大约14或15岁时，就来聆听元老院会议，这样可以更好地为未来的职务做准备。那个年龄段的罗马少年更爱和朋友们外出，初试饮酒和享受恋爱萌芽[66]。无疑，奥古斯都树立起青少年榜样，让早熟的孩子们去模仿，可以肯定的是，这项措施取得了有限的成功。

为了维护共和国的表象，奥古斯都还必须使政府看起来具有参与性。他去逢迎最优秀的元老们，然后创建了新的公共职位，尤其是市政职能方面的，使更多公民能为国家利益工作[67]。他为战功卓著的将军们举办凯旋仪式，以便安抚军队。他还像重整元老院秩序一样，通过驱逐坏分子来整肃罗马骑士团。他让骑士们在规定的时间里，列队骑马穿过罗马城[68]，让他们体验属于骑士团的骄傲。

奥古斯都也去迎合各个宗教社团。宗教在罗马极为重要，担任圣职是受人追捧的事。为了尽量满足民众，他创设了新的圣职，还恢复了一些过时的信仰[69]。于是，他给人留下了复兴古老罗马文化的印象。身为大祭司长，他还是罗马的第一祭司，事实上，他独自统治着罗马的各派宗教秘术。

奥古斯都认为劳动是一种价值，他认为可以通过减少向市民发放小麦，来促使人们靠自己而不是靠社会援助来生活。但是这个想法在公众舆论中引起了轩然大波，民众怨声载道，这对奥古斯都来说实属罕见。平民们每个月交一次粮食税，减少谷物配给是不可想象的事[70]。除此之外，遇到收成不好的年份，当小麦快要耗尽时，奥古斯都会优先满足罗马人，因此，角斗士、未被买走的奴隶和外国人有义务离开城市，除非他们从事的是医生、教师这类重要行业。他驱逐他们时从不让步，在他眼中，他们比真正的罗马人低一等。只要他们的苦难发生在罗马城外，他就毫不在意。当提比略或利维娅请求他保护一些朋友时，他仍坚持不为所动，拒绝一切破格优待[71]：在他看来，这关乎社会公平正义！

十余年间，奥古斯都改组了政权，重建了国家机构和贵族秩序。现在，他需要通过强化道德风气来矫正流弊。

重塑美德

内战向来是滋生道德堕落的温床，许多上层妇女忘记了，她们只是贵妇。保民官克劳狄乌斯的姐妹克劳狄娅（Clodia），以私生活放荡著称。她和诗人卡图卢斯（Catulle）的情史尤为出名，在卡图卢斯笔下，她化名为莱斯比娅出现在诗中。另一位著名的女子富尔维娅是安东尼的前妻，她骑上马，企图在佩鲁贾之战中带兵打仗。奥古斯都决意结束这些放肆的生活方式：罗马的伟大建立在结构化的社会之上，每个人都待在自己的位子上，而女性要留在家中。

奥古斯都首先将儿童排除在属于成人的社交活动之外，特别是某些演出，禁止儿童在场观看。此外，未成年的男孩们不再被允许参加牧神节奔跑[72]，在这个过程中，男青年们从四面八方穿过城市，用手中神圣的皮条抽打女子，让她们更容易生儿育女。所以，年幼孩子的出现毫无意义。

为了使人民满意，也为了让自己显得和蔼可亲，奥古斯都不顾预算，举办了许多演出——多亏了新的对外扩张，国库的财富似乎取之不尽、用之不竭[73]。奥古斯都喜欢激起人们的惊叹，因此很乐意下令展览各种异邦风情的动物[74]。在演出期间，他总是待在属于他的包间里欣赏表演，这样做无疑是出于偏好，但也避免了像恺撒那样，因闲暇时不工作而受到指责。但是，奥古斯都认为，演出现场不应成为社交混乱的场所。他正式规定，每个阶层和团体在剧院、马戏团的看台上都有其指定位置，并采取措施使观众遵守位置分布。最前排坐的是元老，然后是骑士，上层看台的是平民，维斯塔贞女则有自己的包间。不管是哪个阶层的女性，都被打发坐在最上层的位置，只有在下午过了一半以后，才能前去观看演出。不过，奥古斯都和妻子一起坐在他的包间里[75]，皇室包间也是上演权力剧的舞台。

外国代表团也被禁止坐在前排，因为代表团里面经常有被释放的奴隶，奥古斯都所认为他们不应该坐在高贵的位置[76]。这一系列措施并不单纯：专门用于表演的建筑物是社会的象征性缩影，反映了将熵降至最低的完美宇宙秩序。

奥古斯都梦想着罗马人能拥有朴素的理想。有一天，民众抱怨酒喝光了。奥古斯都训斥了他们，并保证道，罗马引水渡槽多到足以让他们解渴。苏埃托尼乌斯对他这番智慧的言语解释道，这证明他更渴望实现公共利益而非得到大众欢迎[77]。奥古斯都非常认真地对待"祖国之父"（pater patriae）的角色[78]，这个头衔是他在公元前 2 年正式采用的。不过，还没有等这个日期来临，他就已经按照公正而严厉的族长的方式行事，一举一动都如罗马人象征性的父亲。

为了保证罗马帝国世代延续，生生不息，奥古斯都制定了一系列鼓励婚姻和提高出生率的法律。近亲繁殖是保持精英血统纯正的一种方式。凭着直觉，奥古斯都明白，保留自己人的圈子，必然会增加贵族成员们的自豪感[79]。然后，这些贵族将更为主动地按其阶层规则行事。公元前 18 年，他颁布了关于婚姻秩序的《尤利亚法》（la loi Julia）[80]，禁止罗马人与社会地位或门第低于自己的人缔结婚姻，并规定所有从事过臭名昭著工作（与演艺和卖淫有关的所有职业）的人都要被剔除出原有阶层，因为这样会引起门不当户不对的联姻。此外，对那些处在适婚年龄，但仍想保持单身、离婚或丧偶状态的男女，给予相应的经济处罚。新法律遭到了许多抗议，但奥古斯都仍坚持不让步：高出生率和公民血统的纯净，有利于保证帝国的伟大。骑士们呼吁废除《尤利亚法》，认为拒绝结婚生育受到的经济处罚实在太重。作为回应，奥古斯都在一次演出期间，在包厢里表彰外孙女阿格里皮娜和她丈夫日耳曼尼库斯的范例，这对年轻夫妇既受欢迎，又孕育了不少后代。道德改革继续进行着。公元 9 年，奥古斯都通过颁布《巴比亚波培亚法》（la loi

Papia Poppaea），创立了鼓励生育的《三子法》（ius trium liberorum）：拥有三个孩子的父母，将不再受到《尤利亚法》的行政处罚，生育了三个孩子的母亲将获得法律上的解放，她们不再依附于任何男人，也不再被视为长不大的未成年人[81]。奥古斯都想把利维娅树立成女性典范——已婚妇女既是自由的，又自相矛盾地服从于她的家庭。他虚伪地授予利维娅《三子法》规定的自由权，即使她只生了两个孩子。对于维斯塔贞女也是一样，以此来奉迎她们，让她们严苛的祭司身份变得令人羡慕[82]。

简而言之，奥古斯都凭借着耐心和严谨，重建了一个符合传统价值的稳固的罗马社会。剩下的任务就是，为他的世界配上能彰显他伟大功绩的布景装饰。

大理石的罗马

下面这句话十分著名。在生命的尽头，奥古斯都骄傲地说，自己接手的是砖砌的罗马，却留下来一座大理石的罗马[83]。美化城市的确是他宏伟计划的一部分。一方面，他毫不吝惜地捐献出自己的财富，是罗马帝国最大的慈善家之一；另一方面，罗马城作为全世界的情人，一定要成为一座壮丽宏伟的城市。正如苏埃托尼乌斯所证实的，皇帝资助修建了许多建筑物。他建立了一个新的广场，还有三座新的神庙，分别献给战神玛尔斯、雷神朱庇特和他自己的守护神阿波罗。阿波罗的神庙，坐落在他住所的某个地方。他的住宅四周被门廊和图书馆环绕，并设有为元老院会议准备的大厅。他巧妙地将元老们安排到自己家里，就如宫廷一般……

他修建的多座建筑物都以亲人的名字命名：盖乌斯门廊、卢齐乌斯殿堂、利维娅门廊、屋大维娅门廊，还有马凯路斯剧院。城中仿佛遍布致敬皇室荣耀的纪念碑。随着君主专制思想的萌芽，合法和仁慈的理念正逐渐进入人们的头脑中[84]。

公元前 13 年至公元前 9 年，经元老院同意，奥古斯都主持建造了位于战神广场的和平祭坛（Ara Pacis）。这座纪念性建筑的规模并不宏伟，但起到了绝好的宣传作用，颂扬了帝国的和平——而一切要归功于奥古斯都。罗马人可以从祭坛南北两面欣赏奥古斯都的家庭，其成员依照重要性先后排列。女性作为继承人的孕育者，占据着关键的一席之地。和平祭坛的浮雕上，充满了歌颂皇帝荣耀的细节。因此，在祭坛下部，我们可以看到螺旋状的阿坎瑟斯叶扼住了常春藤芽。就像奥古斯都摧毁了马克·安东尼那样，阿波罗的植物让狄俄尼索斯的植物窒息而死[85]。奥古斯都知道如何将傲慢和无比精巧的细节融合在一起……

奥古斯都将罗马划分为 14 个街区，从而完成了对城市的重组，这些"地区"为城市的行政管理提供了便利。如果说罗马是用大理石建造的，罗马庶民们的群屋（insulae）则仍然由木头和砖头建成，而发生火灾是常有的事。为了同这个祸害作斗争，奥古斯都下令，创立一个夜间守卫的职务，相当于消防员。值得一提的还有，台伯河得到了清理，以防止洪水泛滥，大型道路网工程展开，以改善道路状况[86]。

罗马是奥古斯都的杰作。他分享自己的财富，他的慷慨是尤利亚家族意识形态的最有力标志之一。同时，他在公共场所尽量不抛头露面。这种虚假的谦虚，源于他不希望被人看成独裁的暴君。

永恒面孔

奥古斯都担任帝国元首 40 多年，但是，没有任何官方形象展示他的衰老。他给后世留下的是他永远意气风发的容貌，一个 30 多岁的男人，年富力强，有着冷峻而朴素的美，从未停止激起人们的赞叹。面对荣誉，他习惯性地以谦卑为怀，坚决拒绝人们在罗马为他建立神庙，把别人送给他的银雕像熔化，却为帕拉丁山上的阿波罗神庙购置了新的金制三足家具[87]。

由于风俗惯例，他将自己的胸像刻在硬币上。金钱是一种高度符号化的媒介，在所有人之间传递。钱币是雕刻肖像的理想办法，丝毫不必担心被看成自大狂。

私下里，他给了自己更多自由，个人印章的演变也充分说明了他的心理变化。年轻时，他刚开始用的是狮身人面像，无疑是由于这种虚构动物的精神维度和神秘性。随着日渐掌权，他放弃了狮身人面像，转而使用亚历山大大帝的头像，引得人们纷纷效仿。最后，他一被委以大权，就把自己的形象刻到了印章上[88]。至少，他的自恋还不那么引人注意。之后很长一段时间里，他的继任者们继续使用这枚印章，它让他们每天都能见到这张美丽的面孔，让他们记住奥古斯都——他们拥有的君主权力都归功于这个男人。

苏埃托尼乌斯承认，奥古斯都有种罕见的美，他荣光熠熠的雕像似乎佐证了这一点。他显然拥有非同寻常的魅力，否则不会年纪轻轻就在军队和元老院获得如此成就。作为一个优秀的罗马人，奥古斯都一点也不装腔作势。他的美自然而不做作，是最值得欣赏的男性美，至少按照当时的标准来说是这样的[89]。

他的脸庞线条精致，面部比例和谐，同时带着男子气的棱角[90]。他的肤色略微偏暗，眉头离得很近，一双蓝眼睛明亮又活泼①，让人一下子就感受到他敏捷的才智。他明白自己炯炯有神的目光可能会令人生畏，不过他很享受这一点。他身上散发着一种神圣的权威，没有什么比看到对话者低眉顺目更令他高兴的了。他略呈鹰嘴状的鼻子让他显得更具威严。此外，他还有着高自尊人独有的自然的高雅气质。

他一直留着深金色的短发，仿佛是受过阿波罗的抚摸才有的金色。他总用手简单而快速地梳一下头发，把天然的发卷随意梳拢到头上或对或错的位置。今天，艺术史学家们常会开心地数着他雕像前额拳曲的发卷的数量，以此冒险推测雕刻的年代。他依照自己的想法，刮掉或修剪胡子。他的官方形象并没有显示出这种小小的风格改变[91]。

---

① 根据老普林尼《自然史》中的描写，奥古斯都的眼睛是青色的，在当时的罗马，这让人想到的是带着蓝色调甚至灰色调的浅色。

他不是很高，但体形匀称完美。脸上有不少雀斑和痣，有人说他腹部上的斑或痣按北斗七星的形状排列……当然这只是阿谀奉承者主观编造的说法而已。他的身上有时会有几块皮肤脱落，苏埃托尼乌斯将这种脱皮归咎于洗浴时的摩擦。如今，我们更倾向于解释成压力引发的湿疹①。他的右腿有些虚弱，有时甚至令他行走困难[92]。但这些丝毫没有减损他的魅力。罗马第一大门的奥古斯都皇帝像（Augustus Prima Porta）虽然颇为理想化，但总体上还是较为真实地展现了他的外形。

出乎意料的是，奥古斯都虽然没有很强健的身体，却并不妨碍他活得长寿。他百病缠身，日常的小烦恼包括感冒、季节性过敏、消化不良，好在它们并不致命[93]。他不喜欢天热，还不能受凉。冬天，他先裹上羊毛，再穿上托加长袍[94]，然后将冰冷的食指放在角指环中，才能够写字。他的肖像从不描绘他的小缺点，留给我们的只有一个坚持自律的简朴而完美的幻象。

朴素为人

奥古斯都不爱摆阔，对浮华不感兴趣。他作为第一公民的雕像，充分表现了他对简单朴素的偏爱。但是，他看重贵族身份的标

---

① R. F. Martin, *Les Douze Césars*, *op. cit.*, p. 57. 鉴于奥古斯都寿命较长，逻辑上排除他患有更严重的疾病。

志，在意优雅举止和维持阶层的必要表现。不过，一旦可以，他就活得如万千公民中普普通通的一员。他热爱质朴生活，对此，苏埃托尼乌斯从不感到惊讶。他讨厌公共浴场，却不得不听从医生建议，忍受海水浴。当他能独自吃零食的时候，一些小东西就足以让他大快朵颐。正餐之间吃块面包或奶酪，抑或是嚼点水果，他便十分心满意足。当他不靠吮黄瓜或水果来解渴时，他更喜欢喝水，而不是顶级葡萄酒[95]。

不过，他也喜欢按规则来组织晚餐。依照古罗马生活艺术的原则，接待朋友和款待客人。据说，奥古斯都甚至与少数精挑细选的朋友一起组织过主题宴会。每个人都要装扮成奥林匹斯山某个十二主神的样子，奥古斯都自己则扮成阿波罗，主持整场晚宴[96]。这样做多少有点亵渎神灵，但这小小的荒唐——也许是他的对手想象出来的——似乎与他的性格没什么矛盾之处。

能上场运动的时候，他没去参加，换句话说，战争一结束，奥古斯都就开始热爱游戏比赛了。最好玩的，莫过于扔骰子。有时甚至和孩子一起玩接羊拐骨游戏，这会使他感到放松。但首先，他是酷爱拉丁语和希腊语的知识分子，在写作和朗诵中感到无限乐趣。他格外为自己的风格感到自豪，他追求简洁、清晰、着眼现实。他坚信自己的才华胜于他人，嘲笑周边所有亲近之人的文笔。梅塞纳斯的风格华而不实，安东尼为一闪而过的灵感牺牲了清晰表达，至于他深爱的外孙女阿格里皮娜，她写得太晦涩难懂了。只有他自己一个，还算有点天分……如果一个人不自信满满，那也不可能登上帝国的权力巅峰吧！

苏埃托尼乌斯忠实地研究了皇室文献中奥古斯都的信件，对其中的口头语和奇特用词倍感惊讶。例如类似于"猴年马月"这种表达，他试图用希腊历中的朔日来表示无限延期的事件，而朔日在希腊历法中压根不存在[97]。这位历史学家还发现，奥古斯都犯了太多的拼写错误，甚至经常按发音来书写①。他的演讲精彩绝伦，他的书板却混乱难辨。

作为一个好的一家之父（pater familias），他密切关注晚辈们的教育，按照古老的罗马传统教导他们。女孩们要学习纺纱，男孩们要学习文学修辞。他把自己当作一家之主，认为家人要像人民一样遵从他的权威。但他忽略了，尤利亚家族拥有怎样一种祖传的野心。

晚辈们的反叛

有其父必有其女，尤利娅毋庸置疑是她父亲的女儿。她顽固、迷人，渴望权力。要是她有一条Y染色体，绝对会肆无忌惮地发动战争，让整个罗马倒在她脚下。她的第三次婚姻——与提比略的结合——是一场灾难。提比略虽然因为母亲利维娅的缘故而习惯了悍妇，但还是决定独自一人定居在罗德岛，以躲避妻子尤利娅。二人

---

① Suétone, Auguste, 88. 或许，奥古斯都有缀字困难的问题？这种与拼写相关的认知障碍并不会影响患者的智力。

第二章 奥古斯都：权力喜剧

分居后，尤利娅有机会和尤卢斯·安东尼乌斯走到一起，他是马克·安东尼和富尔维娅的儿子，奥古斯都在攻下埃及后赦免了他。公元前2年，这对热衷权力的罗密欧与朱丽叶共同构想了一场政变[98]。二人同为内战强人的后代，准备策划夺权，成为帝国的统治者。他们的阴谋被发现了，奥古斯都毫不留情地惩罚了二人。不出意外地，安东尼的儿子被判处死刑，尤利娅则被流放至潘达特里亚的荒凉小岛。尽管人民要求给予尤利娅自由，但奥古斯都永远没有原谅独生女对他的背叛。

公元4年，奥古斯都时年66岁，不得不寻找新的继承人。盖乌斯和卢齐乌斯先后死去，皇室中的男性所剩无几。奥古斯都拒绝将自己的帝国交给阿格里帕·波斯图穆斯[99]，宁可将他继续软禁在岛上，以免扰乱他的王朝计划[100]。

皇孙一辈中没有可靠的候选人，这时，利维娅开始暗中与奥古斯都商谈，要求让她的大儿子提比略继承皇位。奥古斯都从来都不喜欢沉默寡言的提比略，但他现在是家中的长子。于是，他同意收他为养子，并强迫他同样做，收养受人喜爱的日耳曼尼库斯。这样一来，他让利维娅心满意足，但他私下也有自己的想法。他深知，提比略会尽心竭力地忠实工作，却不会像自己一样受欢迎，这让他内心感到满意，他会给人们留下更为光辉的记忆。提比略之后，日耳曼尼库斯继承皇位，他定会成为伟大的皇帝。然后，日耳曼尼库斯将把帝国交给他和大阿格里皮娜所生的孩子，奥古斯都的小后裔将接替皇位。

公元8年，奥古斯都觉得，他的王朝计划已完美无缺。不幸的是，他的家是上演恐怖阴谋的剧场。这次的煽动者是他女儿尤利娅的女儿——他的外孙女小尤利娅。与母亲一样，小尤利娅计划夺取奥古斯都手中的权力，将其交给情人，并在他身边扮演第一夫人的角色。她最后经历了与母亲同样的失败之苦。

从那以后，对奥古斯都来说，两个尤利娅和阿格里帕·波斯图穆斯就成了"他身上的三处脓肿和溃疡"[101]。他们在沙盘上策划的革命，在内战胜利者老奥古斯都眼里，是不能容忍的幼稚行为。

解决完家里的问题后，奥古斯都庆祝了他的 70 岁生日，他坚信，自己已经为后人打下了坚实的君主制基础。他永远不会知道，他的子孙后代会怎样耗尽力气，自相残杀。

无花果的甘美与苦涩

76 岁那年，奥古斯都经常看见死亡的征兆[102]。即便不通神，他也知道自己时日无多。公元 14 年 8 月，尽管受到肠道问题的持续困扰，他还是前往那不勒斯湾放松了几周，在卡普里岛休息了数日，享受岛上英俊小伙子们的陪伴。奥古斯都以折磨提比略的占星师色拉西洛斯（Thrasylle）为乐，整天通过逗弄他来寻开心，带着年迈家长的无礼[103]。之后，他又去了那不勒斯，出席为向他致敬而举行的五年一度的体操比赛。最后，他陪同提比略，前往坎帕尼亚的贝内文托，提比略在那里同伊利里亚省（位于阿尔巴尼亚和今克罗地亚之间）的军团会合。

这次旅行使他精疲力尽，不得不中途停下来，在位于坎帕尼亚的诺拉的住所中歇脚。他非常虚弱，只吃得下花园里无花果树上采下的新鲜果子。根据史学家卡西乌斯·狄奥（Dion Cassius）的说法，利维娅可能在树上的无花果中下了毒，以加速丈夫的死亡[104]。然而，这条四下传播的谣言毫无道理，因为提比略必然会继承皇位，没有人可以质疑这一点。

奥古斯都感觉到他将不久于人世，就把提比略召回身边①，讨论与国家有关的事务[105]。继承人登基是最后一桩让他操心的事，是他一生使命的终点。尽管他继续向罗马发去消息，说他的健康状况令人放心，但他还是选择接受人生的落幕，带着戏剧性抑或是开个玩笑——不管解释成哪种，我们可以肯定的是，这都表现了奥古斯都极度以自我为中心的个性。他命人拿来一面镜子，听天由命地确认，金属映出的面容早已不再是不朽石像上那副英俊的脸孔。带着最后一丝力气，他说出了灵光一闪的机智妙语。不过，这些话也可能是后人附会的？时至今日，我们已无从知晓是否真有其事，却可以惬意地细细品味其中的妙处。临终前，奥古斯都用戏剧来隐喻死亡，毕竟终其一生，他都在扮演主角。他问身边亲近的人，他是否把他人生的角色扮演得恰如其分，如果是的话，请在他下台后鼓掌[106]。生命的最后一刻，他在利维娅的怀抱里，对她低声说出最

---

① Suétone, *Auguste*, 98；Tacite, *Annales*, Ⅰ, 5；Dion Cassius, *Histoire romaine*, LVI, 31. 关于此事的记载，众说纷纭。根据塔西佗的《编年史》和卡西乌斯·狄奥的《罗马史》，提比略到达时已经太晚，没能赶上这次会面。

后的爱语[107]。

随行骑士们将他的遗体运回罗马。在此期间，罗马人焦躁难安，四处奔走，为他准备最盛大的葬礼。民众的沸腾，掩盖住了阿格里帕·波斯图穆斯被谋杀一事——没人知道究竟是谁下令暗杀了他，是奥古斯都最后的决定，还是提比略的第一道命令①。

9月3日，元老院公开了维斯塔贞女保存的奥古斯都一年前写好的遗嘱。皇帝将他的养子提比略确立为第一顺位继承人，并把一半以上的财产赠给了他。皇后利维娅为第二顺位继承人。遗嘱中的一个条款规定，自他去世起，利维娅会得到"奥古斯塔"的头衔。帝国皇后的地位正式明确起来，这是之前从未有过的事。奥古斯都为他的遗孀提供了保障，只要她活着，就永远是罗马帝国的第一夫人。他还把一部分财产留给了其他直系亲属，至于剩下的部分，则尽数分给罗马人民和军队。他用这种方式，最后一次表达了对他所征服的帝国的慷慨无私。

9月8日左右[108]，提比略和他的儿子小德鲁苏斯（Drusus Ⅱ）穿着黑色的丧服，站在演讲台高处宣读了致奥古斯都的悼词。仪式进行了很长时间，尸体在战神广场上火化，骨灰放至奥古斯都陵墓中。9月17日，元老院通过了将奥古斯都封神的法令，刚逝去的那个世纪里最强的人，不可避免地升天而去，步入了众神的行列。

---

① F. Hurlet, *Auguste, les ambiguïtés du pouvoir*, *op. cit.*, p. 150. 根据该书作者的说法，提比略为了以防万一下了杀手。

终　章

利维娅将奥古斯都的尸体抱在怀里，几个小时过去了，他的皮肤变得像冰一样冷。她不得不接受他的死亡，迫切需要冷静一下。她轻轻地将丈夫的头放在床上，然后走出房间，前往自己的房间里独自待着，房门通向被无花果树层层遮蔽的庭院。老皇后无法控制住啜泣，泪如雨下，并厌恶自己此刻的柔弱。她试图保持庄重，与她长期以来严肃可敬的形象维持一致。她认为自己为丈夫的死做好了准备，但还是实在难以接受他的离去，他和她一起走过了52年的人生。

几下怯怯生的敲门声，让她从痛苦中回过神来。她匆忙擦了擦脸，深吸了一口气，用不像她所希望的那么坚定的声音，请不速之客进来。提比略推开门。他脸色灰暗，一如往常，但他眼中却流露出从未有过的严酷，一种她在他身上未曾见过的高傲……

"我会去做必要的安排，向元老院宣布奥古斯都已死，并组织他的葬礼。"

"等一下！"

利维娅走向儿子，去抚摸他的脸，带着装出来的温柔。她从未对他表现出多么亲切，但她以自己的方式爱他。她总将他看作一个沉默寡言的倔强孩子，却并没有意识到，儿子已经55岁了。她将一只枯皱的手放在他的面颊上,手上布满了老年斑。

"不管做什么,在那之前,先下令让卫兵干掉阿格里帕·波斯图穆斯,奥古斯都可不想看到继承人战争爆发。"①

一抹邪恶的微笑让提比略的脸色明亮起来。他喜欢这个主意,尽管听上去有些冒险。利维娅露出热情的微笑,以鼓励儿子。她要确保他得到帝位,不会让任何人抢走。她的声音柔和,令人放心,带着一种坚定。

"听你母亲的话……"

---

① 正如我们前面所说的,各种消息源不足以让后人知道这次暗杀的命令是来自奥古斯都还是提比略。利维娅很可能参与了这个决定,因为她知道奥古斯都的意愿,并且想要保护提比略。然而,这仍然只是我们在虚构部分做出的假设。

第三章　提比略：卡普里忧郁

但愿男女众神将我残忍毁灭，而不是让我每天忍受折磨。

——苏埃托尼乌斯，《提比略》（*Tibère*），第 67 章

维普萨尼娅·阿格里皮娜（Vipsania Agrippina）[1]……每次想到他的前妻，提比略都会心里一紧。她是唯一爱他的人，至少，有那么一点儿。他们的离婚令他心碎。之后，只要再见到她，他便陷入绝望的苦痛。利维娅和奥古斯都二人不得不采取措施，令这名年轻女子离开了帕拉丁山[1]。

他讨厌他的新妻子尤利娅。她是皇帝的女儿，生性放荡。很久

---

[1] 这里的阿格里皮娜是指挥阿克提姆海战的马库斯·阿格里帕将军的大女儿，是他在娶尤利娅之前，第一段婚姻的妻子所生。

以前，尤利娅就已经尝试引诱他，想让他也加入她众多追求者的行列，这种行为令他生厌。她那副伪善的表情之下隐藏着病态的淫欲，让他感到恶心。自从尤利娅失去丈夫，奥古斯都便想给她找个门当户对的丈夫。母亲利维娅坚持说，提比略就是那个被选中的幸运儿。母亲认为，和尤利娅结合，能增加他有一天成为皇位继承人的机会。胡说八道！皇帝有孙子，有和他一脉相承的孩子，他已经公开把他们当作继承人培养。

提比略在宫廷里感到窒息。他没有机会得到奥古斯都的青睐，他从来都不是任何人的宠儿，甚至连母亲也不怎么爱他。那么，为什么要陷在这种痛苦中无法自拔呢？为什么要继续留在皇宫里呢？他已做好决定，他将离开罗马定居罗德岛，独自一人。

被放逐的孩子

16 岁时，利维娅初次怀孕，她想知道自己怀的是女孩还是男孩。根据苏埃托尼乌斯的研究，等得失去耐心的利维娅求助于蛋卜术——一种和孵化鸡蛋有关的迷信。几天后，一只小公鸡提前破壳而出。这就意味着，她将生下一个有帝王之命的儿子[2]。虽然这个预测出乎她的意料，但却令人愉悦。几周后，公元前42年的11月16日[3]，利维娅诞下一个健壮的男婴，这令她十分开心。

提比略出生于一个颇有声望的贵族家庭，尽管他的先人们并不总能做出正确的政治抉择。在马其顿进行的腓立比战役中，他的外祖父利维乌斯·德鲁苏斯（Livius Drusus）自杀身亡[4]。他支持布鲁图斯和卡西乌斯，最后他用符合其身份的死法，承担了所犯下的错误。利维乌斯·德鲁苏斯出身于大贵族，是阿皮乌斯·普尔凯尔（Appius Pulcher）家族和利乌斯（Liuii）[5]家族的后代。两家人都是经验丰富的贵族派，但克劳狄乌斯[6]除外，他是不好惹的民众派保民官①。

提比略的父亲全名为提比略·克劳狄乌斯·尼禄（Tiberius Claudius Néron），也同样来自一个大贵族之家。起初，他归附于恺撒的派系，和恺撒一起，在埃及还有纳博讷尽心竭力地工作，坚信对方将恢复共和国[7]。后来，他对恺撒无限延长独裁一事感到失望，在3月15日后的第二天，加入了刺杀恺撒的那一派人当中。他甚至在元老院要求奖励刺杀者。公元前43年，罗马"后三头同盟"建立，他对此感到不满。他是忠实的共和派，不信任恺撒的继承者们。公元前41年，儿子提比略出生后不久，他参加了佩鲁贾战争，加入卢齐乌斯·安东尼和富尔维娅一方，对抗屋大维②。但是，他所属的一方最终战败，他不得不与家人一起逃亡[8]，因为屋大维无所顾忌地铲除敌方的贵族支持者。他们一家人想逃到西西里岛，去投靠反对屋大维的塞克图斯·庞培。

---

① 参见第一章。克劳狄乌斯是民众派的狂热支持者，擅长使用无赖伎俩。他经过努力斗争，脱离了元老阶层，为的是显得更贴近民众，以便促进自己的政治生涯。

② 参见第二章。

于是，年幼的提比略和父母像被围猎的动物一样，过着东躲西藏的不安生活。需要躲起来的时候，利维娅会要求她的孩子保持沉默，以免他的哭闹声引来屋大维手下的追兵的注意。在西西里岛上，塞克图斯·庞培的接待没有像预想的那样，给提比略·尼禄一家足够规格的接待。这位将军的姐妹只是出于女主人的礼貌，送给小提比略一件短披风、一个夹扣及一颗金饰钉。但提比略·尼禄不敢参加欧洲大陆外的社交活动，他决定继续逃亡，前往亚该亚，加入马克·安东尼一方。旅途漫长而危险。在穿越古斯巴达城市拉凯戴蒙时，一家人遭遇到火灾。凶猛的火舌点燃了利维娅的衣服，烧焦了她的发缵。她能活下来，简直是个奇迹。家庭的流浪漂泊，最后因放逐令的取消而结束。一家人终于可以安全返回罗马[9]。幼年的恐怖动荡生活，很可能在小提比略未成熟的心理上留下了烙印。这也许是造成他性格敏感多疑的原因之一[10]。

回到罗马城之后，小提比略成为马库斯·加卢斯（Marcus Gallus）的遗产获赠人。这位反恺撒派的元老很可能没有孩子，又对提比略·尼禄十分欣赏。多亏了他，提比略小时候就继承了一笔资产，能让他将来过上好的生活。唉，可悲的是，他的家很快就要被拆散了。屋大维内心希望与旧日敌人和解，于是邀请提比略的父母参加晚宴。当时，怀着身孕的利维娅容光焕发，屋大维一下子疯狂地爱上了她，并从她丈夫身边夺走了她——就像罗慕路斯抢走赫西利娅那样，后者是著名的强掳萨宾妇女一事中，误嫁于人却过上幸福生活的女子。对此提比略·尼禄无力反对。为了娶怀着别人孩子的年轻孕妇，恺撒的养子从宗教和法律上都做了安排[11]。第二次婚礼后的三个月，利维娅就生下了二儿子，取名叫德鲁苏斯（Drusus）。屋大维把这个孩子交还给了他的生父。离了婚的提比略·尼禄努力为两个儿子提供最好的教育。两个男孩的日常生活就是学习算术、阅读，还有共和制的理想[12]。但是，在父亲膝下承宠的童年却戛然而止了。

奥古斯都之家的影子

提比略的生父在他9岁时去世。于是这个男孩第一次登上演讲台，宣读父亲的悼词[13]。学会在公共场合表达自我，是少年才智教育的一部分，但提比略年纪还太小，难以完成如此重大的任务。那天的在场观众里，必然有他的母亲、屋大维、他家的朋友，还有一些好奇的罗马人——他们总爱凑新的热闹。为期几天的丧事，标志着小提比略和弟弟的生活发生了转变。一旦父亲被火化，他们便会与母亲共同生活，合法地受到强大继父的监护[14]。

提比略和弟弟德鲁苏斯同屋大维的女儿尤利娅一起接受教育。屋大维注重以传统方式教导孩子，尤利娅甚至学会了像萨宾女孩们一样纺织羊毛。身为长子的提比略努力在新家中找到自己的位置。他经常生气，有时甚至十分暴力，以至于负责教他的家庭教师给他取了个外号叫"带血的污泥"[15]——为了表达对学生的喜爱之情。其实，提比略喜欢学习，无条件地热爱拉丁语[16]，以至于看不起希腊语，即便他对希腊语也相当精通[17]。他似乎深受梅塞纳斯的风格的影响。梅塞纳斯是奥古斯都的"宣传顾问",才思机敏,文笔风雅,甚至略显矫揉造作。历史学家罗伯特·图尔坎（Robert Turcan）认为,事实上,他在提比略的文字表达中发现了梅塞纳斯的影响[18]。对个人才华自信满满的奥古斯都,没少对提比略古体风格的文笔发表评论。提比略因此受到挫折,他不知该如何让继父喜欢自己,就像不知如何讨好母亲一样。

利维娅显然更喜欢德鲁苏斯,奥古斯都待他亦如亲生儿子。提比略感到被排斥,虽然他也享有某些特权,尤其是,在凯旋仪式期间与奥古斯都一同骑马游行的机会。奥古斯都视为政治继承人的侄子马凯路斯走在他的右边,提比略呢,则骑马走在左边。左边（*sinistra*）,其象征意义没有右边重要。在某种程度上,他担任的是第二角色。尽管如此,奥古斯都还是把提比略当作亲人,引导他进入了公共领域,毕竟他是妻子的长子[19]。占星师斯克里波尼乌斯（Scribonius）的神秘话语,在提比略的脑海中回荡:他将在没有皇室徽章的情况下统治[20]。这句话对他来说似乎毫无意义。他能统治什么？他身上又没有流着尤利亚家族的血。

15岁时,提比略穿上成年托加长袍,开始正式参与公民生活[21]。次年,已更名为奥古斯都的屋大维远征西班牙,提比略在此期间担任军事保民官,开始了他的荣誉生涯。为了被看成奥古斯都之家中不可小视的新人,他以父亲和外祖父利维乌斯·德鲁苏斯的名义,组织角斗士进行战斗比赛[22]。根据苏埃托尼乌斯的说法,这时,还是青少年的提比略已然展现出他出了名的吝啬:他让母亲和继父为赛事提供资金。

同时，公元前19年前后，他被指定与维普萨尼娅·阿格里皮娜结婚。她的父亲是军事天才阿格里帕——奥古斯都忠实的左膀右臂。他们的结合对年轻的阿格里皮娜来说是无上荣耀，因为她的祖先并不像她丈夫的家族那样负有盛名。同时，提比略被纳入奥古斯都支持者的政治圈子，但被排除在继承人之外。奥古斯都将来的继承人一定是他的嫡系血亲——他女儿尤利娅的直系后代。

巧合的是，提比略和维普萨尼娅·阿格里皮娜十分相爱。结婚时他大约23岁，她17岁。两个年轻人两情相悦，共同沐浴在甜蜜纯真的爱河[23]。婚后他们育有一个男孩，取名为小德鲁苏斯。在和谐的家庭生活之外，提比略勤奋地在荣耀之路上前行。他在军事和民事工作方面都很严格[24]，在年轻时就任高级官员职务，并在凯旋仪式上被授予勋章[25]。但这一切都是徒劳，他无力赢得身边人的拥护和人民的拥戴。这个遗憾，在他生命中一直存在。他的工作无可挑剔，可是他一上来就招人反感。

罗德岛的流放者

最中意的侄子马凯路斯不幸去世之后，奥古斯都修正了他的继承人计划。公元前17年，他收养了两个外孙，尤利娅和阿格里帕的孩子盖乌斯·恺撒与卢齐乌斯·恺撒。整个罗马已经将这两个孩子视为他的继承人。5年后，阿格里帕也去世了。让仍有生育能力的尤利娅处于丧偶状态是不可想象的：她知道，身为公主，她实际上是父亲王朝延续计划的基石[26]。如果盖乌斯和卢齐乌斯发生不幸，她的下一任丈夫将进入皇位备选继承人的狭小圈子。利维娅敏锐地意识到这一点，她想确保自己在帕拉丁山的地位，与继女相处得一点也不融洽。如果奥古斯都去世，尤利娅必然摄政，毕竟她很受欢迎。她将选择一位临时皇帝作为代理人，可能就从围着她打转的那些年轻贵族里挑一个。为了避免这种情况发生，利维娅长期向丈夫施压[27]，要求让提比略和尤利娅结婚。奥古斯都最后终于同意了。二人的新婚之喜，以令人心碎的离婚开始：提比略被迫和他的温柔爱妻维普萨尼娅·阿格里皮娜分开，与尤利娅同床共衾。厚颜而伪善的皇帝和皇后禁止他再见到他的前妻，因为每次遇到她，他都会被悲伤吞噬[28]。提比略很快意识到，他的新婚符合母亲至高无上的个人利益，他本人是她野心的目的，而不是她爱的对象。为此，他当然恨她，但仍忌惮于她的权威。只有尤利娅一人，敢挑战这位冷酷的圣母。

起初，这对夫妇尽力好好相处，想办法达到父母的期望。尤利娅对提比略并不全无兴趣，但提比略对她的性欲感到恐惧[29]。尽管如此，他还是尽到了丈夫的责任，让她生下一个儿子。但可惜的是儿子夭折了[30]，夫妇间脆弱的和谐就此画上句号①，皇帝的女婿从此拒绝与妻子共枕而眠。年轻的尤利娅尽量将就，却发现提比略呆板乏味，无甚魅力，并不企图品尝权力的滋味。

---

① 一对罗马夫妇的理想生活状态是和谐（concordia）。夫妻双方不应生活在激情之爱、不稳定的情感中，而应生活在和谐温柔的理解中。

第三章　提比略：卡普里忧郁

公元前9年，提比略的弟弟德鲁苏斯在日耳曼尼亚去世，他陪同弟弟的葬礼车队返回罗马。尽管被死亡的乌云遮蔽，这仍是一次美好的对家庭尽忠的行为。著名诗人奥维德（Ovide）写下了《慰利维娅》(*Consolation à Livie*)，其中前几行预言性地暗示皇后将把母亲的野心转移到长子身上①。然而，提比略仍然觉得他是奥古斯都之家的附属品。利维娅的压力、尤利娅的一众情夫，再加上奥古斯都的蔑视，都使他陷入绝望的情绪。罗马变得令他难以忍受。他宣布，他决定前往罗德岛定居。母亲利维娅表示反对，令他感到内疚。他向她解释道，自己觉得累了。此外，盖乌斯和卢齐乌斯已经长大，是时候让他们在公共场所自由行动了[31]。有什么办法能反驳这条论据呢？苏埃托尼乌斯的说法是，提比略开始了沿坎帕尼亚海岸的漫长航行。其间，可能有位来自罗马的信使通知他，说奥古斯都病倒了。出于对家庭和职业的责任心，自我放逐的提比略放慢了步伐，以防哪天他不得不紧急返回罗马。但是信使们不断来找他，告诉他流言四起，说他在那不勒斯海湾游手好闲地等着接替皇帝的位置。提比略厌恶造谣诽谤，便立即起航，迅速到达他的罗德岛。在那里他几乎是纯粹独自一人生活，远离奥古斯都之家中渴望权力的群狼。

隐退爱琴海期间，他花时间参加讲座和讨论（罗德岛以出色的

---

① Ovide, *Consolation à Livie*, 1-5: "你，长期以来被认为是幸福之人；你，直至最近仍被称为两个尼禄之母；而今天，这个称号只剩下一半了！利维娅，此刻你正在阅读关于德鲁苏斯之死的悲戚诗句，而你只剩一个儿子叫你'母亲'！你的温情再不会分给两个孩子。"

教学水平著称）。研究需要集中精力，他通过这样做来放松紧张的神经。据苏埃托尼乌斯说，有一天，他参加了一场激烈的哲学辩论。反方有一位辩论者用言辞侮辱了他。提比略没有回应对方，而是忍住冲动，没有暴露自己的身份。辩论结束后，他安静地离开了学校，不久后又带着卫兵们一同返回。他的对手极为惊讶地发现，自己侮辱了拥有保民官权力的罗马长官——这是犯罪，因为这个人是至圣之人①。在手下人的帮助下，提比略迅速做出判决，将眼前这易怒之人扔进了监狱[32]。

这个故事充分说明了提比略的心理：他无法昂首挺胸，直面正面冲突。他需要依靠权力来进行防御，保护自己。官员的残酷权威只是人性软弱的必然结果。

这次不愉快的冒险，丝毫没影响到提比略的学习热情，他的好奇心引发了他对占星术的兴趣。他开始在岛上寻找高效的占星师，然后遇到了色拉西洛斯，这位柏拉图派的哲学家是精通毕达哥拉斯学说②和占卜术的高级知识分子[33]。两个人建立了牢固的友谊，此后再没离开过对方。如果说提比略很少信任他人，那么占星师的预言让他看到未来掌握在自己手中，因而感到放心。

---

① *Sacrosanctus*, *a*, *um*，指的是长官权力中的神圣特性。
② 毕达哥拉斯学派于公元前 6 世纪诞生于希腊，如今人们对其已知之甚少。根据这个学派的说法，宇宙的奥秘可以通过数学来解答。除了这种理解世界的方式外，该学派还有基于严格和僵化的道德规范的道德规则，这种哲学流派似乎完全适合提比略的心理，一个既定的框架可以令他放心。

第三章 提比略：卡普里忧郁

尤利娅或双面仇恨

当提比略觉得距离保护他不被卷入奥古斯都之家的重重阴谋时，尤利娅也在想方设法地摆脱提比略。用历史学家杰罗姆·卡尔科皮诺（Jérôme Carcopino）[34]的话来说，奥古斯都高贵的女儿雄心勃勃，不能忍受她"失业的已婚妇女"的地位。她梦想着从皇帝的女儿，变成皇帝的妻子。在她眼中，继母利维娅的儿子不是实现自己蓝图的理想人选。在朋友塞普罗尼乌斯·格拉古（Sempronius Gracchus）——此人是著名的格拉古兄弟的后裔——的帮助下，她写了一封毁谤提比略的信，并寄给了父亲[35]。她要的这出小手段，令奥古斯都感到不悦。一方面，他不愿看到女儿一直被男人包围着，无论他们出身于怎样的名门望族；另一方面，他认为尤利娅身为女子，除了生育和抚养孩子之外不该做别的。于是，尤利娅的计划失败了，她感到失望，随后与她的情夫——马克·安东尼的儿子尤卢斯·安东尼乌斯共同策划，组织针对自己父母的阴谋造反。结果又是一场惨败，代价是，她被判处流放——而围着她献殷勤的数名情夫遭到了处决[36]。

提比略从岛上得知，由于通奸和政变未遂，妻子被判流放。而他在自己缺席的情况下，被宣告了离婚。他可能就此长出了一口气，但对尤利娅的敌意，让仇恨在他心底滋生。一旦哪天他登上皇位，就要恶化她的流放条件，使她在一无所有中死去，她将为自己的行为付出代价[37]。可是，对于灵魂受到的创伤而言，复仇只是一剂暂时有效的镇痛膏。起初的镇定作用过后，思维反刍和绵绵痛苦又将来得更加猛烈[38]。

尤利娅的倒台让利维娅感到高兴，她希望儿子在离开7年后尽快返回罗马。然而提比略从各种渠道得知，他在罗马一直遭人唾弃，而他的不在场使得情况愈加恶化。晚宴上，他被人取笑为"流放者"，玩世不恭的社交名流们开心地猜想谁会把他的头带回来。在这些玩笑的困扰下，提比略要求奥古斯都增加他的卫兵人数。遭拒之后，他请求奥古斯都允许他返回首都罗马。奥古斯都则想提醒继子，他当初未经批准就擅自离开，便任他再三恳求也不同意，逼得利维娅也不得不代他求情。提比略最终获得了返回的允许，条件是放弃追求荣誉之路——只剩下盖乌斯·恺撒和卢齐乌斯·恺撒可以走向政治舞台的前列。在这个家里，利维娅的儿子比之前任何时候都显得多余。但是，他还是接受了皇帝提出的条件，搬进位于埃斯奎利诺的梅塞纳斯曾经的花园，在那里沉迷于美好的闲散生活[39]。

但是，命运女神就是这般反复无常，又一次打乱了继承顺序。公元2年，提比略返回罗马几个月后，卢齐乌斯·恺撒去世，两年后，盖乌斯·恺撒也去世了。王位的游戏再次重启，时年，奥古斯都66岁。年轻的日耳曼尼库斯（德鲁苏斯的儿子）似乎是理想的继承人：人们很喜欢他，而他的妻子是奥古斯都最爱的外孙女大阿格里皮娜。但是，要想将日耳曼尼库斯的伯父、奥古斯都之家的长子提比略排除在外，是件难以想象的事。暗地里，利维娅给丈夫施加了前所未有的压力[40]。她不怎么喜欢日耳曼尼库斯，更对尤利

第三章　提比略：卡普里忧郁

娅的女儿大阿格里皮娜厌恶至极。如果奥古斯都去世后她还活着，那么成为第一夫人的唯一途径就是当上皇帝的母后。经过几个月的迟疑，奥古斯都解决了他的继承人难题：公元4年6月26日至27日，第一公民奥古斯都收提比略为养子，并强迫提比略也把日耳曼尼库斯收为养子。这样一来，家族长子按年龄顺序依次继位，皇位继承的问题得到了解决。由于大阿格里皮娜的原因，奥古斯都的后裔仍然留在继承人队伍当中，帝国的命运得到了保证[41]。以一种出人意料的方式，提比略成了奥古斯都的继承人。那些关于他崇高命运的预言，似乎正在一步步成为现实。

　　提比略知道，自己之所以能迅速提升，是因为背后有母亲的参与[42]。现在，他可以继续他的荣誉之路，并重新领导军事行动。值得一提的是，他在多瑙河畔几次取得胜利[43]。然而，他不在的这段时间里，前妻尤利娅的孩子们联合起来针对他。最年轻的阿格里帕·波斯图穆斯认为，提比略已经被取消继承权。奥古斯都看不起傲慢的阿格里帕·波斯图穆斯，知道不可能将帝国的缰绳交给一个头脑简单、肌肉发达的傻瓜。作为预防措施，公元7年，奥古斯都假借莫须有的说辞，将阿格里帕·波斯图穆斯流放到索伦托，后又将其流放到托斯卡纳海岸的皮亚诺萨岛上①。次年，小尤利娅步她母亲尤利娅的后尘，为了让情人戴上王冠，策划了针对外祖父的谋反。她造反的动机，部分也源于对提比略的仇恨。奥古斯都的所有孙辈都认为，让利维娅的儿子继位不合理。但小尤利娅的失败和

---

① 参见第二章。

她母亲一样惨。只有阿格里皮娜乖乖听从了外祖父的命令，因为她的丈夫和儿子都在继承人之列。她有什么理由反抗呢？时间一到，她的耐心就会得到回报，至少，她是这么相信的……

皇宫里的提比略感到被人厌恨，甚至奥古斯都对他态度粗鲁。尽管如此，他还是在多瑙河畔证明了自己的军事才能。然而，尽管他立下了战功，奥古斯都还是不允许元老院授予他一个荣誉称号[44]。提比略将此视为恶意。他感到了不公，性格因此变得越发阴鸷。

利维娅的王冠

公元14年夏天，提比略准备前往伊利里亚省边界，重新担任将军一职。他从诺拉启程后不久，一位密使要求他返回坎帕尼亚的帝国别墅。奥古斯都行将就木，想在临死前给提比略留下最后的建议。根据苏埃托尼乌斯的说法，两人花了一整天时间讨论国家政务[45]。老皇帝很清楚养子的心理特征，因此，他或许鼓励他用灵活手腕执政[46]。讨论结束时，老人叹了口气说："我可怜的罗马人民，要跌进一个这么慢吞吞的口齿里了！"[47]根据历史学家罗伯特·图尔坎的说法，奥古斯都将他的继任者比作一只邪恶的野兽，时刻准备沉醉于手下猎物的漫长垂死挣扎[48]。孤独的提比略已经50多岁了，节制欲望并不真正是他首要的优良品质。随着年龄的增长，日渐衰老的老皇帝，甚至在提比略向他走近时，就不再继续开玩笑了。他并没有意识到继承人觉得受到了公开蔑视,而自己这般所作所为,正在助力于创造出一个残酷冷血的家伙。

公元14年8月19日,奥古斯都在心爱的利维娅的怀抱中溘然长逝。之后的首要事务,是除掉仍然在皮亚诺萨岛流放的阿格里帕·波斯图穆斯。确保权力平稳过渡的最佳决策,依然是把他杀掉。谁下达了处死他的命令?奥古斯都?假借丈夫名义的利维娅?或是提比略?我们早已无从知晓。苏埃托尼乌斯保留了所有的开放性假设[49]。无论是谁做的决定,在奥古斯都的死讯正式宣布之前,阿格里帕·波斯图穆斯已被暗杀。提比略由他的生父抚养长大,在对共和的热爱中成长起来,他知道元首制是一种君主制,只是披着双头政治的外衣。55岁那年,提比略直接一脚踏进了形势不明的权力场。他,那个不被爱的人,成为世界的主人。

严肃又勤奋的提比略想试着当一个好皇帝。因此,他的第一个正式举动是将所有元老召集在一起开会。那天,提比略步入会议大厅,却被汹涌的情绪淹没,五味杂陈,各种感受猛烈地涌上心头。他仿佛陷入了一个大旋涡,里面混杂着欢乐、恐惧、解脱、全能、渴望认可,还有许多其他感觉。提比略的揪心苦痛,却被人误当作带着孝顺的谦卑,尽管这也许有点工具性效果。他说不出话来,只得让儿子小德鲁苏斯宣读他的演讲。然后,元老院公开了奥古斯都的遗嘱。提比略不出意外地被指定为下任皇帝,利维娅则继承了奥古斯都的头衔,成为第一个被称为"奥古斯塔"的女人,享有帝国皇后的身份,直到她生命尽头。因此,提比略还是没有摆脱他的母亲……她期望他对自己永远怀着感激,是她将王冠放在了他的头上。

公开宣读完遗嘱后，便开始上演故作谦和的戏码。一模一样的情形下，提比略模仿奥古斯都的犹豫，拒绝了元老院给他的权力。他一再推诿，拖拖拉拉实在太长时间，于是惹恼了一些元老，其中有一位大喊："他到底接受还是放弃！"[50]提比略随后默认接受了遗产，但依然花了点时间协商他的任期问题。正如历史学家雷吉·F.马丁所解释的那样，新皇帝感到身心虚弱，一方面因为他本身已经高龄，另一方面因为他无法在奥古斯都之家找到自己的位置[51]。因此他给自己开了一扇门作为出口。他将担任皇帝一职，"直到（元老院）合法地因为（他的）衰老让他休息的那天"[52]。但是，任何品尝过权力滋味的人都不会撒手回头。

忠于共和价值观的提比略，以最简单朴素的方式开始了他的元首生涯。他拒绝荣誉，反对人们为他建立庙宇和雕像。他谦虚地谢绝了"祖国之父"和英白拉多的头衔，尽管他可以合法地继承这两个称号。此外，他仅在正式文件中使用"奥古斯都"这一名字[53]。更重要的是，提比略意识到他可以反对他那无所不能的母亲了。因此，他禁止元老院授予利维娅"祖国之母"（*mater patriae*）的头衔，那会让她在政治上太过重要——担任母后这一角色，已经让她很自由了。她给外交人员写信用的是自己的名字，她还拥有一群庞大的拥护者。实际上，利维娅已成为真正意义上的"祖国之母"。

提比略习惯了周围人的敌意，对马屁精无比憎恶，甚至一些过于尊重的行为，都让他感到被冒犯[54]。不过，毁谤者写的那些侮辱他的话语，倒几乎不会令他觉得不快。他想要变得宽宏大量，并且，他是共和派的好儿子，乐于声称在一个"自由的国度里，言论和思想应该自由"。但是在高贵显要的美好外表下,不安全感侵入他的心底,蔓延开来[55]。最令他生畏的对手不在剧场台前,亦不在上流晚宴上。他的敌人都住在帕拉丁山上,形成这世上最可怕的族群——他的家人。

想成为普里阿摩斯的皇帝

尽管罕有抛头露面,但人们还是铸造了带有他肖像的硬币,并在他登基时为他雕刻了塑像。这些物品加上文字资料,使我们对新皇帝的外貌有了准确的认识。他有些忧郁的面孔,有着罗马人珍视的严肃感。高大的身材,使他具有某种魅力,有人认为他是一个英俊的男人[56]。随着年事渐高,他的体重无可挽回地变得超重。他的官方肖像自然忽略了时间给他带来的憔悴。他体形粗壮,给人强健结实的感觉。据说他的手腕特别有力,能用拳头握碎一个苹果,这当然会令人留下深刻印象。他肤色明亮,皮肤上常长有不少丘疹[57]。不过这丝毫不会损害他的庄严。他高贵的面孔上闪耀着一双大眼,毫无疑问是母亲遗传给他的。他行动有些懒散,且很少开口讲话。他身上的一切都无法自然而然地引发好感,以至于因为这一点,多年前奥古斯都曾在元老院面前为他辩护[58]。结果当然是,年轻的他无法回应皇帝那令人难堪的玩笑,即便他的才思十分敏捷[59]。事实上,提比略喜欢生活在喧嚣之外。只要有足够的葡萄酒,和几个朋友吃吃喝喝就足以让他心满意足[60]。

成为皇帝之前，提比略尚且还有选择朋友的奢侈自由，但从即位之日起，他便不得不与家人经常来往，毕竟从那时起他就是奥古斯都之家的一家之父，再也不可能脱身了。于是，提比略开始公开赞美普里阿摩斯（Priam）的幸福生活。他羡慕传说中的这位特洛伊国王，因为他的家人都去世了，而他依然活着[61]。普里阿摩斯有极高的智慧，拒绝将战争责任压在海伦（Hélène）脆弱的肩膀上。他严厉地统治着特洛伊，保持着敏锐的正义感，直至他的城邦被毁于一旦。提比略将自己视为一个明智而公正的人——就像老普里阿摩斯，还希望自己像他一样，是一个完美的"孤儿"。由于罗马没有化为焦土的风险，能让他高兴的事唯有家人的死亡了，如有必要，愿它降临得快一点。

在自己家中，皇帝绝望般地孤独。他暗中思忖，想有位妻子，或许她会帮他分担权力的重担。已经有过婚姻的贵族女子马洛尼娅（Mallonia）个性严肃，似乎能满足他的需要，他觉得她对自己有着强烈的吸引力。唉，可惜的是，她并未分享他的柔情，而是拒绝了他。提比略难以忍受被人拒绝，他现在已经是皇帝了。情绪战胜了他往常的严肃认真，他需要报仇，要摧毁她。作为惩罚，他编造了虚假借口，将她告上法庭。庭讯期间，他不停打断法官，反复问她同样的问题：她后悔吗？每次请求都是一次绝望的呼喊。她会后悔拒绝了他吗？他乞求着被爱。但是，这场法律闹剧中悲惨的女主角，怎么能通过提比略充满恨意的话语，理解到他是在恳求自己的爱呢？马洛尼娅惊恐万分。庭审结束了，她尊严扫地，离开法庭。被羞辱的她在大街当中破口咒骂，痛斥"这个卑鄙下流、面目可憎的老东西"[1][62]。她无法从凌辱中恢复过来,选择了自杀。她宁可死,也不和他在一起。提比略意识到自己多么可憎,才让马洛尼娅走到这一步。他不明白,用暴力是无法获得温情的。他确信没有人会爱他,于是放弃了再婚的念头。他将永远孤身一人。

随着时间的流逝,提比略深沉内敛的本性逐渐显露无疑。从早安问候到无休止的晚宴再到元老院会议,他要无休止地确保权力的演出,这令他心力交瘁。渐渐地,他对军事和外交事务失去了兴趣。他不去发动任何征服或防御战争,不再给边防部队下达具体指令,由他们自行开展工作[63]。起初,他无法离开罗马,因为年轻时漂泊太多。权力将他牢牢绑在意大利。但是过了一段时间,他开始梦想去一个岛上度假,例如罗德岛。这个岛几乎是专门属于他个人的私有财产,它靠近意大利,却难以抵达。提比略开始充满渴望地观察卡普里岛的悬崖,那蔚蓝背景下的矿物岩堡垒。

悲情统治

提比略坚持自己的共和价值观,努力与元老院保持互相尊重的关系[64]。然而,他僵化的头脑影响了他的政治决定,他喜欢秩序。实际上,他增加了意大利的军人职位,来减少盗窃、抢劫和暴乱的企图,以确保每个人的安全。为了使任何人都无法逃脱司法的管

---

[1] Suétone, *Tibère*, 45.

控，他废除了庇护场所。在罗马，他在埃斯奎利诺高原的维米纳尔山顶[65]为禁卫军官兵建造了营房，希望宫殿附近能有精良的私人卫队。他还继续进行奥古斯都所倡导的道德净化的工作。他找寻放荡的家庭妇女，用私法对她们进行惩罚。他给放纵不羁的男女打上法律的耻辱烙印，这些人被公开宣布为卖淫者，继而从事禁止贵族参与的演出行业[66]。此项措施旨在起到威慑作用，为了阻止诚实的人受到放荡生活的诱惑。他对外国宗教信仰的态度同样严厉，禁止那些违反公共秩序、破坏良好道德的宗教。埃及众神的信徒和犹太人首当其冲。在他们身上，皇帝看到了能形成影响力网络的团体，那些团体会动摇他的权力。

作为第一公民，提比略享有司法特权，甚至可以调查案件。实际上，除了他，没有哪个皇帝扮演过刑警长官的角色。他喜欢运用自己的聪明才智来破解谋杀案，尤其是发生在元老家中的谋杀。塔西佗曾经记述，他如何仔细检查伪装成自杀的犯罪现场。裁判官普劳提乌斯·西尔瓦努斯（Plautius Silvanus）声称，他的妻子阿普罗尼娅（Apronia）从窗口跑掉了。提比略前往这对夫妻家里，观察他们乱成一团的公寓。那里有显而易见的打斗痕迹，普劳提乌斯也被抓伤了。可以肯定的是，他把妻子杀死了，但是她也没有坐以待毙。

侦探皇帝向元老院报告了情况，凶手必须在法官面前进行对质。提比略的敏锐洞察力使普劳提乌斯·西尔瓦努斯狼狈不堪，他选择了荣誉：在开庭受审前自杀了[67]。这桩轶事，表明了奥古斯都的继任者在行政工作上的投入，比起大型公开活动，他明显更乐于做这些。

严肃认真的提比略,自然不会一掷千金地组织游戏比赛和美化城市,他的吝啬使他不受欢迎。花钱如流水令他感到生气,于是对食品和奢侈品设定了年度预算天花板。这是他遏制富人群体胡作非为的一种方式。例如,羊鱼的定价近乎疯狂:某些羊鱼的价格高至10 000塞斯特斯一条①,而罗马步兵的年薪是900塞斯特斯。说羊鱼是种奢侈品,实在是轻描淡写的委婉说法。

大部分时间里,提比略似乎是为了维护公共利益而行动,但事实证明,艰苦朴素的政策向来不受欢迎。因此,根据苏埃托尼乌斯的说法,他从一个严肃的罗马人逐渐变成了暴君。很快,他就会产生一种渴望,渴望在亲人身上检验他的权威程度。日耳曼尼库斯将首当其冲,成为提比略发泄恨意的对象。

复仇的苦涩

尽管提比略按照罗马传统,严肃认真地开展工作,却对自己皇帝身份的合法性有所怀疑。母亲利维娅定期提醒他,他的一切都是她给的。她发现提比略忘恩负义后,便毫不犹豫地在他面前挥舞奥古斯都的旧信,指责他凶残的性格[68]。没有她,她丈夫会

---

① Suétone, *Tibère*, 34; D. Tilloi d'Ambrosi, *L'Empire romain... par le menu*, Paris, Arkhê, 2017, p. 53. 在罗马帝国,鱼被视为美味佳肴。许多资料都提到人们花在鱼上的大笔财富。

选择日耳曼尼库斯当继承人。她的话，只会激起寡言的皇帝对他侄子的仇恨。年轻的日耳曼尼库斯将军，就像他父亲德鲁苏斯一样，比他更受人民的喜欢。提比略可能会为公共利益而工作，但他并不被喜爱，做什么都不起作用。面对这种不公，他深感沮丧和嫉妒。

为了平复自己的阴暗情绪，他通过损害已故弟弟的完美形象来寻求报复。提比略公开发表了弟弟德鲁苏斯的一封旧信，信中提到要强迫奥古斯都将权力交还给元老院[69]。提比略想以此来证明，德鲁苏斯曾经准备好发动内战，而他在保护国家、守卫和平。但是这种笨拙的举动显得他嫉贤妒能，他把矛头对准已故之人的名誉，罗马人因此更加鄙视他。

日耳曼尼库斯和德鲁苏斯一样受欢迎，当提比略刚到达莱茵河畔时，他曾有机会武装夺取政权。他的军队想拥立他为皇帝，但忠诚的将军拒绝了。然而，他效忠的姿态并不能使提比略感到放心。日耳曼尼库斯的妻子大阿格里皮娜也在军队里拥有很高的威望，因为她是奥古斯都的外孙女。所以，提比略惧怕这对年轻夫妇。为了让日耳曼尼库斯回到罗马，提比略为他组织了凯旋仪式，随后将他派去东方，执行外交和军事任务。叙利亚地区是一个火药桶，皇帝希望他的侄子在那里遭受一些挫败。可是，将军再也没能从东方返回。公元19年10月10日，日耳曼尼库斯在安提俄克英年早逝。很快，传言四起，有人说，通过叙利亚总督皮索（Pison）的周旋，提比略策划暗杀了日耳曼尼库斯。

提比略和利维娅当时幽居在皇宫中，人们纷纷指责他们为日耳

第三章 提比略：卡普里忧郁

曼尼库斯的死感到高兴，公开葬礼期间谣言肆虐。为了使阴谋论爱好者们闭嘴，皮索和妻子普兰西娜（Plancine）被提比略传唤到法庭，但没有切实证据证明他们二人有罪。就这样，皇帝和总督间的关系就此破裂。而与此同时，利维娅在背后施以手段，宣告她的老朋友普兰西娜无罪。皮索颜面扫地，不愿苟活于世，选择了自杀[70]。

提比略不太可能下令谋杀日耳曼尼库斯。然而祸起萧墙，悲剧敲响了这个家庭的丧钟。在提比略和大阿格里皮娜的身边人之间，笼罩着重重怀疑的阴云。日耳曼尼库斯的朋友们围绕在他的遗孀身边，全是强大的贵族。他们已在尼禄（Nero）和德鲁苏斯三世（Drusus III）身边组成了宫廷，这两人是日耳曼尼库斯和大阿格里皮娜最年长的两个儿子。奥古斯都的外孙女竭尽所能，准备让两个孩子接替提比略的皇位。当她要求再婚时，提比略立即拒绝了，他更愿她是一名寡妇，任由她与某位元老结婚会造成太大的政治危险。

家庭晚餐上，紧张的气氛仿佛看得见摸得着。一天晚上，提比略递给大阿格里皮娜一块水果，后者礼貌地拒绝了。提比略生气了，公开指责她是怕被下毒才拒绝的[71]。恨意达到了顶峰，但由于利维娅在场，奥古斯都克制住了，没有发作。帝国皇后一心想要确保奥古斯都之家从外面看来是铁板一块。

公元29年，利维娅去世，享年87岁。提比略内心的苦楚怨恨一下子爆发了，他做出了具有象征意义的引起轰动的事情。母亲去世时，他在卡普里岛度假，故而一再要求将葬礼推迟。回罗马的路上他又消耗了漫长的时间,以至于利维娅的尸体开始腐烂。最后等到火化那天,香水已无法掩盖尸体的状况。这是提比略阴险的复仇方法,以此来羞辱母亲。身为儿子,他欠她一切,而她的精神控制压得他喘不过气来。他让日耳曼尼库斯和大阿格里皮娜之子、还穿着镶边托加①的小卡利古拉(Caligula),替自己宣读了利维娅的悼词[72]。最后,他还拒绝元老院将她封神。从那时起,利维娅只是瓮中的一捧骨灰,再也无法伤害到他。

女族长去世后几天,一封信指控尼禄以对待女子的方式对待一些男青年,引他们堕入邪路[73]。没有谁怀疑,提比略和禁卫军长官②塞扬努斯(Séjan)是这一指控的幕后推手。伤风败俗对一个王子来说可是件严肃的大事[74]。罗马人不怎么欣赏公民间希腊式的爱:一个真正的男人,不能表现得像一个女人。尼禄被宣布为国家公敌,在流亡途中死于旁第亚岛。很快,大阿格里皮娜马上因莫须有的罪名,步了她大儿子的后尘。提比略雇用的线人指控她密谋策划政变。公元33年,在被驱逐出境三年后,一无所有的大阿格里皮娜,在第勒尼安海的潘达特里亚岛上去世。她另一个儿子德鲁苏斯三世也遭到提比略的愤怒惩罚:被宣布为国家公敌并投入帕拉丁山的监狱,最后在饥饿中丧生,死前试图以床垫为食。日耳曼尼库斯的家已是废墟一片,只剩三个女儿小阿格里皮娜(Agrippine la

---

① 指的是生来身份自由的小男孩穿的托加长袍,这件衣服意味着他们还没有进入公民生活。只有在仪式上穿上具有男子气概的成年托加后,他们才会成为公民。

② 禁卫军长官是禁卫军的指挥官,这是一支驻扎在罗马的精锐军队,其职责是确保皇帝的安全。依照传统,这个职位由骑士担任,是一名骑士职业生涯的顶峰。

Jeune)、德鲁西拉（Drusilla）、利维拉（Livilla），以及小儿子卡利古拉，还活在世上。

塞扬努斯，尽管只是傀儡

提比略带着病态的愉悦，毁掉了日耳曼尼库斯的家庭。但与此同时，他自己的家也逐渐瓦解，被野心、淫乱和贪婪吞噬。

沉默寡言的提比略，很可能在即位前很久就在潘诺尼亚遇到了塞扬努斯[75]。此人出身骑士阶层，醉心于权术，爱耍心机和手腕，提比略被他迷惑，主动给他一个禁卫军长官的高级职位。塞扬努斯便成了提比略的左膀右臂，或者说成了他死心塌地的爪牙。提比略可以向这位禁卫军长官讲述他最阴暗的企图，狡猾的塞扬努斯和他一起，构想最极端的解决方案，以满足他的复仇渴望[76]。为了赢得皇帝的器重和信任，塞扬努斯成为代理人，负责毁掉奥古斯都的后代们。

如果日耳曼尼库斯一家消失了，提比略就能够将帝国作为遗产留给儿子小德鲁苏斯，而不会给人留下蔑视先皇意愿的印象。但年轻的小德鲁苏斯于公元 23 年因病去世。面对白发人送黑发人的惨剧，提比略依然表现得如大理石般平静。对他来说，没有什么可以改变帝国前行的进程，即使是他独生子的死也不会[77]。然而直到 8 年后，他才知晓儿子死亡的真相。

公元 31 年 10 月 17 日，日耳曼尼库斯的母亲小安东尼娅（Antonia la Jeune）写信警告提比略，说塞扬努斯准备篡权夺位。自从迁居卡普里岛以来，老皇帝就让禁卫军长官担任他在罗马的喉舌和眼线，但后者已经不再满足于一时的权力。收到小安东尼娅的信后不到 24 小时，提比略下令逮捕塞扬努斯，并立即将他处死。尸体被扔在杰莫尼亚阶梯上①，在看热闹的人和兀鹫的注视下，慢慢腐烂[78]。塞扬努斯的两个孩子虽然年纪还小，但出于保险起见，提比略也判了他们死刑。

随后，塞扬努斯的前妻阿皮卡塔（Apicata）引发了一场丑闻。她无法忍受孩子们的死去，决意向皇室报仇。因此，她在自杀前写了一封作为供词的信。信中她讲述了利维拉和塞扬努斯如何毒杀了小德鲁苏斯。提比略这才得知，他的禁卫军长官多年以来一直准备夺权[79]。作为精明的战略家，塞扬努斯制订了一个三步走计划。第一步是诱惑利维拉，她是小德鲁苏斯的妻子，也是日耳曼尼库斯的姐姐。她小时候容貌丑陋，但成年后变得非常漂亮。旧日心结使她变得爱卖弄风情，于是她兴奋地相信第一个求爱者塞扬努斯的甜言蜜语。他向她承诺，如果她能帮自己谋杀小德鲁苏斯，他必定会娶她并让她成为皇后。利维拉被感情冲昏了头，听任情夫的安排[80]。在一个奴隶的同谋下，她日复一日地给丈夫下毒。小德鲁苏斯在死于怪病前的几周里，已经变得孱弱不堪。

提比略随后了解到，塞扬努斯在德鲁苏斯死后立即向利维拉求

---

① 指的是罗马城高处的一个非常陡峭的阶梯，因可耻卑劣行为而被判死刑的人的尸体会被扔在那里，慢慢腐烂。

婚，是篡位计划的第二步。当时，提比略谨慎地拒绝了这桩门不当户不对的婚姻。他笑了，一名骑士怎敢打算求娶皇帝的儿媳？计划的第三步，是塞扬努斯在婚后成为提比略的继承人。一连串狡猾手段最终失败，塞扬努斯便又设计别的阴谋。这次，日耳曼尼库斯的母亲小安东尼娅揭发了他，她感到高兴，终于除掉了那个双手沾满她孙子鲜血的人。

提比略获知阿皮卡塔揭露的秘密后，爆发出了复仇的愤怒。被一个自认为控制住的人背叛，令他感到怒不可遏。塞扬努斯的一些朋友也被阿皮卡塔揭发，他们统统在遭受酷刑折磨后被处死。利维拉则被交给了她的母亲小安东尼娅。受人尊敬的小安东尼娅没有宽恕她。她的女儿试图谋杀丈夫，和一个等级低于她的小贵族通奸，两种皆是自毁清誉的行为。老妇人把小女儿关在自家一处住所的一间屋子里，不管她如何哭喊或恳求，任其活活饿死[81]。

一系列家庭悲剧撕碎了提比略的心。仇恨比慢性毒药更苦更痛，更令他心力交瘁。从此他隐居卡普里岛，拒绝离开。就像在罗德岛一样，他被洪波巨浪保护着，远离首都的喧嚣。在悬崖绝壁顶端的城堡的花园中，他勉强寻回了一种宁静，那便是他憧憬的隐退之乐。

卡普里岛上的放纵

首都罗马的氛围令提比略倍感压抑，尽管他竭尽全力，依然越来越不受人欢迎。他沮丧不已，逐渐自我孤立。他先是不止一次前往斯佩隆加，住在一座由洞穴改建、有着夏季躺卧餐桌的别墅里，这是他远离罗马的开始。即使在夏天最热的时候，洞穴中的水花也能确保人们感到舒适清爽。这座小型地下宫殿里装饰有数座雕像，其中一组雕像是奥德修斯（Ulysse）的船和斯库拉（Scylla）海妖[82]。但是，冒险来到大地腹中，并不是没有风险的事。一天晚上，当提比略和朋友们一起用晚餐时，天花板上不稳定的岩石坍塌下来掉到桌子上，立即砸死了几位客人和仆从[83]。提比略本人捡回一条命，多亏了塞扬努斯反应迅速，保护他躲过了跌落的岩石[84]。塞扬努斯对提比略过早死去这件事兴趣不大，我们就姑且对他做出无罪推定，将其行为视为英勇之举。这一页掀过去之后，提比略想尽可能久地生活在卡普里岛。

在那里，他完成了几年前开始的建设项目。他的新帝国别墅不带一丝皇家园林的优雅气息：它是一座巨大的建筑，高悬在岛上最高的山顶上，唯有一条小路可以到达。悬崖陡峭，花园围栏因此变得毫无必要。提比略的朱庇特别墅是一个封闭的宇宙，是整个世界的飞地。

沉默的提比略终于感到摆脱了权力的重负，告别了敌人的仇恨。他可以花时间独自散步，这对他是种奢侈。然而有一天，他内心的平静被一位渔夫打乱。毫无疑问，这名男子习惯了在岛周边撒网捕鱼，知道岛上每一条路。一天早晨，这名水手捕到一条羊鱼。他高兴地想，要卖掉这条价值不菲的鱼，找不到比皇帝本人更好的买家了。因此，他踏上一条只为他一人所知的陡峭小路，轻而易举地进入了提比略的领地。当时提比略正在散步,有人突然出现令他甚为惊讶。渔夫热情地推销手里的鱼,但皇帝没有为他的热情所触动,反而吓了一跳。有人能通过他眼中无法逾越的悬崖找到他本人?他勃然大怒,召唤来卫兵,命他们用那条鱼去打这个无礼的人,给他好好上一课。鱼身上粗糙的倒钩刺破了渔夫的脸,血流了出来。这个倒霉的渔夫傻乎乎地充好汉,说幸亏没把鱼篓里的龙虾给皇帝。为了再次使他闭嘴,卫兵们拿起龙虾,用虾钳子毁了他的容[85]。方寸大乱的提比略,像对待真正的罪犯一样惩罚一个头脑简单的人。他变得偏执妄想,想消灭所有令他恐惧的事物、所有他无法控制的东西。

对提比略而言,卡普里岛是长有金苹果的花园。在这个秘密之地,他几乎重新找回了自己在罗德岛的生活,尽管更加孤独了。在他的私人宫殿里,他可以尽情放飞对艺术的热爱,并逐渐对色情艺术产生明显的爱好。他收集色情题材的雕像和绘画,在房间里挂上希腊大画家帕拉西奥斯(Parrhasios)的作品,画中阿塔兰忒(Atalante)将双唇迎向墨勒阿革洛斯(Méléagre)。此外,他还邀请岛上放荡的男女青年来到他的巢穴,他们被称作斯宾特里亚(spintrie)*。他命令这些人化装成仙女和森林之神,在灌木丛中追

---

* 法语 spintrie 来源于拉丁语 spintriae,指的是一种古罗马硬币。spintriae 本义为"连接在一起的手镯",在这里指一前一后的性交。该硬币的具体用途不明,大多数研究者认为它是罗马官方妓院流通的货币。另有一种说法,这种硬币是为了迎合提比略的个人喜好而铸造的。在古典作家的笔下,提比略被描述为一位好色的暴君,铸行这种硬币似乎也不是什么奇怪的事。——译者注

逐打闹。看着年轻美丽的肉体热情嬉戏,他感到心中火热,也变得不再那么严厉[86]。贬低他的人说,变态的窥淫癖好弄污了他的双眼。还说,他那充满色欲的目光,让暴露狂都感到尊严受损。提比略可能耽于情色,但那些描写性无能皇帝的文字,杀伤力却不可小视。罗马人认为,男性气概通过生殖器勃起的能力来表现。如果第一公民缺乏雄风,则象征性地意味着,他不再有能力统治国家。身体层面的无能,往往对应的是政治上的无力。除此之外,据说他还热爱酒后狂野乱性的游戏,如同禽兽[87]。然后,在卡普里岛的地平线上,逐渐浮出了提比略是个怪物的传说。

仿佛这些野兽般的卑劣行为还不够,流言——从不缺乏想象力——声称提比略喜欢让未断奶的婴儿吮吸自己的私处,还把他们称为小鱼……古罗马还没有恋童癖的概念,但对婴儿的性癖好仍然被认为是可耻的[88]。这自然是恶意中伤!苏埃托尼乌斯本人对这条丑陋的八卦敬而远之,用了"有人说成是"或"有人甚至说他"等种种谨慎推测的字眼。在罗马,破坏名誉的方式之一就是说那人有着混乱的性生活。提比略的敌对者们乐此不疲地给他扣上一顶萨梯*的帽子,以便更充分地把他比作一名暴君。讷口少言的提比略逃离罗马,求得情感上的自我保护,却完全没料到这会让最可怕的流言蜚语大行其道。不在场的人永远有错,假如这个人是皇帝,则更加如此。

---

* 萨梯,古罗马神话中半人半山羊的怪物,上身是人,下半身却是山羊,被描述为生性淫荡却优柔寡断,具有破坏性和危险性,却又害羞而胆怯。——译者注

第三章　提比略：卡普里忧郁

天　命

　　提比略对占星术十分热爱，坚信自己知晓命运的一切[89]：伟大、衰弱、仇恨标记了他的一生，无可避免，似乎没有哪里不符合神奇的占星学。多年以来，日渐衰老的皇帝已预先尝到一丝死亡的味道。卡普里的忧郁者，深信自己将有悲剧性的结局，便抢先说："但愿男女众神将我残忍毁灭，而不是让我每天忍受折磨。"[90]他知道，他唯一的合法继承人卡利古拉正急切地等待着他的离世。

　　为了更好地监视自己的继承人，公元30年初，提比略让卡利古拉来到卡普里岛。他是否后悔毁掉了卡利古拉的大部分家人？他期望在这位少年眼中看到恐惧吗？出人意料的是，大约17岁的卡利古拉没有表现出任何痛苦。两人用亲切友善和谦恭礼貌铸成坚不可摧的面具，将敌意隐藏在面具之下。可是提比略知道，卡利古拉迟早会试图杀死自己①。他感觉到这个少年的暴戾个性，但他已经习惯了仇恨，以至于没有它就无法生存，或许，他甚至从中感到受虐的快乐。

　　这位即将走到生命尽头的老皇帝，曾两次尝试返回罗马参加元老院会议。在为第一次返程旅行做准备时，他指示守卫，要是爱凑

---

① 参见第四章。

热闹的人跑来看他,就离他们远点。想到要重回人群当中,他便感到焦虑,于是走到一半又折回岛上[91]。衰老并没有缓和他的焦虑:在卡普里岛养成的孤独习惯,使他患上了广场恐惧症。但是,他还是做了第二次尝试。他一路舒适地坐在驮轿上,途中决定给他养的龙蛇喂食①。但当他打开盒子时,却发现它已经死了,尸体正被蚂蚁啃食。这是个显而易见的征兆,群众责难他们的元首。提比略命令守卫折回,尽管已经到达了罗马城的大门口。他再无勇气进行对抗。

78岁那年,他已垂垂老矣。但是,他拒绝公开承认自己的衰弱,为了更好地掩盖这一点,他在返回坎帕尼亚的路上参加了军事竞技游戏。刻意的努力使他精力耗尽。身边亲信决定将他送去米塞纳的别墅,静待他在那里寿终正寝,再回到卡普里岛已是不可能的事了[92]。眼下,提比略处于最糟糕的状态,但在掩饰情感的过程中,他竟汲取到令人难以置信的生命力。想到人们为他即将来临的死亡感到高兴,他便坚持着不放弃生命。他越来越频繁地失去意识,然而,在间歇性的清醒中,他要求得到食物。卡利古拉和接替塞扬努斯职位的马克罗(Macron)等得厌倦了,就向罗马方面报告了皇帝驾崩的消息,但提比略尚余一丝呼吸。这次,命运三女神中的第三位,象征死亡的莫尔塔(Morta),毫不犹豫地剪断了他的

---

① 即使在罗马,养蛇也是一种怪癖行为。因此,这则轶事无疑过于天马行空,不可能是真的。

第三章 提比略：卡普里忧郁

生命线[①]……

老提比略最后一次注视着卡利古拉眼中日益膨胀的欲望，从中感到愉悦，同时把玩着手中的皇帝指环。他一断气，继任者卡利古拉就会从他手上把它摘下。带着最后一丝恶毒的快乐，他摘下指环，然后重新戴回手上，这是他最后一次用自己的方式折磨日耳曼尼库斯的儿子。卡利古拉感到越发不耐烦，接下来究竟发生了什么值得怀疑：马克罗或许为了取悦新主人，帮他用垫子闷死了命悬一线的老皇帝[93]。提比略在法厄同（Phaéton）[②]的怒火中咽了气，在恨意里离开了世界，正如他一生都活在恨意里那样。这位不受爱戴的皇帝，最后一次被仇恨之毒吞噬了心脏。

在罗马，他去世的消息让民众兴高采烈。报复心最强的那些人喊着："把提比略扔进台伯河！"其他人则想把他的尸体拖到公开场合示众。政治上，人们对提比略的恨让卡利古拉屈服了，他还不能担任皇帝。他策划了一场精彩的孝道戏码，在罗马为提比略举行公开葬礼[94]。去世时的提比略内心坚信，自己把帝国交给了一个怪物。他已经感受到卡利古拉虐待狂的潜质，没有被他蒙骗。然而他通过遗嘱，安排孙子杰美鲁斯（Gemellus）[95]——一个势单力薄的纤细少年，担任卡利古拉的同僚，从而导致其为了摆脱竞争对手，

---

① 在神话中，命运女神有三人，对每个人的命运均负有责任。第一个是诺娜（Nona），纺出了生命之线；第二个是德基玛（Decima），将线缠绕在锭子上以控制其长度；第三个莫尔塔，负责剪断线，这个有象征意义的举动意味着死亡。

② 据说，提比略在谈到卡利古拉时，或许说过自己"正在为世界豢养一位法厄同"。在古罗马神话中，太阳神赫利俄斯之子法厄同偷走了父亲的太阳神车，几乎将世界毁灭。参见第四章。

犯下了生命中第一起谋杀案。从政治层面来说，提比略不是一位暴君。但是，他选了一个极其糟糕的继承人。他所有的专横暴虐，都集中在他的继承者身上。

终　章

"到底有完没完……让我过去。他在等我！"

"啊，不行，女主人（Domina），命令就是命令。"

禁卫军士兵带着嘲笑的神色看了看小安东尼娅，她显然在为自己感到骄傲。老太太颤抖地嚅动了双唇，带着一丝轻蔑。她用干瘪的手指整理了一下珍珠项链，让自己镇定下来，重新用沉稳而坚定的语调说道：

"卫兵，你知道我是谁吗？"

卫兵佯装忍住了含糊的笑意。

"哦，是的，女主人，我知道你是谁，你是皇帝的祖母。"

他的话激怒了小安东尼娅，她命令眼前的巨人让她进入孙子的公寓。

"不，女主人，第一公民下令不让任何人进入，甚至他的家人也不行。你可以在那边等候。"卫兵边说，边指向候客厅里摆着的带红色靠垫的长凳。

小安东尼娅掉转脚步，在凳子上坐了下来。她高昂着头，愤怒地咬着牙根,发誓要把这个傲慢的人钉死在十字架上。时间一分一秒地过去。太久了,老妇人的耐心正一丝丝地耗尽。她的孙子,怎么敢让她像一个普通客人那样等候?她早就知道不能相信他。他那诡异的、凝视的目光,总使她感到不安[96]。把国家大权交给他,真是件疯狂的事。她很想训斥他一顿。他没有任人唯贤,而是将克劳狄乌斯提拔为执政官。一个孩子和一个畸形怪人[97]领导罗马!帝国在走向灭亡。

卡利古拉公寓的大门终于打开了。他出现在门口,与他的禁卫军长官马克罗愉快地聊着天。当他看到坐在长凳上的祖母时,便向她张开双臂,脸上露出灿烂的微笑:

"祖母(Avia)!你为什么不进来?"

小安东尼娅生气地解释道,是禁卫军士兵挡住了她。卡利古拉笑了,转过身来:

"布鲁图斯,让祖母进来吧。如果她对我不好,马克罗会保护我的,不用担心。"

卡利古拉突然爆发出孩子般的笑声,却莫名令人感到不安。他眼里闪烁着可怕的光芒,与活泼的表情毫不相符。小安东尼娅担忧地看了一眼禁卫军长官,他观察着她,嘴角带着食肉动物般的微笑。

第四章　卡利古拉：孤独暴君

让他们恨我吧，只要他们怕我。

——苏埃托尼乌斯，《卡利古拉》(Caligula)，第30章

公元37年，3月的第26天[1]，年仅25岁的卡利古拉离开了卢库卢斯的古老别墅。别墅紧靠那不勒斯湾的米塞诺角[2]，他的养祖父提比略刚刚在那里去世。老皇帝去世的悲伤，丝毫无损卡利古拉的青春活力。相反，这一刻他已经等了很久。凯旋般的喜悦驱散了他的焦躁[3]。如果他的母亲能见到此刻的儿子，定会为之感到骄傲。

为了表达对死者的尊敬，卡利古拉穿上了丧服。但这并未减少人们的欢乐，在回罗马的150公里路上，他的祭典队伍每路过一个地方，都有人欢呼庆祝，向他致意。他听到来自四面八方的爱的呼喊，人们称他为"我的星辰"、"我的小孩"甚至"我的宝贝"[4]。一种无所不能的愉悦感笼罩着他。再过几个小时，他将正式被称为皇帝；再过几个小时，他将成为帝国的主人。罗马人民、元老院和军队相信这个年轻人，他身上流淌着奥古斯都的血。很快，他们就会后悔的。

小将军

盖乌斯（Caius），又称卡利古拉，公元12年8月31日，在他父亲日耳曼尼库斯任执政官期间[5]，出生于罗马附近的海滨小城安蒂乌姆，是父母的第五个或第六个孩子。他的父亲是马克·安东尼的外孙，母亲是奥古斯都的外孙女。他是罗马共和国末期最高贵家族的后代。

一些古代作家，根据广为流传的"出生在军营里，成长在父亲的军队中，从那一刻起，预示着他命中注定属于罗马帝国"[6]这几句话，推断出卡利古拉出生在日耳曼尼亚。据塔西佗说，他甚至是"出生在帐篷里"[7]。显然，这只是一个修辞手法。老普林尼的结论则是，卡利古拉出生于特雷维利，一个位于比利时高卢的凯尔特部落里。根据苏埃托尼乌斯的说法，百科全书式的老普林尼显然搞错了，将卡利古拉的出生地与她妹妹德鲁西拉的出生地弄混了。在对

第四章 卡利古拉：孤独暴君

比信息来源的过程中，只有苏埃托尼乌斯表现出了真正的知识素养和批判性思维[8]。直到卡利古拉出生一年后，日耳曼尼库斯才将莱茵河畔纳入罗马控制范围。根据奥古斯都写给大阿格里皮娜的信中的说法，公元14年，奥古斯都最爱的外孙女带着儿子，和日耳曼尼库斯重新团聚[9]。

29岁那年，日耳曼尼库斯刚刚成为帝国边境（limes）最大驻军区域的唯一负责人，是那个年代最强大的人之一。奥古斯都强迫继任者提比略收他为养子，他在预定的继承人名单中位列第二。他非常爱他的妻子，邀她来营地，陪在自己身边，虽然多数时间她都住在科隆一座漂亮的房子里[10]。他们二人一同体现了理想夫妻的样子：幸福甜蜜，子女众多①。

大阿格里皮娜和格拉古兄弟的母亲科涅利娅一样，在孩子们身上寄托了无限雄心壮志。因此，她将最年长的两个儿子尼禄②和德鲁苏斯三世留在罗马，他们会在首都接受未来继承人的教育。不过，她希望第三个儿子投身戎马，被八个莱茵军团的士兵们认可为他们的下任领袖。但愿他有一天，能激发士兵们混和着爱戴和敬意的感情，甚至敬意多于爱戴。为了实现这个目标，大阿格里皮娜带着化装成小将军的儿子走在营地的小巷里。盖乌斯仿佛是他父亲的缩小版：他身穿跟父亲一样的胸甲和军用凉鞋（caligae），这为他

---

① Tacite, *Annales*, Ⅰ, 33. 塔西佗在这里提到了大阿格里皮娜对丈夫的温情。然而，日耳曼尼库斯却对她的专横个性有些提防，担心她因此惹恼一些家庭成员。

② 为了避免与同名的那位皇帝混淆，本书中，作者决定用 Nero（拉丁语）来称呼卡利古拉的这位大哥，而不是 Néron（法语）。

赢得了"卡利古拉（意为小军靴）"[11]的绰号。这身打扮实在太有特点，以至于在他的祖母小安东尼娅要求的全家福雕像上，他就穿成这样。现存于法国国家图书馆的大型浮雕[12]的左侧，卡利古拉站在母亲旁边，一双小脚踩着敌人的尸骸。

大阿格里皮娜的宣传极其有效。尽管生活条件恶劣，但她知道如何唤起士兵们的铁汉柔情。他们把小王子当作吉祥物，真心实意地喜爱他。

无所不能的孩子

8月19日，奥古斯都逝世于那不勒斯湾的诺拉，提比略正式成为帝国的主人。几天后，新皇登基的消息传到了营地。不少士兵趁着这次内部动荡，纷纷起兵叛乱。他们要求更高的薪水、更好的待遇和更加便利的退休机会。不满的军人们认为能说服总长官日耳曼尼库斯，条件是，如果他同意他们的要求，他们将动用武力为他攻下整个帝国。但是，没有人比日耳曼尼库斯将军更加忠心耿耿。而且，他知道一旦接受这一勒索，新一轮内战将必然爆发[13]。他声称，他宁可自杀，也不想用暴力夺取养父的皇位[14]。他以一种戏剧般的悲怆姿态，拔剑出鞘，做出自刎的样子。但他显然缺乏真的对自己下手的决心[15]，这引起了叛乱分子的一阵嘲笑。

接下来几天，反叛活动愈演愈烈。艰难的谈判最终让位于暴力，日耳曼尼库斯被囚禁在自己的营地中。由于担心怀孕的妻子和

第四章　卡利古拉：孤独暴君

小儿子的生命安全，他决定让他们回到特雷维利：比利时高卢的贵族们是他们的朋友，一旦奥古斯都的外孙女陷入险境，他们自然愿意为她提供庇护。大阿格里皮娜和小卡利古拉试图逃开那些本该保证他们安全的人，叛军们见到这对母子逃离，感到惊愕无言。苏埃托尼乌斯写道，仅仅是看到那个小孩就"让发疯的部队平静了下来"①[16]。只有两岁半的小卡利古拉，自然不了解他周围正发生着什么。不过，他体会到了自己的力量，他有着自然的内在权威，面对眼前的一切，他没有任何心理上的理由退却。该情节在古代历史记载中屡见不鲜，估计整个童年时期，卡利古拉的耳朵听这段故事都听出茧子了。人们把他视为穿着小军甲的英雄，年幼的他也危险地夸大了自己的价值，这对一个孩子的成长不是好事[17]。

公元17年5月26日，罗马为日耳曼尼库斯举行凯旋仪式，卡利古拉早熟的优越感进一步得到增强。他乘着父亲的马车，和两个哥哥还有两个妹妹一起参加游行[18]。他的父亲打扮成朱庇特的样子，魅力十足。他站在父亲身边，依照凯旋仪式的传统，脸上抹着一层红铅——一种从氧化铅中提取的红色颜料。又一次，他成为关注的焦点。

这些宏大的场面，强化了他最受父母宠爱的感觉。这确实很有可能，因为一众兄弟姐妹里，他是唯一一直与他们在一起的那个。日耳曼尼库斯回到罗马几个月后，提比略将他派驻东方，那个地区

---

① Suétone, *Caligula*, 9; Y. Rivière, *Germanicus*, Paris, Perrin, 2016, p.183. 事实上，必须让母子二人离开，以便日耳曼尼库斯能够在不危及家人的情况下镇压叛乱。

是个火药桶。位于当今土耳其和叙利亚间的东方各省，总被卷入种种外交、军事和财政动荡。显然，将一个权威得到元老院认可的皇室成员派去那里，对于该地区的和平化是十分必要的[19]。但实际上，提比略的安排乃妙棋一着。在首都罗马，日耳曼尼库斯如日中天，在这个年轻人面前，提比略不过是颗日渐衰微的苍老星辰。由于他母亲利维娅的强硬态度①，奥古斯都才默认选择了他继承皇位。

只有卡利古拉跟随父母参加了这次异国探险[20]，其他孩子都留在了罗马。很可能，大阿格里皮娜希望在驻扎东部边境的军团那里，重现卡利古拉是营地吉祥物的剧情。旅程历时两年，在此期间，备受宠爱和尊敬的小王子用他惊奇的双眼，探索和发现了帝国。诚然，他还过于年幼，无法精确记录自己的旅程，但他必然还留有些许模糊的记忆，记得父亲带他去过阿克提姆，在那里，阿格里帕击败了马克·安东尼和克里奥佩特拉的联合舰队，为奥古斯都赢得了战争。然后，他们一家人参观了雅典和希腊诸岛，包括莱斯博斯岛——卡利古拉最小的妹妹利维拉就在那个岛上出生[21]，接着是拜占庭、萨莫色雷斯、科洛奉，最后到达叙利亚[22]。

公元19年夏末，日耳曼尼库斯与叙利亚总督皮索之间的紧张局势显而易见，皮索的妻子普兰西娜是利维娅的朋友。此外，日耳曼尼库斯的健康迅速恶化。他似乎受困于某种疾病，病因不明。有传言说，是皮索毒杀了他[23]。公元19年10月10日，卡利古拉的父亲去世，终年34岁。他的死亡笼罩在一片神秘疑云之中。当人

---

① 参见第三章。

们把他的尸体运到安提俄克时,大阿格里皮娜立即陷入了深深的痛苦中,罗马则因惊骇而颤抖。看到将军去世的正式公告后,罗马人怒火中烧,他们朝寺庙的墙壁上投掷石块,还在一场极度庄严的活动中推倒了祭坛。为了向这位在边境之外也英名远扬的将军致敬,蛮族们一致同意暂时休战。罗马附庸国的国王们纷纷表示哀悼,甚至连当时的诸王之王、罗马最强大的敌人、古代波斯的统治者阿尔塔邦三世(Artaban Ⅲ),都将日常事务暂停了一天[24]。罗马帝国及其邻国都沉浸在哀伤之中。幼小的卡利古拉公开露面,站在身穿灰色长衣的母亲身边。一向感情外露的大阿格里皮娜首如飞蓬,表现出刚刚丧偶的巨大悲痛。一绺绺长发在她肩膀上随风飘动,给她的悲伤增添了朦胧的美。这一悲惨事件标志着一家人旅程的结束。

灰烬遗产

大阿格里皮娜是出色的政治家,将骨灰运回罗马的旅程被她演成了一出戏剧[25]。有传闻说提比略秘密策划通过皮索谋杀了她丈夫,而她的表现,无疑为流言传播起到了煽风点火的作用。她到达布伦德斯时,当时的场面轰动一时。身着暗色连衣裙的她走下船,深色的面纱笼罩在她头上,遮住了一部分散乱的头发。寡妇捧着罐子,罐里装的是爱人的骨灰。小卡利古拉陪在她身边,保姆带着小利维拉在不远处。他们刚从船上走下,卡利古拉的兄弟姐妹们就跑过来,和他们聚在一起。这幅画面是如此凄美动人,过来观赏这个家庭的不幸的人群都被感动了。穿士兵凉鞋的小男孩又一次相信，他是人们关注的焦点。他的生命是一场表演。

7岁那年，卡利古拉首次在罗马长期定居。父亲的葬礼结束后，他开始了解普通贵族家庭的日常生活——公开露面的机会越来越少。但根本性的变化则在别处：母亲在接下来的10年中疏远了他，一心只关注两位哥哥，尼禄和德鲁苏斯三世。她雄心勃勃，渴望把他们培养成政治家，就像她想让幼子成为未来的将军一样。她不辞辛苦，努力给公众施加舆论，让人们认为提比略仅有的继承人是她这两名儿子，而不是他自己的儿子小德鲁苏斯。让奥古斯都的曾外孙——她的儿子——执掌大权的想法萦绕在她心头。她的斗争让她的种种大胆行为变得合乎情理。

大阿格里皮娜的一意孤行激起了提比略的恨意。提比略在手下爪牙、禁卫军长官塞扬努斯的帮助下，开始对她进行打击。他假借莫须有的罪名，起诉大阿格里皮娜的朋友们和支持者；还编造谣言，指控她的长子尼禄策划对皇帝的阴谋[26]。提比略切断了她和周围人的联系，以更好地孤立她，随后将她软禁在坎帕尼亚[27]。

大阿格里皮娜不再有权和她的孩子们见面。尼禄和德鲁苏斯三世都已经结婚，各自拥有自己的家庭。年轻的卡利古拉和三个妹妹小阿格里皮娜、德鲁西拉和利维拉，则被送到他们的曾祖母利维娅那里生活。老皇后已经86岁，是位严肃又专制的老妇人。公元29年，接待完孩子们仅几个月后，她便去世了。当时，提比略到卡普里隐居，从岛上得知了母亲去世的消息。对他来说，回到罗马城为母亲举行葬礼不啻于一场酷刑，于是便不断推迟回程的时间。不得

第四章 卡利古拉：孤独暴君

不提的是，让母亲的尸体腐烂从而最后一次羞辱她，这个想法让提比略感到高兴。这是一个不受宠爱的儿子的卑鄙复仇。

尽管放了香料和药膏，利维娅的尸体还是不可避免地腐烂了。经过几天的拖延，皇帝最终同意，一把火烧掉发臭的尸骸。葬礼规模不大，远远低于同阶层女性应有的水平。由于提比略的儿子小德鲁苏斯那时已经去世，大阿格里皮娜的长子尼禄又被流放在外，提比略将葬礼上致悼词的任务交给了卡利古拉[28]。他用狡猾的方式向德鲁苏斯三世发出信号，表示他被排除在继承人之外[29]。让弟弟走上前台，明显是对哥哥的羞辱。自童年以来，16岁的卡利古拉第一次重新回到大庭广众之下。当他走上演讲台时，人们发现，日耳曼尼库斯的儿子看上去如同一个老成的小男孩。毋庸置疑，他尚未庆祝过成年仪式。他的脸颊上长着绒毛，从未刮过。他仍然穿着系有细长的紫色带子的镶边托加袍，颈间挂着布拉（bulla，一种装有护身符的球形金质吊坠）[30]。尽管外表有些滑稽可笑，他却十分能言善辩。应该说，他在演说方面出类拔萃：他对聚光灯的热爱激发了他的天才特质。日耳曼尼库斯之子十分清楚该如何组织语言，让人们听他演讲直到最后，丝毫不需要求助传令官。一登上皇位，他就开始在诉讼辩论中自由地享受舌战的趣味。为哪一方当事人辩护，对他来说并没太大关系：哗众取宠的乐趣，尤其是在屈膝的听众面前装腔作势，对他来说就足够了。此外，卡利古拉的演说风格精彩易懂，他自认为远胜于当时最著名的修辞学家，例如塞涅卡（Sénèque），他指责此人爱长篇大论，空话连篇[31]。

奥古斯都之家的女族长去世后，小阿格里皮娜结婚了，卡利古拉和两个妹妹又被送往祖母小安东尼娅[①]那里生活。少年卡利古拉与妹妹德鲁西拉格外亲近，二人互相依恋，却实在过于亲密。苏埃托尼乌斯说，严肃的祖母的出现让德鲁西拉大吃一惊，当时她被哥哥抱在怀里，她大约13岁，而他17岁。在罗马人眼里，乱伦是令人反感的行为，必须谨慎地面对这一严重指控。想要给卡利古拉编造黑历史的历史学家们，确实会乐意把乱伦加到他的罪行清单上。可是，必须承认的是，终其一生，卡利古拉都非常喜欢德鲁西拉。刚成为皇帝，他便立即让她和丈夫卢齐乌斯·卡西乌斯·朗基努斯（Lucius Cassius Longinus）[32]离婚，又把她嫁给他的亲信马库斯·雷必达（Marcus Lepidus）。后者被认为是卡利古拉的嬖幸。只要卡利古拉依然把年轻的德鲁西拉当作他的妻子，这便只是一场表面婚姻。

卡普里岛：地狱与天堂

为了让他远离妹妹德鲁西拉，并让他为可能到来的登基做好准备，公元31年，卡利古拉——提比略真正的唯一继承人——被送往卡普里岛。当时，他的大哥、被幽禁在第勒尼安海的小岛上的尼禄刚刚去世。另一个哥哥德鲁苏斯三世身在监狱，母亲大阿格里皮娜则被流放。而他自己，年轻的小王子，自此便要待在那不勒斯湾

---

① P. Grimal，*Sénèque ou la Conscience de l'Empire*，Paris，Les Belles Lettres，1978，p. 88. 祖母小安东尼娅的回忆应该让卡利古拉关注到了马克·安东尼，他从安东尼那里汲取了酒神的性格特质。

第四章　卡利古拉：孤独暴君

的岩石上，日日生活在老皇帝的监视之下。提比略的朱庇特别墅，建在一块露出地面的岩石上，海拔334米，仿佛悬在空中，漂浮于蓝天碧海之间。在那里，大约18岁的卡利古拉，终于穿上了成年男子的托加长袍，但没有谁授予他任何特别的荣誉[33]，就好像那不是什么大事一样。根据历史学家卡西乌斯·狄奥的说法，提比略不想激发卡利古拉天生的傲慢，选他当继承人是因为没有更好的选择[34]。血统赋予卡利古拉杰出的声望，在继承权竞争上，他一上来就让纤弱的杰美鲁斯失去了与他抗衡的资格，尽管那是提比略唯一的孙子。

68岁的提比略，倒不急于正式确定继承人的名字，但他知道，人们想要奥古斯都的后裔继位。军队宣称，希望是日耳曼尼库斯的儿子；元老院则希望选一个没有极权倾向的皇帝……即使在戴上皇冠之前，这个华而不实的年轻人也已经成为皇帝的对手，他年轻，又很受欢迎，令提比略日复一日地感到羞辱。

老皇帝讨厌卡利古拉。他声称："盖乌斯活着就是为了我死掉，也为了所有人都死去，我为罗马人民养了一条杀不死的七头蛇，他是世界的法厄同。"[35]关于神话的隐喻可不是微不足道的随口一提。太阳神赫利俄斯的儿子法厄同，因为无法控制父亲的驷马金车，差点用大火烧焦了整个大地。他是否察觉到了这个年轻人极端的个性？是否预感到他将疯狂地把帝国引向灭亡？一个对兄弟和母亲的死都未表露出关心的人[36]，能宽容治国吗？的确，卡利古拉似乎没有一丝同情心。当提比略唤起他对母亲大阿格里皮娜的记忆，以斥责的口吻说他母亲在后来的爱人阿西纽斯·加卢斯（Asinius

Gallus）死后①，也因陷入悲痛而死，卡利古拉甚至都没什么反应。令提比略感到恼火的是，卡利古拉并不是那种会受情绪困扰的人。反之，他更喜欢引诱周围的人，以便更好地操纵他们[37]。乖乖听养祖父的话，只是他保障生存的手段，因此他表现得恭顺有加，只是表面列席而已……他只有在露天看台上，津津有味地看到受折磨的人被判处死刑时，才彻底放松。这类表演对他来说是极好的宣泄。或者压根就是他发泄虐待狂冲动的出口[38]？他还在晚上外出，在酒馆里自甘堕落，还化着装，这样就无法被人认出来。不过，当时所有出身优渥的男孩都有和他一样的爱好[39]。

公元 33 年，卡利古拉和名门之女、西拉尼家族（Silani）②的尤尼娅·克劳狄拉（Junia Claudilla）结婚。他们的婚姻十分短暂，因为三年后尤尼娅在分娩时去世[40]。提比略最终允许卡利古拉逐步进入公众生活，并授予他小祭司的职位，然而卡利古拉却在大海的蔚蓝监狱中开始寻求结盟。他与当时的禁卫军长官、塞扬努斯的继任者马克罗及其妻恩尼娅·那维亚（Ennia Naevia）来往密切。他暗中和恩尼娅同床共枕，还跟她说，如果得到她丈夫的支持，他将能使她成为皇后[41]。马克罗十分乐意接受妻子的通奸，只要这

---

① 在罗马，寡妇在性方面是不自由的。不可否认，大阿格里皮娜想和她的朋友阿西纽斯·加卢斯再婚，而提比略否决了她的请求。她更想找一个男人来保护她的家，而不是一个情人。关于此事，塔西佗在《编年史》中写过一句充满性别歧视的赞美："通过夺取男人的激情，（大阿格里皮娜）摆脱了女人的瑕疵。"

② 由于小尤利娅的女儿艾米莉亚·列必达（Aemilia Lepida）与马库斯·尤尼乌斯·西拉努斯（Marcus Junius Silanus）的婚姻，西拉尼家族是奥古斯都的直系后裔。

第四章　卡利古拉：孤独暴君

意味着能获得一些利益①。他期望在卡利古拉的统治下，能一直担任禁卫军长官。于是，三个人都找到了利益所在——某些条约最好封存在闺房之秘中②。不过，提比略不是傻瓜，他狡黠地敲打马克罗，表示不想让他离开西方，靠近初升的红日③[42]……

公元37年3月16日，老皇帝提比略依然在世，在米塞纳的别墅里卧病不起。他的身体状况不允许他出海前往卡普里岛的隐居之处，但他坚持表现得一切正常。他具有非凡的自我掌控力，并对医生保持警惕[43]。负责他的健康的查利克莱斯（Chariclès），必须假装上前跟他打招呼问好，才能趁机偷偷检测他的脉搏[44]……两天了，卡利古拉急得直跺脚。他已经给各行省发了信件，宣告老皇帝驾崩，但是这位老人顽强地坚持着。陷入昏迷状态几个小时后，提比略醒来了，找人要食物。此时，卡利古拉已在别墅中收到所有朝臣的祝贺，对他来说，眼下的情形实在是太过分了。不爱说话的老皇帝必须去死，现在就去死。

历史上，关于提比略生前最后几分钟的记载十分模糊。卡利古拉是否命人闷杀了他早想置于死地的提比略？据苏埃托尼乌斯记

---

① R. F. Martin, *Les Douze Césars*, *op. cit.*, p.134；Tacite, *Annales*, Ⅵ, 45. 根据塔西佗的说法，是马克罗将恩尼娅推入了卡利古拉的怀抱，而不是卡利古拉引诱了她。不过结果是相同的，这对夫妇和王子联手终结了提比略，共同的亲密关系加强了他们之间的联系。

② J.-N. Castorio, *Caligula*, Paris, Ellipses, 2017, p.126. 该书作者不知这种通奸是不是传言。无论真假，这一传闻都让双方蒙羞，卡利古拉和马克罗的许多批评者都曾经提到过此事。

③ 提比略这样遣词的意思是他代表落日（他已经老了），而卡利古拉则是未来的皇帝。

载,自公元 31 年,卡利古拉到达卡普里岛以来,他就曾带着匕首进入皇帝的房间,但最终没有采取任何行动。他最终是否找到了必要的手段和对策,来弄死这位把他家人斩尽杀绝的老人[45]?有小道消息称,一个获释的奴隶惊讶地看见,卡利古拉的手指紧握着提比略的喉咙。目睹了如此大逆不道的罪行,这名奴隶的最后结局是被钉死在十字架上。塔西佗记载的版本也同样合情合理:马克罗为了取悦他的新主人[46],决定下手,让垂死的提比略窒息而亡。

苏埃托尼乌斯在给卡利古拉写的传记中,根据某些传言,坐实了这桩谋杀案,但在他的《提比略的一生》(*Vie de Tibère*)中也做了其他假设[47]。为了将这个可怕的孩子写成未来的怪兽,身为哈德良秘书的苏埃托尼乌斯在记述他的元首生涯时,不得不从弑君开始写起。

野兽之美

公元 37 年 3 月 28 日,卡利古拉进入罗马[48]。马克罗将他带到元老院,为他的登基做准备。从米塞诺角的卢库卢斯别墅到首都罗马,新皇帝所经之处,众人一片沸腾。欢欣鼓舞的气氛,正如他童年高光时刻的回音,但现在,他身边不再有他父亲,人们只为他一人欢呼喝彩。自此,他是帝国的唯一统治者,是准备统治整个世界的主人。

罗马人民高兴地告别了卡普里岛的忧郁者,迎来了日耳曼尼库斯之子。他们称他为"星辰""孩子""宝贝"[49]。卡利古拉的到

第四章 卡利古拉：孤独暴君

来，代表着政坛重获新生，为了纪念他的登基，人们杀了数十只动物用以敬神，并把这作为新的帕里利亚节（Parilia）*，好像这个可怕的孩子重建了罗马一样[50]。爱闹事的一众邻国也没闲着：波斯国王阿尔塔邦三世，在外交层面上向新皇帝表达了他的友谊[51]。至于元老院那边，在马克罗的一再要求下，元老们违背了提比略的遗嘱。除了卡利古拉，老皇帝在继承人中还加上了他的孙子杰美鲁斯。现在，谁愿意让这个还穿着镶边托加的矮小少年掌权呢[52]？卡利古拉首先对杰美鲁斯宽容以待，像奥古斯都收养盖乌斯·恺撒和卢齐乌斯·恺撒那样收养了他，并授予他"青年王子"的头衔[53]。但不久后他就指控他另有阴谋，除掉了他[54]。他不能忍受合法竞争对手将来可能的反抗①。

卡利古拉在摆脱杰美鲁斯的同时，成功赢得了人心。他和蔼可亲又慷慨大方，面对人民总是露出笑脸。那张脸，在文学的夸张下，被苏埃托尼乌斯形容为"可怕"[55]：眼窝深陷，太阳穴部位很宽，一直到颅顶的位置都秃了②。尽管他并不丑陋，但他的官方胸

---

* 帕里利亚节，每年的4月21日举行，原为牲口的净洗日，后来成为罗马的建国日。——译者注

① P. Renucci, *Caligula, l'impudent*, Paris, Perrin, 1986, p. 174："然而，这并不是一种无端的残酷暴行，相反，它应被看作缺乏权力下放的精确规则的后果，君主任期制必然受此影响。皇位竞争对手被肉体消灭，这并不是第一次，奥古斯都就曾经除掉了恺撒里翁。"

② Suétone, *Caligula*, 50；Sénèque, *Sur la constance du sage*, 18, 1："他以侮辱他人为乐，然而他自己为冷嘲热讽提供了最丰富的材料：苍白而丑陋的肤色显示出他的疯狂，老妇人般的额头下，伏着一双冷酷的怒目，小头骨上散落着几根生得不好的稀疏头发。再加上毛发浓密的后颈、纤细的腿还有一双粗大的脚。"苏埃托尼乌斯对卡利古拉外貌的描写，显然灵感来自塞涅卡。

像确实表明了他五官呆板冷漠。他僵硬的薄嘴唇似乎有些强颜欢笑。他眉线略低,鼻梁相对于脸过于硬挺。他的头发可能是浅棕色的(尤利亚-克劳狄家族的发色并不是特别深的棕色[56])。此外,他的面色十分白皙,表情却不是很亲切。尽管他的外形有着尤利亚家族经典的美,他的官方肖像却并毫无魅力可言①。哥本哈根嘉士伯美术馆里,残留着些许色彩的卡利古拉胸像,保留下了这位年轻皇帝令人不安的外表。他尖锐的目光,几乎让我们感到不适,似乎印证了他在镜前练习令人恐惧的表情的传闻[57]。事实上,众多历史资料都提到过,他凝视的目光令人不安②。

由于奇怪的表情,卡利古拉乍一看并不讨人喜欢。此外,他个子高,身段苗条,双腿纤长,身材不属于最具男子气概的那类。他的穿衣打扮总是出人意料,这让他带有一种令人不安的气质。不夸张地说,苏埃托尼乌斯在写他衣着的时候总忍不住笑出声来:"他的衣服、鞋子和举止都不符合罗马人或公民该有的样子,甚至都不符合他的性别,或者说老实话,不像个人的样子。"君临天下后不久,卡利古拉上千次地穿上古怪的衣服。显然,不管是保守的奥古斯都,还是无足轻重的提比略,都没有沉湎于如此怪癖。受到东方时尚的启发,卡利古拉穿上缀满宝石的大衣,还有轻薄的丝绸长

---

① R. F. Martin, *Les Douze Césars*, op. cit., p. 68. 官方的肖像画并不是纯粹模仿自然的,但这一时期的肖像画也并不想过于理想化。画中的卡利古拉,看上去很像他的母亲大阿格里皮娜。

② Pline l'Ancien, *Histoire naturelle*,Ⅺ, 54. 卡利古拉很少眨眼。他的目光如此固定不变,忍受他的注视无异于受折磨(Sénèque, *Sur la colère*,Ⅲ, 19)。

衣。他梦想在罗马像异邦国王那样出格地统治国家,享有完全的专制政权。因此,他收藏鞋子时,从不在乎鞋适当与否。无论鞋子是为女性设计的,是为宗教设计的,还是某种职业专属的,只要是他想穿的,他都觉得无所谓。有时,他会穿着女式的半筒靴、凉鞋、演员穿的厚底鞋或者信使的靴子出去散步。他戴着很多珠宝,还在胡须上涂上金粉,希望这样可以促进胡须生长[58]。当他没有穿维纳斯的透明长裙,露出若隐若现的毛茸茸肌肤时,他甚至会拿着朱庇特的闪电形小标枪,或是尼普顿(Neptune)的三叉戟,又或是墨丘利(Mercure)的神杖。有时,他的行为实在是荒谬绝伦。他穿上从墓中取出来的亚历山大大帝的胸甲[59],然后把自己想象成一个伟大的征服者,最不在乎的就是遍地的赤裸尸体。

不过,刚开始卡利古拉还是保持了克制。尽管他坚信自己比其他人优越,仍尽力在公共场合表现得当。从童年时代起,他就受到母亲的鼓励,他知道自己出身于最高贵的贵族。以至于他成为皇帝后,就不认自己的外祖父阿格里帕,他更乐意说,他的母亲大阿格里皮娜是奥古斯都与其女尤利娅的爱情结晶,而不是出身骑士阶层、征服了阿克提姆的海军统帅的女儿[60]。在罗马人眼中,这种无稽之谈必然是因为头脑有病。但是他的宣言,源于一种不可改变的逻辑①:卡利古拉赞美王朝的血统纯洁,打破了奥古斯都开启的表面二元政体。他不想当第一公民,他想成为王,甚至更高一点,想成为神。

---

① P. Renucci, *Caligula*, *l'impudent*, *op. cit.*, p. 216:"实际上,在卡利古拉看来,乱伦不是错误,也不能是错误。因为恰恰相反,虽然人们禁止乱伦,但这在众神或被封为神的人中颇为常见。"

坚定的王朝意识

25岁那年,卡利古拉成为世界的主人。年纪轻轻就拥有如此之高的权力,任谁都会感到飘飘然。然而,他任期的最初几周堪称典范。他首先以合理的方式开头,向家人表达了敬意,通过赞美尤利亚一族的祖先,来证明自己继位的合法性。他以身为奥古斯都的后裔而感到格外自豪,就像他母亲教导的那样。据他说,他的家族是唯一能够统治罗马的世系。

为了证明孝顺是罗马人的重要美德,他为提比略组织了一场盛大的葬礼。借此机会,他发表了激动人心的悼词[61]。他没有哀悼沉默寡言的老皇帝的离世,而是陶醉在自我表演之中。他滔滔不绝,讲得天花乱坠,顺带过度赞美了奥古斯都和日耳曼尼库斯[62],暗地里表达了对提比略的蔑视。他的眼泪不住地流下,让听众们觉得,他遭到卡普里的萨梯的侵害,却坚韧地挺了过来①。于是,他引发了众人的同情和感动,人们越发疼爱他。他是操纵人心的高手,大胆提议将提比略封神……让元老院主动拒绝他。

在向前任表达了敬意之后,他狡猾地想起了提比略对自己家人的残酷行为,于是去旁第亚岛和潘达特里亚岛寻找哥哥尼禄与母亲

---

① D. Pleux, *De l'enfant roi à l'enfant tyran*, Paris, Odile Jacob, 2002, p. 18. 假充受害者是新暴君的武器之一。

第四章　卡利古拉：孤独暴君

大阿格里皮娜的骨灰。他在恶劣天气下乘上带有紫色旗帜的船，为旅程增添了几分戏剧性[63]。卡利古拉拥有完美的舞台感，他亲自收集兄弟和母亲的骨灰放入骨灰瓮中，然后怀抱着骨灰瓮，直到驶入罗马附近的港口，就像他的母亲亲自带回丈夫的骨灰时那样。他在下午回到首都。围观者们满怀同情地看着新恺撒表现忠诚孝道。骑士们抬着放有骨灰瓮的担架，将其运往最后的安息之地——奥古斯都的陵墓。卡利古拉演出运回家人骨灰的场景，仿佛重新演绎了他父亲的骨灰回到罗马的场景。也许，幼年经历的那一幕，给他留下了复杂的创伤性记忆，其中混杂着哀悼之痛，却也让他习得了政治手腕，学会怎样在公众面前演出情感。他重复昔日的创伤模式，有意利用内心冲突，证明他的心灵已经有了深深的裂缝。虐待狂的快感，很快将促使他第三次重复这一场景[64]。

最后，为了纪念母亲，卡利古拉决定每年都举办一场祭祀，其间会上演一些马戏，结束时，游行队伍会展示她的形象[65]。与这些措施相配套的，还有金银币的铸造。硬币正面是卡利古拉的形象，背面刻的则是大阿格里皮娜以及"盖乌斯·恺撒·奥古斯都之母"的铭文[66]。在他之前，还没有哪个皇帝让奥古斯都之家的女性出现在帝国钱币上。一方面是因为，罗马人轻视女性，将女性排除在公共领域之外[67]；另一方面是因为，人们能够见到皇帝之女或亲王的妻子，证明元首制不是由第一公民领导的而是由一个家庭掌控的君主专制。因此，在向母亲致敬的背后，隐藏的是真正意义上的颠覆。

为了尽可能好地向先人致敬，卡利古拉大肆歌颂父亲日耳曼尼库斯，并以赞美他的名义铸造了许多硬币，让人回想起他的功绩[68]：他令日耳曼蛮族俯首称臣，夺回了瓦卢斯（Varus）军团失掉的鹰旗①；他监督了亚美尼亚国王的加冕典礼；当然，还有他凯旋回到罗马[69]。为了表现父亲的荣耀，卡利古拉选择了日常用的青铜币杜卜迪奥（*dupondii*）。2杜卜迪奥等于1塞斯特斯，这一小面额的钱币很容易在人与人之间流通，不管是在酒馆还是在市场，都暗中唤起人们对日耳曼尼库斯的记忆。为了纪念父亲，卡利古拉还在全国各地为他立了许多雕像，并以他的名字重新命名9月[70]。

之后，卡利古拉也对祖母小安东尼娅表现得十分孝顺。小安东尼娅是马克·安东尼的女儿，也是奥古斯都的外甥女。在疯狂地寻求执政合法性的过程中，卡利古拉那杰出的外曾祖父起了举足轻重的作用。新皇帝授予小安东尼娅所有利维娅有过的特权[71]，自此，她成为奥古斯塔，也就是名正言顺的皇太后，但皇太后被迫退休了。私下里，其实卡利古拉对这位尊贵的老妇人没有任何感情。他只有在马克罗在场的情况下才会接待她，似乎是一种威吓。他违抗她，对她表现出各种轻蔑[72]。他是否希望让祖母为他在卡普里岛的流放付出代价，还是想报复她让他与德鲁西拉保持距离？又或者，他只是拒绝一位长者给他建议——换言之，也就是命令？的

---

① 公元9年，瓦卢斯的军团遭受了罗马军队历史上最可怕的失败之一。这位罗马将军遭到阿米尼乌斯（Arminius）领导的日耳曼人的突袭，被打得落花流水，损失了20 000多名士兵，丢失了军团的象征鹰旗。6年后，日耳曼尼库斯来到悲剧现场，向他的战友们致以最后的敬意，然后赢得了对日耳曼人的决定性胜利，并找回了失踪的鹰旗，从而提升了罗马的荣誉。可参阅Y. Rivière, *Germanicus, op. cit.*, p. 197 et *sq.*。

第四章　卡利古拉：孤独暴君

确，当祖母展现出权威时，他干脆回答道："您不记得了吗？我对所有人拥有一切权力。"[73] 5月1日，小安东尼娅识趣地离开了人世。有人试图找到证据，证明她的突然去世是毒药谋杀所为，但她毕竟73岁了，不能排除自然死亡的可能。之后，卡利古拉对祖母还是发自内心地没有好感，只为她举行了规模不大的葬礼，而他拒绝出席[74]。

他还对家族里的白痴、叔叔克劳狄（Claude），表达了几分敬重。克劳狄走路跛脚，还时常流口水，奥古斯都和利维娅宁可忘记他的存在，他的母亲小安东尼娅也羞于提起这个儿子。卡利古拉把克劳狄提升为元老，还让他成为执政官的一员，在那之前他一直是骑士。鉴于此前克劳狄声誉晦暗，这样的提拔引人注意又令人意外[75]——谁也不能说卡利古拉不尊重他的家人。他把残疾的叔叔推向台前，让他被公开地当作小丑，只是为了遮掩他的疑心病。他担心哪天某个野心勃勃的上层贵族会挑战他的皇权。为了安抚这一焦虑，他采取了预防措施，毫不留情地伤害所有可能威胁到他的地位的重要人物，尤其重点关照那些与奥古斯都有亲缘关系的人。除掉了杰美鲁斯之后，卡利古拉又向其已故妻子的父亲西拉努斯（Silanus）下手了。他指控此人想利用他的出城旅行的机会，坐上帝国主人的位子[76]。他的真正动机不可言说：西拉努斯因为女性亲属的原因，属于尤利亚家族的成员。如果他想，他是可以要求得到皇位的。苏埃托尼乌斯钟情于危险的细节，补充道，卡利古拉可能强迫西拉努斯用剃刀割开自己的喉咙。这不太说得过去，最高贵的罗马人，即使被逼到如此地步，也不大可能自行割脉了断，假如没人告诉他们该怎么下手的话。毛里塔尼亚国王托勒密（Ptolémée）也被卡利古拉暗杀，因为他的母亲克里奥佩特拉·塞勒涅是马克·安东尼的女儿[77]。卡利古拉觉得他太受人欢迎了[78]，便先下手为强，以防止日后可能的叛乱。不到公元 38 年年末，马克罗和妻子恩尼娅也在他的命令下，离开了活人的世界[79]。权势强大的禁卫军长官，有可能不赞成年轻的第一公民头脑一热实行君主制，而卡利古拉也感受到了这一点[80]。马克罗是否后悔过轻率地把自己的良心献给了卡利古拉，那个在他帮助下登上帝位的小王子[81]？那被血染红的帝位……

幸福的日子

公元 38 年春，谈论"怪兽"一词[82]还为时过早，卡利古拉仍然是罗马人的宝贝。元老院授予他一系列浮夸的荣誉头衔：虔敬者、营地之子、军队之父、恺撒中最优秀最伟大的恺撒[83]。在元老院的第二次邀请下，他甚至像前两任皇帝一样，接受了"祖国之父"的称号。然而，考虑到他如此年轻，这个头衔实在荒谬。

一旦合法地成为恺撒，并得到了众人的承认，他剩下要做的就是，尽可能缩小自己王朝的圈子，就像埃及的法老们一样。无疑，卡利古拉欣赏法老王朝的神性本质和严格的族内通婚政策。眼下，权力属于年轻一代：他是年轻的国王，身边环绕着他高贵的姐妹。为了向她们表示恩典，他在规定的誓言中增加了以下内容：

第四章 卡利古拉：孤独暴君

"我和我自己以及我的孩子们紧紧相连，正如和盖乌斯这个名字还有和我的姐妹们相连一样。"[84]此外，他下令在塞斯特斯硬币正面铸上他自己的肖像，反面铸上三姐妹的肖像以及她们的名字[85]。她们代表着三个被奉若神明的概念：安全（Securitas）、和谐（Condordia）和幸运（Fortuna）。要传达的信息很明确：日耳曼尼库斯和大阿格里皮娜的孩子们，共同确保了罗马的幸福和生生不息[86]。

卡利古拉还花精力召回了所有被提比略判刑和流放的人，并恢复了他们的权力和地位[87]，以此给人民留下友好的印象。这种慷慨大方的举动，目的是证明他不会进行不公正的统治。出人意料的是，在面对那些诬告他的母亲和兄弟们、参与了毁灭他家人的敌人时，卡利古拉也展示了灵魂的伟大。他收集了所有不利于这些人的文件，然后拿到广场上付之一炬。这位年轻皇帝似乎无比宽宏大量。

卡利古拉对行政官也表现了尊重，直接将裁判权下放给他们，判决不必再向他本人请示。对于道德放荡的骑士，他降低了他们的阶层，以恭维那些德行良好的骑士。比起元老院，年轻的卡利古拉对骑士阶层的秩序更有兴趣，因为骑士们无法与他争逐权力[88]。他还恢复了曾经的人民大会风俗，以便让人民参加选举，就像罗马共和国时期一样[89]。他继承了提比略和利维娅留下的遗产，事实上，他们的遗嘱已被打破。卡利古拉的一项重要德政是，免除了意大利的某些税收，因此获得了罗马人无法阻挡的热爱。最后，这位完美的新皇帝与罗马附属诸侯国的国王建立了良好关系[90]。

值得一提的，还有卡利古拉那受人欢迎的大肆挥霍。例如，他慷慨解囊，两次送给所有公民300塞斯特斯，相当于一个士兵三个多月的薪水。此外，这位年轻皇帝为元老、骑士及其家人举办丰盛的筵席，还定期向人们提供装有食物的篮子。不过除了面包，还要有游戏①！

卡利古拉本人是表演艺术爱好者，经常观看各种演出，十分着迷。他组织了无数的角斗比赛、马戏比赛和戏剧表演，令罗马和帝国各省人民感到非常高兴[91]。在里昂，他甚至主持揭幕了一场特别的演讲比赛，输了的人被要求写文章赞美获胜者。至于最糟糕的输家，可以选择用海绵或舌头拭去书板上的文章——如果不想被扔进罗讷河里喂鱼的话。苏埃托尼乌斯承认，这则轶事可能经过了添油加醋，但它确实使人感受到第一公民的个性，既诙谐又有些施虐倾向。除此之外，卡利古拉也毫不犹豫地投身于舞台导演的工作。他既别出心裁，又爱一掷千金，有时会用朱砂石或孔雀石铺满竞技场的道路，使场地变成鲜红色或虹绿色[92]。他在艺术方面的奇怪癖好已经让人们感到，他是个自大狂。

那不勒斯海湾成为演绎他最宏大作品的舞台。在波佐利和拜亚之间，他让战舰沿着码头排成一行，总长度约5公里。然后，他下令用土和石头覆盖码头间的众多桥梁，远远看去，就如同亚壁古道。整整一天，他头戴橡木冠，身披金色短披风，手持宝剑，骑着

---

① 或是"快乐且温和的人的秘诀"（Panem et circenses）。直到大约80年后，诗人尤维纳利斯（Juvénal）才写下了这句著名的格言。

第四章　卡利古拉：孤独暴君

满身装饰的马，行走在这条短暂存在的临时道路上。第二天，他又开始了征程，打扮成御驾车夫的样子①，高速驱驶着一辆四马二轮战车。车后面拖着年轻的大流士——有着帕提亚王室血统的人质，以显示他对世代相传的敌人的统治地位。我们不禁要问，卡利古拉为何要进行如此宏大而无用的表演？有些人认为，卡利古拉希望超越薛西斯一世（Xérès I），后者曾在赫勒斯滂（今达达尼尔海峡）之上建造浮桥；另一些人则认为，他想通过此举表明自己的意志能变大海为陆地，从而令蛮族感到震撼。但对于这一天马行空的做法，苏埃托尼乌斯提出了另一个原因："童年时期，我从祖父那里听说，据知晓宫廷秘密的人说，他的所作所为，是由于提比略的占星师色拉西洛斯所说的话。提比略为继承人一事日日不安，倾向于选择自己的孙子，色拉西洛斯便说：'盖乌斯成为皇帝的可能，和他骑马穿越拜亚湾一样。'"[93]苏埃托尼乌斯的祖父与卡利古拉共处同一时代，卡利古拉很可能做得出如此疯狂之举。这种解释虽然过于错综复杂，却是我们最乐于听到的。

这位年轻人还大兴土木，为永恒之城罗马的美化增添了一笔色彩。他资助了两座有纪念意义的建筑物的收尾工作——奥古斯都神庙和庞培剧院。前者用于祭拜奥古斯都，荣耀家族先祖；后者则确保人们得到消遣和娱乐。他还在各省出资，建造新的渡槽和各种纪念性建筑[94]。所以，他执政初期十分美好。但很快，对权力的沉醉将人们理想中的王子变成了一个顽固的暴君。

---

① 驾驶赛车的马车夫。

与神同列

改变发生在卡利古拉任期开始几个月后。苏埃托尼乌斯试图寻找触发他专制渴望的导火索。不过在元老们参政的"帝国"里,这种突如其来的念头只是疯狂的无稽之谈。公元 37 年末,年轻的皇帝患了重病。他深信自己必死无疑,便考虑将帝国留给他所爱的妹妹德鲁西拉,好像当时能传位给女性一样。根据历史学家雷吉·F. 马丁的说法,皇权在握给卡利古拉造成了巨大的压力,他可能患上了某种身心疾病[95]。尽管他的病因尚不确定,但与死亡擦肩而过的经历,极大地改变了他的行为。自那以后,他不再谨慎地对待任何人。

为了使皇帝康复,无数人许下了不少荒唐古怪的愿望:有些人发誓说要与角斗士战斗,只要他能好起来,有人甚至要替他去死[96]。这些承诺显然太过分了,但却是典型的罗马人思维①:为拯救另一个人而将生命献给众神,被看作爱与奉献的终极举动,至少在隐喻的层面上如此[97]。卡利古拉一旦康复,便强制溜须拍马者遵守诺言,以免亵渎神灵。那些承诺与角斗士作战的人必须拿起剑来,对抗从事死亡表演的专业人士,疯狂地捍卫自己的生命。那个说愿意替代皇帝而死的不幸男子,被邀请在众人的见证下,恪守他

---

① D. Nony, *Caligula*, Paris, Fayard, 1986, p. 254:"这些情节显然与替代或净化的宗教仪式有关。皇帝的健康太珍贵了,不能不重视许愿的实现。"

第四章 卡利古拉：孤独暴君

的承诺。卡利古拉派了一些孩子去他家找他，小信使们往他的头上戴上饰有长飘带的马鞭草花冠，将这位献祭者在整个城市中展出，然后逼迫他从塔尔珀伊亚岩石的最高处跳了下去[98]。像他那个时代的所有人一样，卡利古拉十分迷信。他已经释放了所有被放逐的人，理由是一个被他的前任提比略流放的人向他坦言道，自己曾祈祷提比略会死而卡利古拉会继承皇位。年轻的皇帝想确保没有人会引发众神对他的愤怒[99]。另外，他并不认为自己和他人一样，他觉得自己身上有神明的一部分，所以他有理由位于万人之上。为了使他的神性变得具体而有生命力，让人民可以触摸到，他将自己的头像安在罗马各地无数神像上。之后，他又亲自坐在卡斯托尔和波吕刻斯的神庙中，供虔诚的信徒们崇拜。最后，他为自己的神性建立了圣殿，并成立了一个祭司团来供奉他的金像[100]。为了公开表示他属于神界一员，他与朱庇特长时间地交谈，众人皆为之震惊……他疯了吗？当然不是，或者至少目前还没有。他可笑吗？可笑至极！

从最高等贵族中的第一个公民，到自封为神，这种改变是滑向暴政的征兆。卡利古拉对"他的权力"——又或是真正意义上的无所不能——拥有了更强烈的意识，这使他失去了与现实世界的一切联系。他冲动之下的言语表达了他激烈的情绪："我们只有一位首领、一位国王。"[101]还有那句著名的"让他们恨我吧，只要他们怕我"[102]。当然，他可能没有逐字逐句地这样说，但此话与他的行为基本一致。长期以来，人们一直在精神疾病领域，探寻卡利古拉极端行为的原因，但神经科学倾向于证明，掌握权力的人往往严重缺乏同情心。因此，"有权势的人"以隐喻的方式，将自己视为等同于神的存在。卡利古拉在他的年代，能够真正实践他的狂妄自大，还有由此而来的疯狂的宗教性自恋。他身边的人由于担心他会不满而日益奴颜婢膝，这也助长了他的自恋。

公元 37 年秋天，一场新的悲剧事件，将卡利古拉完全引向了近乎疯狂的暴政：德鲁西拉因不明原因死亡。她的去世使卡利古拉首先陷入了无法被安慰排解的哀恸中[103]。极度悲伤的他先是在叙拉古退隐了一段时间，之后于公元 38 年 9 月 23 日，将妹妹升为神灵。他的举动既是为了证明他对她的爱，也是在受到托勒密王朝的家族和宗教政策的启发后，试图表现出皇室家族成员皆高人一等[104]。此外，德鲁西拉女神（*Diua Drusilla*）又被称为全女神（*Panthéa*，这个词意味着她具有所有女神的一切特质）[105]。人可以比神更神圣吗？即便她是皇帝的妹妹。赋予一名女子如此荣誉，必然令元老们心生畏惧[106]。

屈服的乐趣

正如两千年后的乔治·奥威尔（George Orwell）在《一九八四》里写的那样，权力就在于对别人施加痛楚和屈辱。显然，该原则已植根于卡利古拉的内心。从公元 38 年开始，在德鲁西拉去世以及他最早的支持者马克罗被谋杀的几个月后，他便开始了种种极度不公的行为，因为他欣喜地感受到了自己的权力范围。没有人可

第四章　卡利古拉：孤独暴君

以遏制他的最卑劣的本能。一次，一个演员因为胆敢朗读关于他的讽刺诗文，在圆形剧场里被活活烧死[107]。有时，他会一时兴起，在炎炎烈日下合拢马戏团的顶棚，禁止任何人离开看台。他还喜欢让平民坐在剧院中指定给骑士的位置，以此来激怒骑士们[108]。

但是，他最暴力的一面留给了元老们。一方面，他不断羞辱试图参与政府工作的精英；另一方面，对于那些直接或间接地残害过他的家庭的人，他打算进行报复，尽管他在登基时已承诺会宽恕他们[109]。

卡利古拉对元老阶层成员的残酷行径与日俱增。有一天，他强迫其中一个人亲眼看着自己的儿子被杀掉，接着玩世不恭地邀请他去吃晚饭，尽一切可能拿他取乐[110]。也许他在重现卡普里岛上的记忆，当年，提比略也是如此热衷于折磨他。

一掷千金的奢靡生活，迫使卡利古拉大幅增加了税收[111]。但这依然不够，于是他在日耳曼尼亚进行了一次大规模的军事行动，他的父亲曾在那里取得了赫赫战功。然而，在莱茵河的边界以外，日耳曼人过着与世无争的安宁生活。由于年轻的皇帝没有敌人可攻击，这次军事行动成了一出滑稽的闹剧。但不管怎样，卡利古拉都想借此机会组织一次凯旋仪式，征用一些高卢人中的贵族做俘虏，但这样做实在太荒谬了，他没能实现自己的异想天开[112]。最终，他仅在返回首都时接受了人们的鼓掌欢呼[113]。

苏埃托尼乌斯还告诉我们，在离开日耳曼各省之前，卡利古拉有过念头，想屠杀掉那些曾反叛过他父亲的军团。那场叛乱发生时他还是个孩子，如今已经25年过去了，许多士兵早已去世或退休，毕竟，兵役持续了大约 30 年。他这个不公平的决定毫无道理，周围人也都试图说服他。卡利古拉自以为宽宏大量，便下令每十人中抽杀一人。士兵们纷纷准备与他授权行刑的军官开战，他十分羞愧地决定离开他童年曾生活过的地区，再也没回去过[114]。

这出闹剧在滨海布洛涅的军营里继续。苏埃托尼乌斯记载道，卡利古拉想建立终极战功——征服海洋。他命人在海滩上放置军事装备，好似时刻准备攻击从海中突然出现的敌人，之后又要求士兵用贝壳填满他们的头盔，仿佛贝壳就是大海的遗骸[115]。在罗马，家家户户流传着诽谤皇帝的坏话。很难想象，训练有素的军团士兵，在沙滩上忙着与蛤蜊和海螺开战，抑或精准投掷出一件件昂贵的武器，并任由它们陷进松散的沙滩。

在这次离开罗马的旅程期间，卡利古拉面对了唯一能令他伤心的背叛：公元 39 年秋天，他最年长的妹妹小阿格里皮娜已经预感到，哥哥的暴行终将导致政变。于是她选择在最坏的情况发生前先下手为强，与德鲁西拉的鳏夫雷必达结盟，两人共同谋划暗杀卡利古拉。毫无疑问，他们的目的是共同掌权，并帮助年幼的尼禄（Néron）有朝一日登上皇位[116]。当时，小阿格里皮娜已经是奥古斯都最后一位直系后代的母亲，并打算像利维娅为提比略所做的那样，将儿子扶上帝位。

卡利古拉在卢格杜努姆①时惊恐地察觉到了他们的阴谋。他将雷必达判处死刑，并强迫妹妹小阿格里皮娜带着雷必达的骨灰回到

---

① 高卢的首都，即现在的里昂。

罗马，再现了寻回爱人遗骨的悲剧一幕①——随后，这位骄傲的年轻女子被判带着情人的骨灰瓮，与同样卷入其中的小妹妹利维拉②，一起流放至潘达特里亚岛。卡利古拉下不了决心手刃自己仅存的妹妹，提比略已经屠戮了他的手足。之后，已完全陷入孤独境地的卡利古拉[117]，第一次考虑建立自己的家庭。

枉然的爱

在卡利古拉的王朝观念里，自相矛盾的地方在于，他通过歌颂祖先来巩固自己的权力，却从未将继承权一事提上日程。是否因为年纪尚小，他还没动过这一关键举动的念头？的确，奥古斯都和提比略都活了很久，有充足的时间来选择继承人。

卡利古拉即位时已是鳏夫。不过，他因一时冲动而缔结了好几次短暂的婚姻。一次，卡利古拉应邀参加盖乌斯·皮索（Caius Pison）和利维娅·奥瑞斯提拉（Livia Orestilla）的婚礼，其间他戏弄新郎说，自己离新娘太近了，所以干脆决定亲自娶了她。因此，他在元老院的一项法令中声称，他要正式效仿罗慕路斯和奥古斯

---

① Y. Rivière, *Germanicus*, *op. cit.*, p. 428. 该书作者认为这一场景是对大阿格里皮娜带回日耳曼尼库斯骨灰的模仿。

② Dion Cassius, *Histoire romaine*, LIX, 22; I. Cogitore, *La Légitimité dynastique d'Auguste à Néron à l'épreuve des conspirations*, Rome, École française de Rome, 2002, p. 197. 卡利古拉为他的妹妹们选择的，是与奥古斯都对女儿尤利娅所做出的相同的制裁。他没有更残忍也没有更凶狠，在那种情况下确实相当宽容。

都，他们两人都抢走了朋友的妻子①。他格外喜欢通过夺人之妻的方式来羞辱一个男人，毕竟，罗慕路斯和奥古斯都二人可没有在新婚几个月后，就抛弃夺来的爱人……然而卡利古拉在抛弃新妻子后，却不容许年轻的她重新回到盖乌斯·皮索身边，还因为这个流放了她。之后，他又因娶了以美貌著称的洛利娅·保利娜（Lollia Paulina）而自鸣得意——毫无疑问花了数百万塞斯特斯——并且又是强迫她丈夫将她拱手让出。这次的婚姻依旧短暂，卡利古拉把妻子打发回她自己家，并禁止她再婚[118]。

只有米洛尼娅·卡桑尼娅（Milonia Caesonia）有办法约束卡利古拉的见异思迁。生性放荡的米洛尼娅比卡利古拉年长，且已经生育了三个孩子，还给年轻的皇帝又生下了一个女儿。不过，直到他们的女儿尤利娅·德鲁西拉（Julia Drusilla）出生那天，他才与她结婚。他们的和谐爱情并不门当户对，引得人们说长道短：爱嚼舌根的人指责卡桑尼娅给卡利古拉喝下了媚药，令他所剩无几的理智消失殆尽[119]。据传说，暴君卡利古拉在朋友面前，让他的伴侣以裸体示人，让人们欣赏她的美丽②。可以确定的是，卡桑尼娅为了避免丈夫不快，的确参加过他组织的淫乱派对。不过，卡利古拉将卡桑尼娅提升到配偶的位置，因为她是他们女儿的母亲，理应得

---

① 参见第二章。
② Hérodote, *Histoires*, Ⅰ, 7-14. 这是希罗多德笔下神话故事的翻版。著名的坎道勒斯（Candaule）国王正是因为向将军裘格斯（Gygès）展示他妻子的裸体，从而失去了他的王冠。王后尼西娅（Nyssia）强迫裘格斯将军或选择自杀，或暗杀坎道勒斯并和她成婚，以弥补他因欣赏她的裸体而对她造成的羞辱，将军很快就选择了后者。这段轶事将卡利古拉与坎道勒斯相比较，目的之一是证明他的颓废堕落。

到特权。

卡利古拉生活放荡,夜夜笙歌,有很多恋人和情妇。被请到他床上的女性的数目无法估量,且大多数情况下,他都没有得到她们的同意。他还十分迷恋著名的妓女皮拉里斯(Pyrallis),她是当时贵族中最受欢迎的交际花[120]。还有人指控说,他与他的三个妹妹乱伦[121]。尽管这话可能在德鲁西拉身上真实发生过,但放到其他两位身上就纯属谣言。据说他还强暴过妹夫雷必达以及贵族青年瓦莱里乌斯·卡图卢斯(Valerius Catullus)。顺便多说一句,这位卡图卢斯呢,但凡有谁想听他被皇帝糟蹋了的事,他便向人大吐苦水。第一公民卡利古拉也爱过伟大的哑剧演员姆奈斯特(Mnester),热衷于先在舞台上为他喝彩,然后把他弄到床上[122]。诚然,权力是最好的春药,但通过揭发伤风败俗的行为来破坏一个人的声誉,在古罗马习俗中屡见不鲜[123]。因此,我们必须与苏埃托尼乌斯的记载保持一定距离,并且也要审慎对待其他古代的历史学家——他们通过描绘前人的倒行逆施,来赞美自己的主人。

上任一年后,卡利古拉不再是美德的化身,变得越来越像怪兽了。这是事实。他受过的创伤以及过度膨胀的自我,使他将手中权力变成了统治人民、贵族和军队的日益残暴的工具。阿尔贝·加缪(Albert Camus)无疑勾勒出了年轻皇帝的荒唐,在其著名戏剧《卡利古拉》中,经由卡利古拉之口说道:"要想和神分庭抗礼,只有一种办法,那就是同神一样残酷无情。"卡利古拉行事日益残暴。毫无疑问,他还太年轻,缺乏政治经验,周围又都是奸佞,使他根本无法控制自己的狂妄自大(*hybris*)。他将为此付出代价。

暴君末日

公元 14 年，卡西乌斯·卡瑞亚（Cassius Chaerea）在莱茵河畔的营地中服役，听命于日耳曼尼库斯。在奥古斯都死后的一系列军营叛乱中，卡瑞亚一直忠于日耳曼尼库斯，并因此与死神擦肩而过。为了那个穿着军用凉鞋的孩子，他愿意献出自己的生命[124]。公元 39 年，他成为小皇帝私人卫队的一分子。令他颇感自豪的是，他是禁卫军步兵大队的长官之一。这位坚守传统价值观的中年军人认真又勇敢，堪称罗马男人的典范。

卡瑞亚在帕拉丁山服役，有机会参与了卡利古拉的一系列荒唐闹剧。他亲眼见到了小王子如何堕落不堪，对此深感厌恶。然而，他绝不是唯一一个厌倦了卡利古拉的人：人民在赋税重压下心生不满①，元老们也被皇帝吓坏了，因为他想把他的马"捷足者"（Incitatus）封为执政官，以侮辱这一高级官职取乐……

同许多罗马人一样，卡西乌斯·卡瑞亚认为，罗马帝国掌握在一位个性古怪又反复无常的残暴孩子手中。每当卡瑞亚请卡利古拉给卫兵巡视宫殿取一个暗号时，后者都会羞辱他，并称他为"胆小

---

① P. Renucci, *Caligula, l'impudent, op. cit.*, p. 292. 根据该书作者的说法，问题不在于重税，而在于卡利古拉在没有事先公布消息的情况下，强行加税。此外，人们已经习惯了不用付钱就可以领到食物和看演出。之前的一切仿佛天生如此，加重税收让人们大为震惊。

的娘娘腔"。为了进一步羞辱卡瑞亚,卡利古拉提出了一连串和女性相关的称呼作为密码,不是"普利阿普斯"(Priape),就是"丘比特"(Cupidon)或"维纳斯"(Vénus)[125]。被侮辱嘲弄的老战士气得咬牙切齿,恨不得一剑捅进这个无礼青年的腹部。卡利古拉伸出手,让卡瑞亚亲吻,还对他做出下流的动作①。神经紧绷到极致的禁卫军长官,在自己身边团结了一些禁卫军士兵。他们将暗杀皇帝及其家人。谁都没有考虑过继承人问题:他们只想让罗马摆脱这个无耻的败类,他们的计划就到这一步……

奇怪的迹象出现在整个帝国里,似乎预示着迫在眉睫的一幕。据苏埃托尼乌斯记载,奥林匹亚的宙斯雕像突然爆发出雷鸣般的笑声;雷电击中了卡普亚的朱庇特神殿,还有罗马帕拉丁山上的阿波罗神庙;一次祭祀期间,卡利古拉身上溅满了献祭品的血,甚至连他的占星师西拉(Sylla)都预言说他的生命即将终结。苏埃托尼乌斯还补充道,两个绰号为"断言无误"(*Infaillibles*)的姐妹是安提乌姆的先知,她们请卡利古拉警惕"卡西乌斯"。像所有神谕一样,她们仅能提供一部分信息,但若想将其解读,却可能有一千种不同的方式。出于谨慎,皇帝暗杀了脑中出现的第一位卡西乌斯——亚细亚总督卡西乌斯·朗基努斯(Cassius Longinus)。然而,不祥之兆继续增加。离世前一天,卡利古拉梦到自己升上天空,而王座上那巨大的朱庇特,一脚把他踢了回去[126]。

公元41年1月24日那天,有宫廷游艺比赛上演,卡利古拉和

---

① Suétone, *Caligula*, 56. 历史学家没有说明这一行为的性质。

几个朋友来到剧院。来自亚细亚省的一群孩子将在舞台上演出。当29岁的皇帝从高处鼓励合唱团的孩子们专心用功时,卡西乌斯·卡瑞亚朝他刺出了第一下。他这一击是纯粹出其不意地下手,还是带有几分戏剧效果地,先问了问卡利古拉当天的巡逻密码是什么?假如卡瑞亚提出了这个无聊的问题,卡利古拉应该会在被刺之前回答"朱庇特",得胜的长官则会愤怒地回应:"那就让你如愿以偿!"卡瑞亚又猛击了第二下,打碎了卡利古拉的下巴。卡利古拉倒在地板上,蜷缩成胚胎的姿势。为了抵抗卡瑞亚的攻击,他的身体分泌出大量的肾上腺素,即使受到如此惊吓,他依然令人难以置信地虚张声势道:"我还活着!"[1] 哪怕在这样悲惨的时刻,卡利古拉仍然厚颜无耻——他为此甚为骄傲[2]。他一直忠于自己,直到最后一刻。

卡西乌斯·卡瑞亚和其他同谋者,大约朝卡利古拉的身体刺了三十来下,自然也没放过他两腿间那代表他荒淫放荡的器官。暴动者们也用类似的方式杀死了卡桑尼娅,其中一个禁卫军还杀掉了他俩那刚刚能独自站立的女儿。他抓住她的双脚,轻松地一下子就把她提起来,将她小小的头骨撞碎在墙上[127]。众人扔下了尸体,在宫殿中大步行走,直到其中一人偶然发现了藏在窗帘后面的克劳狄。他们将他拖到禁卫军军营,在那里,他被众人一致拥立为皇

---

[1] Suétone, *Caligula*, 58;J. Schmidt, *La Mort des Césars*, Paris, Perrin, 2016, p. 55. 据该书作者说,卡利古拉说这些话是因为他相信自己是不死之身。这个假设似乎有些简单化了,因为它忽略了致命袭击造成的心理冲击。

[2] Suétone, *Caligula*, 29:"他钦佩和珍视自己的性格特征,用他自己的说法,就是他的厚颜无耻(adriatrepsia)。"

帝……

接下来的几个小时中,一些善良的人将第一公民血腥的尸体运到拉米亚的花园。遗体被迅速火化,较大的骨头没来得及完全烧掉,剩下的部分被埋在薄薄的土层下面。从那时起,花园的守卫们一直害怕那块临时墓地。卡利古拉的鬼魂会在这个地方出没,怀着疯狂的愤恨。

年轻的王子犯了错误,认为自己等同于神。他的无耻妄为令他丧命,但也使他走向了神话。这样的结果,不管怎么说,他可能会喜欢吧。他依旧活在集体想象中,成了堕落暴君的原型、疯狂权力欲的幻影似的化身。

终 章

小阿格里皮娜看着她的双手,上面沾满土和她哥哥的骨灰。结束了一年半的流放之后,她回到罗马,却没想到要亲自负责埋葬卡利古拉。人必须履行家庭义务①。她发现自己在拨弄腐殖土层时折断了一只指甲,而那土层下面,是被匆匆掩埋的暴君的遗骨。突发的小缺憾令她感到不快。虽然此刻她像非利士人一般粗俗,却并不

---

① Suétone, *Caligula*, 59. 两姐妹被刚刚上台的克劳狄从流放中召回,履行了对已故兄长的责任,谨慎地为他举行了体面的葬礼。

想寻找一个新丈夫，来帮她保护和教育儿子。她叹了口气，手在长袍上擦了擦，弄掉了指节间残留的哥哥的骨灰。她注视着柴堆，火焰缓缓吞噬着残留的遗骨。

"你想把他的骨灰放在奥古斯都陵墓里吗？"

小阿格里皮娜看了看妹妹，惊讶于如此天真的问题。她想，幸好利维拉生得如此美丽，她愚蠢得简直令人窘迫。从木柴堆里，她抓起一只闪着虹彩的玻璃罐，一个非常简陋、不值多少钱的罐子。

"我们不可能把卡利古拉的骨灰放在家庭陵墓中，这样会让母亲不得安息。这座纪念物是为我们家族的荣耀而建的，但哥哥给我们带来了耻辱。我们就把他的骨灰装在骨灰瓮里，然后埋在亚壁古道旁边大公墓的角落。"

说完，小阿格里皮娜把骨灰瓮递给妹妹。利维拉接过它，将手指穿过其圆形的腹部，脸上流露出一副厌恶的表情，扭曲了她那漂亮的小脸蛋。她觉得它如此丑陋，配不上他们家族。小阿格里皮娜看到妹妹的表情，便明白了她的想法，她肤浅至极，令人沮丧。小阿格里皮娜索性看着火焰，火苗的舞蹈令人昏昏欲睡，而她深深地陷入了沉思。如今，克劳狄叔叔已经执掌大权，而她自己，是奥古斯都最后一位直系后裔的母亲。她的儿子理应得到皇位，她暗自承诺，将竭尽所能将皇位交给儿子。突然，一阵狂风助长了火势，小阿格里皮娜感觉烈焰的高温舔到了她的脸。她跳着后退了一步，以免被烧伤。迷信的人若是见此情景，会说这不是个好兆头……

第五章　克劳狄：畸人治国

可以喋喋不休，但不能动手。

——苏埃托尼乌斯，《克劳狄》(Claude)，第 40 章

———————————

隐隐约约的喧闹声侵入走廊。克劳狄皱着眉头,试图重新专注于他的莎草纸卷和书板。通常,如果皇宫中只有一个安静的地方,那就是草药房(hermaeum)。赫尔墨斯守护着这间小书房,卡利古拉,还有他那由江湖骗子和酒色之徒组成的宫廷,几乎从不来这里。门外越发喧哗,皇帝的叔叔感到恼火,用力将手中刻笔的尖头更深地推入蜡中。那些重重描下的字母,几乎无法辨认。他低声发了句牢骚,接着用刻笔平坦的那端,神经质地抹平了柔软的蜡板,重新写下笔记。突然,办公室门外响起大声咒骂:"卡利古拉那只脏狗死了!"他吓了一跳,失手打翻了墨水瓶,黑色墨水四处流淌,流到桌上展开的莎草纸上。他的侄子卡利古拉被杀了!在这位年轻皇帝一遍遍地给所有人带去羞辱和恐吓之后,最终,该来的还是来了。克劳狄凝视着草药房的门,恐惧地瞪大了眼睛。如果人们找到他,也会杀了他,这是一定的!这是一场阴谋,他们全家所有人都躲不过。这个缩在托加长袍里的跛足男人笨拙地站起身,细弱的双腿在身下发软[1]。他攀着桌子边缘,手忙脚乱地冲向露台①,1月份的苍白月光穿过露台照进屋里。然而那边没有逃脱的出口,还是躲起来比较好。可是,藏到哪里呢?克劳狄环顾四周,无比绝望。他听到门外的声响越来越近,还有急促的脚步声、武器发出的金属撞击声。他的心怦怦直跳,几乎要碎裂开来。他逃不过那些把他当作白痴的人②,他要死在他们手里了。此时露台的挂帘派上了用场,他的手指紧紧握住柔软的布料,并拉起可能会让他摔倒的袍子的长褶,尽一切可能将自己藏起来。房门砉的一声突然打开,克劳狄屏住了呼吸。这是多么微不足道的防备,他没有意识到,他的鞋头已经探出布帘。一位禁卫军士兵猛地把布帘一拉,他便从可怜的藏身处暴露了出来。他结结巴巴地开口,话都卡在喉咙里,一道口水沿着下巴流下来。他伸出双臂,乞求士兵留他一条活命。但士兵却愣了一下,反倒以致敬新皇的方式向他敬礼[2]。克劳狄惊呆了,如果接受禁卫军们突如其来的欢呼,那么他就有很大可能

---

① Suétone, *Claude*, 10. 苏埃托尼乌斯认为克劳狄是匍匐前往藏匿之处的。

② Suétone, *Claude*, 38. 克劳狄后来说,在卡利古拉在任期间,他一直假装自己十分愚蠢。

活下来，甚至统治罗马……反复无常的命运之神啊！[①] 她终于认识到了他的价值。

未被大自然完成的人

公元前10年8月1日[3]，克劳狄生于卢格杜努姆，可能出生在富尔维耶山山顶上的大礼堂中。他的父亲小德鲁苏斯出身于著名的克劳狄家族，是利维娅与其第一任丈夫提比略·尼禄的幼子。他军功赫赫，受到奥古斯都的喜爱和民众的青睐，还在高卢王国的首都建了一座祭坛，献给身在罗马的皇帝奥古斯都[4]。当克劳狄的父亲与首都外的高层们共事时，他的母亲小安东尼娅，则费尽力气将腹中子女一个个带到人世。小安东尼娅是马克·安东尼和屋大维娅的女儿、奥古斯都的外甥女。她个性坚韧，头脑聪明，受过严苛朴素的道德教育。她那冰冷的美丽，使她并不妩媚诱人。她以最认真的态度担任女主人，并努力产下一个个美丽的婴孩。然而，她已经失去了其中几个。又将忍受宫缩痛苦的小安东尼娅，坚持想要再生一个儿子，一个像日耳曼尼库斯那样的儿子。她的长子日耳曼尼库

[①] 命运女神是运气的抽象神化。众所周知，她个性反复无常，随意向那些无缘无故地向她祈祷的人表示好意或恶意。

斯同父亲一般俊美。唉，小女儿利维拉却不一样，脸上总是一副不讨人喜欢的表情①。

或许是早产的缘故，分娩十分艰难。经过漫长的努力，孩子终于出生了。好消息是，一个男孩！助产士用粗盐除去胎垢时，婴儿哭了起来。他还活着，这个想法让小安东尼娅松了口气。但是，很快这个叫提比略·克劳狄乌斯·德鲁苏斯（Tiberius Claudius Drusus）的人令他母亲失望了。这一次，问题不在于脸部的美感，因为我们不能指责小婴儿相貌丑陋，他有许多其他毛病。小安东尼娅对自己子宫孕育的果实向来深感骄傲，克劳狄的出生却为此蒙上了阴影。实际上，从幼儿时期开始，克劳狄的双腿就表现得无力，甚至经常发软。当他的双腿打弯时，他只能跛足行走。他讲话十分吃力，好不容易才说出一句话，嗓音却相当刺耳。这个小男孩口吃，还流口水，嘴角上常有泡沫。这个糟糕的细节，后来成为无情的讽刺诗人尤维纳利斯笔下的乐事②。除了已经甚为滑稽的外表，他还会因紧张而抽搐。由于不可抑制的肌肉痉挛，他的头颅总是歪向一侧，仿佛自成一体，独自为生一样。压力加重了他的症状[5]，面对家人时，他似乎比任何时候都更为愚蠢。此外，他脆弱的健康状况使他变得可憎[6]。高烧常常侵袭他③，肠道病痛也折磨他。今天的

---

① Tacite, *Annales*，Ⅳ，3. 小利维拉一长大成人就变得美艳动人，事实上，她非常骄傲。

② Juvénal, *Satire*，Ⅵ，622 - 623："那嘎嘎作响的脑袋，那流出长长唾液的嘴唇。"

③ *L'Apocoloquintose du divin Claude*，6. 克劳狄经常发烧，以至于塞涅卡将高烧抽象化为克劳狄在地狱期间的伴侣。

第五章　克劳狄：畸人治国

历史学家认为，克劳狄患有神经性疾病——利特尔氏病是最符合其临床表现的病症。由于分娩困难而造成的脑损伤，可能是造成他运动问题的原因。由这种损伤引起的问题，在生命的最初几个月就会出现。虽然光看容貌和举止，患者很容易被视为精神病人，但他们的智力却很少受疾病影响[7]。克劳狄智力正常，甚至比一般水平更高。但是，在当时社会中，身体异常是众神降下报复的证据，克劳狄的外表让人们先验地对他做出判断。无论他在学习上表现得多么出色，在严格的小安东尼娅眼里，他都是"一幅关于人的讽刺漫画，一个只由自然产生却未被自然完成的怪人"[8]。

克劳狄日渐长大，瘦弱的肩膀上压着母亲沉重的耻辱。小安东尼娅，一个完美的主妇，生下了一个不完美的孩子、一个深深伤害了她的骄傲的怪物。难道因为体内有东西腐坏变质了，她才产下这样一枚烂果子吗？她可能痛恨自己生下了克劳狄，因此抢先侮辱他，而不承认他的优点。她批评他外表的傻样子，口不择言的时候甚至不惜说一个人"比儿子克劳狄还愚蠢"[9]。在最小的孩子出生一年后，小安东尼娅丧偶成为寡妇，她没有勇气从身边人那里为她这个有缺陷的孩子找个监护人①。她把克劳狄交给一名家庭教师监护，那人曾是种马场的视察员，崇尚暴力。他粗暴地对待这名年幼的学生，因他和别人不一样而经常殴打和惩罚他。小克劳狄就在这种环境中长大了，既活在身体的弱势里，又活在别人厌恶的目光

---

① 按照惯例，丧父的孩子要有一个监护人。小安东尼娅没有为克劳狄选择一位皇室成员，而是选择了一位有野蛮人血统的粗暴的教育家。

中。祖母利维娅讨厌他，奥古斯都轻视他，奥古斯都之家的其他成员十分瞧不起他。

图书馆是这个跛足小孩唯一的避难所。在那里，他能避开别人的视线。他知道，家人不喜欢让他被人看到。他穿上成年托加的庆祝仪式甚至在半夜举行，以便没人嘲笑他智力发育迟缓。这种事前所未有。尽管受到种种不公正的对待，这位15岁的少年也已经成为一名公民，他梦想着参加公共生活。

奥古斯都家的丑小鸭

青少年时期的克劳狄，在兄弟姐妹中得不到任何支持。姐姐利维拉女大十八变，长成了一个自大又爱卖俏的女子。英俊的哥哥日耳曼尼库斯是克劳狄的反面，他既勇敢又魅力非凡，受到所有人的欣赏。从他所处的位置看，没必要去欺侮这位弟弟，但他也并未采取任何措施，将他带到光明之中。对父亲德鲁苏斯而言，少年日耳曼尼库斯和少年克劳狄仿佛在玩游戏：长子在光荣的演讲台上大放异彩，幼子却在压力下被迫将自己的脸藏在披风的帽子里[10]，皇室家庭不希望因任何原因被人民嘲笑。因此，奥古斯都做出了一个极端的决定：在游戏比赛期间，拒绝克劳狄进入皇室包厢——在罗马，嘲笑比利剑更能杀死人。但在私下里，奥古斯都却对这只丑小鸭表现了同情。他每天晚上都邀请克劳狄来餐桌旁一起用餐，这样他就不用独自面对傲慢的奉承者们，对那些人来说，友谊是贵族

第五章　克劳狄：畸人治国

赏赐①的变现。奥古斯都感到"他有高贵的灵魂"[11]，但对他似乎永远活在困窘中的现实感到遗憾。必须承认，克劳狄几乎没有存在感，也不曾得到他人的温情。这种情况无助于他建构自我。

私底下，利维娅没有丈夫的宽容大度。这个忙碌的贵妇几乎从不抬眼看一下克劳狄。她将奥古斯都之家视为政治棋盘，她是皇后，而跛脚的孙子在她眼中既不是象，也不是兵，最多是只不知放到哪里的蟑螂。如果必须向孙子传达消息，她更喜欢通过中间人带话，或给他写简短的便签，从不带一句温柔话语，尽管他有权对祖母抱有期待。

新一代的王子们到了步入政坛的时候，奥古斯都暗自思忖克劳狄该有怎样的命运。有一个决定是必然的，不可能继续让他在公开场合露面。那么，是应该允许他像他的兄弟们一样担任公职，还是让他远离权力呢？苏埃托尼乌斯在皇家档案中，发现了奥古斯都针对这个问题的回信："按照你的请求，亲爱的利维娅，我和提比略讨论了在战神竞技会上应该怎样对待你的孙子克劳狄的问题。现在我们都同意，必须根据他的情况，一劳永逸地决定该对他进行什么安排。如果他是正常人——请允许我这么说——那么我们有什么理由怀疑，他应该像他哥哥那样一步步一级级地受到提拔呢？如果恰恰相反，从身体的角度或精神的角度来看，我们判断他不健全，或者他并不具备某些天赋和才能，那么我们就不该与他同时出现，给

---

① 保护主定期给支持者的金钱或实物礼物。获释的奴隶们自然而然地成为他们前主人的拥护者。

习惯于挖苦取笑这类事物的人提供嘲弄的把柄。因为，如果我们对每种情况都深思熟虑，而不是预先确认他是否能当执政官这一问题，我们将永远犹疑不决。"[12]

奥古斯都指出的问题非常严重：克劳狄是个正常人吗？这个问题的答案在有些提倡优生论的罗马帝国十分重要，在那里，残疾婴儿会在出生后不久就遭到遗弃。有关克劳狄是否正常的疑问，挥之不去又令人吃惊，最后引向了这样的结论：尽管外表有问题，但这个跛子并没有精神上的毛病。奥古斯都和利维娅对他的外表与社交上的笨拙感到尴尬，决定对他进行终极测试，然后决定是否将他永久排除出政治生活。少年克劳狄被允许在战神竞技会上以奥古斯都之家代表的身份，为祭司们举办筵席。但为了防止他犯错，他的堂兄西尔瓦努斯（Silvanus）会监督整个过程。引发外人嘲笑，这是奥古斯都心头挥之不去的烦恼。如果有人嘲笑小王子，就相当于嘲笑他本人。

至于小安东尼娅这边，她一直和皇帝夫妇保持关于儿子的书信往来，但她并没有什么想说的[13]。

白痴还是智者？

上流社会对克劳狄的测验并无说服力。当人们看到他流口水，说话结巴还跛足而行时，怎能忍住不发笑呢？尽管克劳狄竭力想做好，可先天的愚笨却令他无比滑稽。在他主持的战神竞技会盛宴上，就连祭司们也忍俊不禁。必须要说的是，在罗马，笑声具有医学上的防治作用。人们的笑声或许残酷，但也是为了自我保护，击退疾病或恶意带来的诅咒。人们发笑，因为自己不像他。

克劳狄继续待在图书馆里排遣寂寞。他拥有扎实的文化知识，甚至可以声称是研究伊特鲁里亚的学者。在伟大的历史学家提图斯-李维（Tite-Live）的建议下，他撰写了一些历史书籍[1]，尝试为西塞罗辩护，并在字母表的后面加上了三个字母[2]。然而，他知道自己的外表掩盖了他真正的头脑。在罗马，心灵是盲目的，只能用眼睛去看。当他公开朗读自己的作品时[3]，人们纷纷放声大笑[4]。同时，当他讲述宫廷幕后的故事时，利维娅和小安东尼娅便毫不犹豫地对他进行审查。他将不得不等到年老时，才能着手写他的自传[5]。但是，年轻的克劳狄有着毋庸置疑的文采。奥古斯都甚至惊讶地欣赏他的雄辩，他在给妻子的一封信中写道："亲爱的利维娅，

---

[1] Sénèque, *L'Apocoloquintose du divin Claude*, 5. 在克劳狄去世后，哲学家塞涅卡没少嘲笑他这项工作。

[2] Suétone, *Claude*, 41. 根据苏埃托尼乌斯的说法，克劳狄在任职期间强行使用了这三个字母。在他去世后，它们很快被弃用了。这三个字母是 *antisigma*（反方向的C），用来替换字母组合 ps 或 bs；*digamma inversum*（翻转过来的F）表示当时写作 u 的小写 v；没有最后一竖的 H 形字母，表示希腊词汇中的 i 音。

[3] 贵族知识分子公开朗读自己的诗句或作品是完全正常的行为。

[4] Suétone, *Claude*, 41. 克劳狄的一次公开朗读被一张长凳中断了，而这并非他本人的问题。当时，一位来客实在太重，把凳子给坐塌了，引发一阵哄堂大笑，打断了整个朗读，令这位崭露头角的历史学家感到极度沮丧。

[5] 罗伯特·格雷夫斯（Robert Graves）的优秀历史小说《我，克劳狄》（*I, Claudius*），正是起源于克劳狄的这本自传。1976 年，该小说由 BBC 2 频道改编为电视连续剧，德里克·雅各比（Derek Jacobi）饰演克劳狄。

我很高兴听到你的孙子克劳狄发表演讲,如果我从惊愕中回过神来,我想去死,因为我不明白,他是怎么有能力以如此含糊的口齿,在公开场合清清楚楚地说出该说的话!"[14]然而苏埃托尼乌斯指出,克劳狄这番出色的演讲,并没有说服奥古斯都让他在政治上占有一席之地:"他不让克劳狄出任任何公职,只让他担任预言祭司,甚至不让他成为自己的继承人,克劳狄的名字仅出现在第三行,几乎和生人没有区别。"[15]

通过允许他进入祭司团,奥古斯都让年轻的克劳狄至少在社会上保住了自己的地位。但是,他仍然被排除在政治活动之外。尽管他的父亲是执政官,但人们拒绝他进入元老院,从而令他无法开始自己的荣誉生涯。他将永远不会成为继承人。

20岁出头的时候,克劳狄也许已经适应了这种情况。事实上,奥古斯都之家是毒蛇的巢穴。克劳狄被排除在利益相关的友情之外,又避开了野心家们的妒火,于是仿佛可以带着一段距离,观察最狡诈的剧作家怎样写就一出喜剧。日渐衰老的奥古斯都用戴着天鹅绒手套的铁腕管理他的家庭,利维娅在幕后暗中策划操纵。他们周围的人,无论男女,都梦想着权力。克劳狄看着奥古斯都最喜欢的继承人一个个去世……也许太巧了吧。他见证了两位尤利娅和她们的情人共同策划的阴谋先后失败,还目睹了提比略自我流放然后又回来,乞求一家之父宽恕自己。奥古斯都之家被仇恨和傲慢侵蚀,只有披着羊皮的狼才能有一席之地,而他不是一只狼。面对这群居心不善的人,他的野心消解了。在他看来,不引起别人嫉妒是避开生命危险的好办法。被奥古斯都冷落的他,努力营造自己愚蠢

第五章 克劳狄：畸人治国

的形象，他正是穿对了戏服的陪衬人。每当皇宫中的紧张局势加剧时，比如在后来的卡利古拉统治时期，他都会突出自己明显的弱点，以便在推进荣誉生涯的同时显得没有威胁。唉，可惜没有人相信该策略。如果他看起来很愚蠢，那他就是个蠢货！后来刚登上皇位时，他甚至成了一本名为《愚人的复活》（*La Résurrection des imbéciles*）的小册子的抨击对象，批评他的人认为没人会假装愚蠢[16]。这一攻击相当残酷，因为在拉丁语中，*imbecilitas* 一词既指身体上的也指智力上的缺陷[17]。在一个以社会层面的刚强特质、与生俱来的权威、个人的身体力量来衡量公民价值的世界里，克劳狄没有什么值得人尊敬的特质。

克劳狄 24 岁那年，奥古斯都去世，之后这位年轻人再次试图步入政坛。由于高贵的出身，他从提比略那里获得了执政官徽章。最终，他穿上了元老专属的边缘带紫红饰带的托加长袍，并可以在演出时坐在元老们中间。这是他的价值得到承认的开始，但提比略限制了他的野心。跛足矮子将不会行使任何实际职能，作为补偿，他从以吝啬闻名的皇帝那里得到了金币。要传达的信息再清楚不过了，提比略很可能写信给他说："去别处流口水吧。"

提比略的轻蔑令克劳狄心灰意冷。从那时起，他开始过着相对悠闲的生活。他时常举办宴会，有时在郊区环绕着漂亮花园的家里，有时在他庞贝城的美丽居所中①。他热爱美味佳肴，不久便赢

---

① 唉，遗憾的是我们不知道这个美丽的海滨度假胜地里，哪栋房子可能曾经属于克劳狄。

得了酒鬼和赌徒的名声。不过，当您的家庭强迫您无所事事时[18]，没有什么比玩几把骰子更有趣、更能排解无聊了。筵席、美酒和游戏也是他交友的好办法——在罗马，友谊（*amicitia*）是一个政治概念。远离奥古斯都之家的克劳狄收获了一群骑士拥护者，他们乐于在公开场合对他表示支持。相关证据？奥古斯都死后，骑士团的成员选择请克劳狄代表他们前往库里亚会议厅，请求得到搬运灵柩的殊荣。公元31年，他们还派他去庆贺塞扬努斯的倒台。此外，当克劳狄去看演出时，骑士们会站起来向他致意。丑小鸭在人们意想不到的地方打造了美好的关系网，双耳瓮里摇骰子和宴会上开怀畅饮，为他在元老院赢得了几个支持者。在提比略任皇帝期间，有官员提议，给予克劳狄在与执政官会晤期间发表意见的权利。这与元老院的原则背道而驰，因为他甚至没有走上过荣耀之路①。提比略表示强烈反对，借口他侄子是个傻子[19]。政治，与残疾人无关！

克劳狄绝非白痴，从少年时代开始他就一直为自己的政治生涯做准备。他很可能梦想成为一名执政官。他的耐心和坚韧给他带来

---

① P. Renucci, *Claude, l'empereur inattendu*, Paris, Perrin, 2012, p.50：" 根据他们职业生涯取得的辉煌荣誉，元老之间的确存在着等级区分。若此人曾经担任过执政官（*consulares*），那么他会优先于前执政官（*praetorii*）、前市政官（*aedilicii*）、前财务官（*quaestorii*），最后超过前保民官（*tribunicii*）。至于群体内部的个人，则根据所担任职位的数量和年龄来进行区分。因此，元老们的提案并非小事：这不仅可以让克劳狄在没有担任过任何地方官的情况下，直接就任元老院元首，还可以令他进入最优先的元老们的行列，也就是说，他可以拥有最强权威（*auctoritas*）。这无异于否认他只是区区一个'执政官的装饰品'，并帮他绕过帝国制度在他的政治生涯中设置的障碍。"

了荣耀，毕竟他的道路上布满陷阱和圈套。他一路跟跄前行，但必须承认的是他没有跌倒，哪怕他内心深处受到毁谤者和家人的无尽嘲讽及残酷伤害。辛酸怨恨日积月累，有时化为意想不到的愤怒爆发出来，他的配偶们不得不忍受着他。

一个又一个无耻之徒

作为久负盛名的尤利亚-克劳狄家族的后代，克劳狄值得拥有一段美满的婚姻。实际上，奥古斯都留心让家里的男子与同一个家族的女性结婚，以最大限度地提高其继任者的合法性。他安排了日耳曼尼库斯和他最爱的外孙女大阿格里皮娜的结合，又准备撮合克劳狄和他的曾外孙女艾米利娅·列必达（Aemilia Lepida）。克劳狄18岁那年，考虑找一名能方便他融入权力圈子的女孩为妻，但奥古斯都突然中断了他的订婚。艾米利娅·列必达的母亲小尤利娅企图发动政变，对抗一家之父①。这是不可饶恕的背叛，克劳狄年轻的未婚妻因此跟着倒了霉。奥古斯都否决了她与尤利亚-克劳狄家族的联姻，将曾外孙女未来的孩子剔除出了可能的继承人名单[20]，让她为母亲的背叛付出代价。在这种情况下，克劳狄只是间接受害者。

接着跛脚青年有了另一个未婚妻——漂亮的利维娅·梅杜利娜

---

① 参见第二章。

(Livia Medullina），来自曾经的独裁官卡米卢斯（Camille，前446—前365）的家族，卡米卢斯因征服了伊特鲁里亚人而远近闻名。这位年轻女子绝对是一个不错的选择，尽管她使克劳狄离继任者圈子更远了。但是，命运又一次开了个玩笑，这个女孩在他们结婚当天去世了，克劳狄甚至没来得及成为鳏夫！

之后，又一个未婚妻被推荐出来。普劳提娅·乌古兰尼拉（Plautia Urgulanilla）是一名执政官的女儿，其父声望卓著，曾大败达尔马提亚人胜利归来。如果说这场婚姻还算美好，那么克劳狄从此在奥古斯都家族绝对成了边缘人物。年轻的普劳提娅很快生了两个孩子[21]，分别取名为德鲁苏斯（Drusus）和克劳狄娅（Claudia），让人想起他们父亲所属的高贵家族。小男孩德鲁苏斯在刚懂事的年纪，就死在了庞贝城的家庭住宅中。苏埃托尼乌斯说，他开心地把几块梨子扔进嘴里，却在接的时候不小心噎死了。

他的妹妹克劳狄娅则经历了更加悲惨的命运。她出生四个月后，克劳狄发现普劳提娅·乌古兰尼拉欺骗了他，甚至有传言说她卷入了一起凶杀案。为了避免不体面，克劳狄选择了休妻。但是几个月后，他得知自己不是女儿的父亲，克劳狄娅是她放荡的母亲和获释奴隶波特尔（Boter）的孩子。克劳狄勃然大怒，冲进前妻家门，脱光孩子的衣服，把她赤身裸体地扔在房屋门口。通过这一行为，他重新确认了父亲这一身份，孩子的母亲没有合法的办法阻止他。克劳狄娅难逃一死，除非奴隶贩子出钱购买她，但那样她的命运会比死亡更糟。克劳狄的决定虽然可怕，却带有典型的罗马式尊严（*dignitas*）。这个残疾人经常遭到嘲笑，不能再容忍得不到

第五章　克劳狄：瘸人治国　　173

尊重[22]。

此后不久，他与一名前执政官之女埃利娅·培提娜（Aelia Paetina）结婚，并有了女儿安东尼娅（Antonia）。根据苏埃托尼乌斯的说法，他与妻子分居，原因是"轻微的不满"，换句话说就是"个性不和"。即使分居，他与安东尼娅之间也保持着牢固的父女关系，并留心让她先后与庞培和苏拉的后代缔结了美满的婚姻[23]。

克劳狄与埃利娅·培提娜分开，可能更多是出于政治上的原因。提比略刚去世，卡利古拉似乎支持他叔叔的荣誉生涯。一个出身良好且非常富有的妻子会对克劳狄有所帮助。在经过和无耻女子们的婚姻后，跛足男人感到十分懊丧，还不知道他即将拥有的下任妻子，也将是个传说般的无耻人物。他看到了美撒利娜（Messaline），这位有着炽热目光的褐发美人是个很好的对象……

皇帝的叔父

公元 37 年 3 月 16 日，消息像野火一样在首都蔓延：提比略终于死了。该让位给年轻人了！克劳狄已经 47 岁，拥有稳定的交际网，但政治生涯仍处于停滞状态。他将卡利古拉的即位视作一个新的机会。为了统治帝国，年仅 25 岁的侄子需要支持，而好叔叔克劳狄就在那里。

卡利古拉至少在表面上团结了他的家人，以加强他在政治上的合法性。他授予自己的妹妹们、已故的父母和祖母小安东尼娅无数荣誉。事实上，他讨厌祖母。不过提拔她的残障儿子，倒可能是个羞辱她的好机会，还能压制这位爱说教的女主人的傲慢。一夕之间，克劳狄被侄子卡利古拉提升为执政官①，二人甚至做了两个月同事。从来没有在荣耀之路上担任过任何官职的执政官，令人难以置信的天赐！新任执政官知道这奇迹般的提升是有代价的，作为回报，他必须在所有事情上都支持他的侄子，不要过分干涉。他接受了这份契约，这已然是对母亲和所有不信任他的人的报复。

苏埃托尼乌斯记载，克劳狄在手持束棒的侍从官的陪同下，第一次出现在广场时，一只鹰落在了他的右肩上：众神降下的信号，让他隐约窥见了自己的命运。这桩轶事当然是后人编造的，因为野生的鹰并不喜欢拥挤杂乱的市中心……

卡利古拉确信克劳狄的光芒永远不会盖过自己[24]，便让他继续下一任元老任期，并允许他在自己缺席的情况下主持演出。跛子的野心终于找到了土壤。正是在这种背景下，大约公元38年，克劳狄又开始为自己找寻一位出身高贵、嫁妆丰厚的妻子。作为皇帝的身边人，生活花销自然相当高昂，何况卡利古拉还敦促他为新的宗教神职②支付费用。这让他选中了同样40来岁的美撒利娜。她的父亲出身望族，属于瓦莱里乌斯·梅萨拉（Valeria Mesalla）家族，

---

① Suétone, *Caligula*, 15. 这里指的是副执政官。副执政官不会命名其任期年份，而仅在将职位交给其他人之前任职几个月。

② Suétone, *Claude*, 9. 克劳狄需要支付800万塞斯特斯的款项。当我们知道一名步兵每月收入为75塞斯特斯、一名帝国卫队的精锐士兵每月收入为250塞斯特斯时，就能理解克劳狄面临的困窘境地了。

此家族自罗马建城时就广为人知[25]。她的祖母大安东尼娅，则属于马克·安东尼和屋大维娅家谱上的一员。除了这些优势之外，她还拥有庞大的财富[26]，乃是新任执政官的理想配偶。

克劳狄现在可以挽着奥古斯都曾侄孙女的手臂出现在晚宴上了。但是，这种孔雀一般的骄傲却被一点点磨损，他的侄子和嫉妒他迅速崛起的人使他蒙受了许多小的羞辱。如果他在皇帝主持的晚宴上迟到了，那么已入座的人不会允许主动为他留出位子，他不得不在厅里多次来回踱步。即使身为执政官，克劳狄也压根没能获得尊重。当他在宴会结束前睡着时，爱开低级玩笑的人便开心地朝他扔枣子或橄榄，或者干脆拿根竿子把他敲醒[27]。至于卡利古拉呢，把他的残疾叔叔当成受气包，抢着威胁他、羞辱他。克劳狄在公共场合的最初登台非常痛苦，但他没有气馁。在元老生涯中，他需要得到人们对他阶层和才能的认可。即使内心情绪沸腾，他也已经习惯轻蔑，冷静地忍受着嘲讽。伪装的傻瓜穿着厚重铠甲，有一天，他的努力将获得回报。

帘后的皇帝

陷入暴君专制的卡利古拉结下了不少仇敌，并非每个人都像他的好叔叔克劳狄一样，愿意忍受他的疯狂。公元 41 年 1 月 24 日早晨，克劳狄待在皇宫中一间由赫尔墨斯神守护的办公室里，走廊上的尖叫声打断了他的研究。他惊恐地意识到，侄子卡利古拉刚才被谋杀了。也许，他立刻明白过来，是禁卫军犯下了弑君罪行。被皇帝责骂的卫兵揭竿而起，反抗主人，他们肯定也会找到自己这里来的。惊慌失措的跛子冲到药房的露台上，但他无路可逃，只好躲藏起来。露台入口处的挂帘是他唯一的选择，他像个孩子一样躲在那后面，但没有注意到自己的脚伸了出来。一名士兵轰的一声打开办公室的门，映入眼帘的便是一双元老的红靴子。他猛地把窗帘拉开，一个男人跌倒在他面前。

活下来，表现得没有丝毫威胁，克劳狄乞求士兵留他活命时只想到了这些。但他话还没说完，士兵便已经以对待皇帝的方式向他致敬[28]。他知道卡利古拉的叔叔是继任的最佳人选，并带克劳狄去见其他的禁卫军。一群人将这个跛子推进驮轿里，然后把他带到埃斯奎利诺高原的营地。情势令人恐惧，但克劳狄意识到，军队正在把帝国拱手奉上。

在此期间，官员们集结到广场上开会。一些人已经在计划重建共和国。众人各执一词，无法达成一致。在黎明的曙光中，人们围住会议厅，并要求选出一位主人。城内乱作一团，与此同时，克劳狄在营地的壁垒中，接受军队向他宣誓效忠。作为对他们的忠诚的回报，他发给他们每个人一笔高达 15 000 塞斯特斯的款项[29]。他还不知道这种做法后来将成为一种传统：御赐赏金（*donatiuum*）从此将成为每一位新皇帝及其护卫之间的默契。最终，元老们明白了他们的夸夸其谈不再具有任何政治上的分量，军队选择了自己的主人，人民也已经表明认可这一决定，跛子走得比他们所有人都快[30]。

登基 48 小时后，已对自身充满自信的克劳狄开始采取措施来

第五章 克劳狄：畸人治国

稳固自己的权力。他只处决了那些真正参与行刺卡利古拉的人①，赦免了其他所有人。通过这种宽大处理，他谴责了侄子的暴行，却没有原谅那些手刃他的人。随后，他公开表明自己的忠孝，以提醒每个人他继位的合法性。他将祖母利维娅提升为女神（diua）②。克劳狄并没有原谅她的轻蔑，但身为新女神的孙子，他绝对会从中受益，皇帝必须让人想起他与神的联系。在他之前，奥古斯都、提比略和卡利古拉都是这样做的。然后，他向哥哥日耳曼尼库斯、父亲德鲁苏斯和外祖父马克·安东尼表达了敬意。他下令为提比略建造一座凯旋门，还禁止卡利古拉逝世的那天成为节日。克劳狄敏锐地提醒人们，那些至少曾经一时受到民众珍爱、崇敬或尊重的罗马最高领导人，都与他同出一脉，就像之前三位皇帝一样。这一举动十分聪明。在执政合法性方面，没有人能与他匹敌，或挑战他的地位[31]。

30天后，克劳狄的权力得到了巩固，便在护卫队的陪伴下来到元老院会议厅[32]。面对眼前的跛足之人，元老们不禁牙齿紧咬。但军人们的存在提醒他们，他们在选择新皇帝时没有任何发言权。如果有谁表示反对，那么他不确定是否还能活下去。元老院仅作为仪式出现，为恺撒和奥古斯都授予惯用的头衔。为了表示谦卑，克劳狄拒绝了"祖国之父"的称号。直到次年，即公元42年才接受这一荣誉[33]。他还避免接受含有军事意义的英白拉多头衔，虽然他手下已经有了军队，却从未涉足过战场，坚持得到这个称呼从战

---

① 他自己很可能在卡西乌斯·卡瑞亚要杀的人的名单上。
② 利维娅是罗马帝国第二位步入女神行列的女性，第一位是卡利古拉的妹妹德鲁西拉。

略角度看是愚蠢的行为[34]。畸人开始进行他的报复，他第一次尝到权力的滋味。过去，家人们把他藏匿起来；现在，他的形象将通过大理石雕像和硬币传遍整个帝国。

苏埃托尼乌斯写道，克劳狄50岁时"既不缺风度也不缺高贵"。他休息时，若肌肉没有一丝痉挛，他几乎称得上优雅。他的面孔颇有些俊美，大理石雕像表明他是个额头宽阔的男人。眉线低垂在眼睛上方，给他带来一种忧郁气质，令人不自觉地把这归根于他受虐的童年。略微下垂的脸颊背叛了他的年龄，但并不使他丑陋。他的嘴唇像所有尤利亚家的人一样纤细，脸的下部略显三角形。他饱满的脖子使他看上去比较健壮。脸庞上方，他的头上满是美丽的白发[35]。令人惊讶的是，他有他的气派和风度。

当脸上线条没有被强烈的情感扭曲，且嘴唇上没有口水时，克劳狄颇有几分英俊。但个性方面的太多缺陷令他变得极度脆弱，并常常干扰他的判断。

谦卑榜样

克劳狄当然希望有一段成功的元老生涯。他想保证自己在家庭中的地位，也许还怀着成为一名执政官的梦想。不过，当上皇帝？卡利古拉去世的那天，他的谨慎表现倾向于证明他并未追求这个目标。但是现在他已经成了元首、第一公民，他打算在这个职位上表现得出类拔萃。

第五章 克劳狄：畸人治国

苏埃托尼乌斯强调克劳狄的节制还有他那民主式的简朴[36]。这位新皇帝并不炫耀自己的私生活。掌权后的三个星期，他的儿子布列塔尼库斯（Britannicus）出生，他没有将这变成一次"媒体"事件，他实在太忙着巩固自己继位的合法性了。尽管他是第一个在位时诞生儿子的皇帝，现在却不是考虑继承人的时候。他知道，像君王那样行事是不合时宜的。

起初，他对元老院恭敬以待，与这个高贵的大会就一切政治决定进行磋商，甚至包括请求在军官陪同下前往会议厅。他的这一要求，并不像苏埃托尼乌斯所天真地相信的那样，是为了表现出谦虚，他是在用一种礼貌的方式提醒元老们，如果他命令的话，军队的剑将会指向他们。要传达的信息显而易见："可以喋喋不休，但不能动手。"[37] 克劳狄知道自己的外形总会引人发笑，但是任何表现得太过分的人都会被指控不敬。即位时的悲惨状况使他产生了偏执狂的倾向，他的私人护卫会系统搜查他所去的地方，还有接近他的人[38]。此外，所有针对他的阴谋都以失败告终，无论是由孤立个人所策动，还是由叛乱军团所发起的[39]。

曾经是个蠹书虫的克劳狄，头脑中迅速出现了军事征服的念头，这既是为了帝国的威望，也是为了充实国库。他选择了不列颠作为目标，在他之前只有尤利乌斯·恺撒去过那里。他于公元43年向不列颠发起了武装进攻，后又亲自前往战场。组织不善的凯尔特部落无法抵抗罗马人的猛攻，几乎没怎么战斗，一半岛屿就成了罗马的囊中之物。6个月后，克劳狄回到罗马城，坚持要庆祝自己的凯旋。苏埃托尼乌斯告诉我们说，这场"没有流血"[40]的征服是他的战场功绩。为了不让人忘记他的军事才能，他在自己屋子的顶部悬挂着一顶海战王冠*，旁边是奥古斯都的公民之冠。此举有着丰富的象征意义。他以一位伟大罗马将军的身份，步入了王朝缔造者们的行列，并证明了，在愚蠢的外表掩盖下他是一个强大的人。

剩下的就是赢得民心。对此，他一开始就具有一定的优势：民众天然地喜爱尤利亚-克劳狄家族，而克劳狄回报给了人民许多。他关注罗马人的生活质量，改善公共场所的安全性，并确保全城的小麦供应。上任之初，他就亲自深入遭受火灾的艾米利安纳街区①，协调营救工作。他召集治安法官和群众，鼓励路人帮助仅用水桶控制火势的城市夜警人员②。最后，他分发资金以营救受害者并奖励志愿帮忙的人。在粮食短缺期间，他也反应非常积极，在凛冬将小麦运到罗马——自掏腰包[41]。

不到两年的时间里，克劳狄完全适应了皇帝的角色。他表现出卓越的政治感，关注共同利益和罗马的荣耀。他的行事无可挑剔，他理应成为一位伟大的第一公民。唉，可惜的是，他对世俗一无所知。当人们对他表现出善意或敌意时，他会反应过度。苏埃托尼乌斯就此举了一个很好的例子。在一桩法庭案件中，克劳狄传唤了一名被他母亲释放的女奴来元老院作证。他不禁脱口而出说，他很欣赏这个把他当保护人的女人，而家里的某些人却不像她这样[42]。

---

* 一种金色的冠冕，上面有船头式样的装饰品。这是一项罗马军事奖项，授予在海上交战中第一个登上敌舰的人。——译者注

① 罗马广场北面是艾米利大圣堂所在之处。
② 相当于罗马的消防员。

他似乎并不了解这句话所带来的荒谬情景,他的笨拙使元老们越发瞧不起他。他任凭他们唠叨个没完……很快,他的改革将打击众位元老的傲慢自大。

从寡头制到官僚制

克劳狄是一位理论家。事实证明,他也是一位经验老道的官僚,在逻辑引导下做出行政决策。罗马以轻型政府机构为基础,被认为是由元老组成的小型寡头政体。实际上,对元老们来说,捍卫手中的特权比寻求共同利益更为重要,因此,君主制有必要被排除在外。但是,一开始就不支持克劳狄登基的上层贵族们憎恨这位新皇帝,因为他们讨厌他用虚情假意的方式将他们踩在脚下。尤其是公元41年,登基不到一年的克劳狄表明他可以毫不犹豫地攻击贵族们的领导人:在美撒利娜的指控下,他流放了他们当中最优秀的那位——有着智慧头脑的塞涅卡[①]。

[①] Dion Cassius, *Histoire romaine*, LX, 8. 年轻的美撒利娜讨厌美丽的利维拉,她是日耳曼尼库斯最小的女儿。美撒利娜嫉妒利维拉的美貌,以及她的受欢迎和优越的出身,对她与克劳狄的亲密关系感到担心。因此,她设想指控利维拉与有影响力的元老塞涅卡通奸,让二人遭到放逐,而塞涅卡毫不尊重克劳狄。通过这样做,美撒利娜得以一石二鸟。她的对手利维拉将在庞蒂亚岛流亡,而塞涅卡将在西西里岛上失势。她以为自己打得一手好算盘,而没有意识到她在增强元老们对她丈夫的敌意。而克劳狄这边,自然对年轻妻子的虚情假意感到信服。她知道如何逢迎他脆弱的自我,以及无法抗拒对公然鄙视他的人施加报复的冲动。这是个战略性的错误。

此外，第一公民重组了办事机构和社会阶层。他着手改革垂死的司法制度，强制地方法官全年开庭办案，而在此之前，法庭常在冬天关闭[43]。在大厅里瑟瑟发抖地烤着火盆工作，这对法官是种侮辱！

然后，他开始对阶层进行改革，试图使之井然有序。纸面上写的东西都非常理性，然而，元老们却感到手中的特权受到了攻击。的确，克劳狄将执政官徽章授予了某些高级官员，即地方财政长官，而他们的财富还不足以令他们踏入上层贵族的行列。对那些虽然够资格却拒绝进入元老阶层的骑士①，他剥夺了他们的骑士身份。他还让一位获释奴隶的儿子穿上了紫色镶边的元老托加，这是对元老们最极端的欺侮。这群为自家的辉煌家谱感到骄傲的人，感到喉咙像被扼住了一样[44]。然而，克劳狄是公正的。他提拔应得到提升的有功之人，也会剔除那些最不配留在自己阶层的人。对待最低等阶层时，他也以同样的方式实践他的社会正义观。一方面，获释奴隶里那些冒充骑士的、对昔日主人表示无礼的，都被重新贬为奴隶；另一方面，他释放了那些因生病或年迈而被主人忽视的奴隶[45]。在量才录用的背景下，每个人都有自己的位置，这便是克劳狄的社会政策。

---

① M. Le Glay，J.-L. Voisin et Y. Le Bohec，*Histoire romaine*，Paris，PUF，1999，p. 198 *sqq.* 除了出身的阶层之外，还需要有至少 40 万塞斯特斯的财富才能加入骑士阶层。从奥古斯都开始，元老阶层的成员必须拥有至少 100 万塞斯特斯的财富，这笔个人财富可以保证他们免于受贿。然而，元老的财富必须是地产，这为他们关上了贸易之门。因此，可以理解为什么某些从小型商贸帝国中发财致富的骑士，拒绝被提升为元老。

通过发展官僚机构，克劳狄将各项职务（道路网、国库管理等）重新分配给地方官员，以优化其管理[46]。他还精简了皇宫行政办公室的职能。依照经验，奥古斯都已经设立了通信秘书（ab epistulis），一个负责来信和急件的小办公室。提比略设立了财政顾问（a rationibus），在克劳狄统治期间又演变成财政部。他又首创了两个新的职位：国务秘书（a libellis，又称请愿官），集中处理行省发给皇帝的请愿和上诉要求；司法秘书（a cognitibus），成为罗马帝国的司法部门。除了这两个，还有文学顾问（a studiis），负责起草法律条文[47]。克劳狄建立了真正的政府部门，把管理工作委托给曾为他服务数十年的值得尊敬、受过教育并能胜任职务的皇家奴隶。元老们认为，皇帝让曾经的奴隶参与政府工作是对自己的冒犯。为了让克劳狄付出代价，恼火的贵族们开始诋毁他：恶毒的谣言把他说成获释奴隶手中的傀儡[48]。

克劳狄身边确实围绕着三个重获自由的奴隶，他会认真听取他们的建议。纳齐苏斯（Narcisse）担任通信秘书一职，因此，他对政府事务无所不知，这使他强大而令人生畏。他聪明而又对主人极尽忠诚，巧妙地将行政任务和他的个人利益混合在一起，以至于积累了可观的财富。帕拉斯（Pallas）从公元48年起就是财政顾问，是被克劳狄之母小安东尼娅释放的奴隶。他是皇室家庭的亲密朋友，认识其中每个人，并且深受信任[49]。最后，和克劳狄走得最近的是文学顾问波利比乌斯（Polybe），由于职位的原因，他可以在皇帝与执政官讨论时跟在一旁。他们的友谊逃不过任何人的眼睛，甚至包括在西西里流放的塞涅卡。在波利比乌斯哀悼自己的兄弟去世期间，塞涅卡写下了《慰波利比乌斯》（Consolation à Polybe）。哲学家将他的狭小气量隐藏在表面的智慧之下。他请波利比乌斯以国事为重，放下个人悲痛，并希望伪装的恳求能收获对方的恩典，然后缩短自己在岛上的流放期[50]。但是，塞涅卡在奉承方面欠缺锻炼，所写的文字没能取得预期的效果，他只好继续反复咀嚼心中的怨恨。

和元老们一样，美撒利娜看不惯获释奴隶之间的竞争，觉得自己对丈夫的影响力日渐式微。部长们的存在使她变回了她自己：一个反复无常的小女孩，没有担任政治职务的能力。为了威吓这个团体，她以模糊的理由攻击波利比乌斯，并于公元47年末、48年初砍下了他的头[51]。她不知道的是，她刚刚亲手签署了自己的死刑令，皇后和皇家奴隶之间彻底决裂。野心勃发又诡计多端的获释奴隶们连成铁板一块，对抗共同的敌人，他们会找到令她倒台的办法[52]。

美撒利娜的假戏真做

公元48年夏，克劳狄在元老中的受欢迎程度跌至低谷。疑心重重的第一公民窥伺着元老院叛乱的迹象，然而，祸端起于萧墙之内。美撒利娜的坏名声连累了克劳狄，事实上，整个罗马都在公开嘲笑皇后夜夜笙歌。当克劳狄躺在他漂亮的姘妇卡尔普尼娅（Calpurnia）和克里奥佩特拉（Cléopâtre）的怀抱中时①，美撒利娜也许就在他的眼皮底下举行上等交际宴会，在有限的时间内和一群妓女比赛谁的伴侣更多②。显然，历史学家为了使克劳狄尊严扫地，夸大了美撒利娜的品行不端。但是，美撒利娜并不是受害者。她爱上了"最美的罗马男人"盖乌斯·西利乌斯（Caius Silius）[53]，并公开帮助他晋升[54]。她习惯于像个普通人一样去他家里，就这样，她落入了她自己亲手编织的陷阱。这正是皇家获释奴隶们最乐意看到的。她构想着将情人送上皇位，让他收养自己的儿子，然后将王朝延续下去。这个蠢妇自认为已经预料到了一切，把发动政变看得轻而易举！

一天早晨，克劳狄看到妻子从房中起身，她因一个噩梦而惊慌失措③。克劳狄感到担心，便倾听这位褐发美人讲述道，一桩悲惨事件将威胁到她的丈夫。为了使诅咒转而降临到其他人身上，她将不得不办一场"亦真亦假"的婚姻，嫁给另一个男人。或许，克劳狄在动身前往距皇宫约 30 公里的奥斯提亚之前，接受了这个计划[55]。

---

① 更多细节可参见 V. Girod, *Agrippine, sexe, crimes et pouvoir dans la Rome impériale*, Paris, Tallandier, 2015, pp. 106 - 108。

② Dion Cassius, *Histoire romaine*, LX, 18：当她们不是克劳狄的最爱时，他会去爱其他妓女或女奴隶。Suétone, *Claude*, 33：克劳狄爱女性，而且只爱女性，与许多皇帝不同，他没有任何男性情人。

③ Suétone, *Claude*, 37. 当纳齐苏斯和美撒利娜相处融洽时，二人曾发誓他们做了一场同样的噩梦，梦到皇室的表亲阿皮乌斯·西拉努斯（Appius Silanus）煽动暗杀克劳狄。西拉努斯是克劳狄权力的潜在竞争对手，也是美撒利娜母亲的情人，他因她曾拒绝自己的求爱而心生憎恨。

在克劳狄离开的时候，美撒利娜和西利乌斯正式缔结了婚姻。次日，他们在华美的卢库卢斯花园里举办了一场疯狂的盛宴。就像阿里阿德涅和狄俄尼索斯一般，这对新人把自己介绍给朋友们，其中包括受人尊敬的维斯塔贞女维比狄娅（Vibidia）。这是一次完美的官方庆典，马克·安东尼的后人美撒利娜，将自己置身于祖先最喜爱的神明的监护之下，什么也不能比神灵更能带来好运气了。

在奥斯提亚，纳齐苏斯考虑到，此刻是为波利比乌斯报仇并保护皇家奴隶集团的绝佳机会。他派卡尔普尼娅和克里奥佩特拉告诉皇帝，皇后正在发动政变。克劳狄听后惊呆得六神无主，要求纳齐苏斯解释怎么回事。据塔西佗说，纳齐苏斯可能对克劳狄说了段危言耸听的话："恺撒，你被抛弃了，你知道吗？人民、元老院和军队都见证了西利乌斯的婚姻，而且，如果你不抓紧，罗马就要落到美撒利娜的新丈夫手里了。"[56]

克劳狄不够坚强，无力应付自己家里出现的紧急情况。如此亲密的身边人把他当靶子，他内心顿时五味杂陈。于是，他同意将军队指挥权下放给纳齐苏斯，为时一天。随后，纳齐苏斯下令，不允许美撒利娜与克劳狄讲话。帝国车队返回罗马时，计划失败的皇后陷入绝望，躲到卢库卢斯花园里避难。她在母亲的怀抱中痛苦地流着泪，母亲敦促她自杀，以挽回自己仅存的尊严。纳齐苏斯回到首都，下令对婚礼上的所有宾客执行死刑，骑士和街头卖艺的成了同一根绳上的蚂蚱，西利乌斯本人则以一种壮烈牺牲的姿态接受了处决。之后，克劳狄前往禁卫军的营房，再次确认军队对他的忠诚，并安心地回到宫殿。为了给这桩婚外情画上句号，他下令处死美撒利娜，并宣称道："由于次次婚姻总是不顺，他将会保持独身生活，并且同意，如果哪天不这样，他情愿被（禁卫军的剑）刺穿。"① 在主人的命令下，纳齐苏斯派一个百夫长团体前往卢库卢斯花园，结束了美撒利娜的生命。最终，让她身败名裂的不是失败的政变，而是她未能自我了结。

接下来的几天里，作为对他高效行动的回应，纳齐苏斯被授予财务官②的职级饰物。元老们对美撒利娜的记忆不久便凋谢殆尽，而克劳狄迎来了他最喜欢的侄女小阿格里皮娜的拜访。

重组家庭

克劳狄不想立即再婚，不过获释的奴隶们倒想在宫廷的勾心斗角中找到一位新皇后，与她结盟。每个人都有自己的偏好。于是，跛脚皇帝要不厌其烦地忍受部长们每天额外的唠叨。纳齐苏斯鼓动他与埃利娅·培提娜复婚。她是他长女的母亲，在对待他的其他孩子时，不会是个恶毒继母。另一个获释奴隶卡利斯蒂（Calliste）则主张他选择洛利娅·保利娜。这位卡利古拉的前妻以美貌闻名，但

---

① Suétone, *Claude*, 26; Dion Cassius, *Histoire romaine*, LX, 31; Pour Tacite, *Annales*, XI, 35-37. 纳齐苏斯在没有询问克劳狄的情况下，下令杀死了美撒利娜。杀掉皇后，符合他为乌古兰尼拉和公主克劳狄娅所选择的命运。克劳狄的原谅能力相当有限。

② 这是一种迂回的手段，让他得以与元老们平起平坐。

更重要的是她的财富，她的身家有几百万塞斯特斯。帕拉斯则偏向年轻的小阿格里皮娜①，他的论据无懈可击：她是尤利亚-克劳狄家族最后的公主，也是奥古斯都的曾外孙女。这位公主一定程度上有反叛的可能，与她结婚，克劳狄会多一个盟友而非敌手。此外，小阿格里皮娜漂亮、聪明，是一位母亲，她儿子又有着奥古斯都的血统，和她结合是理智的选择[57]。

克劳狄踌躇不决，娶一个自己亲眼看着长大的孩子②，令他有些反感。而且，她还是哥哥日耳曼尼库斯的女儿。法律禁止乱伦，但这次没关系：克劳狄想要有一个可以依靠的妻子。小阿格里皮娜坚强、富有，还有大批拥护者，将是一个很好的选择。为了让他们的婚姻通过，元老卢齐乌斯·维特里乌斯（Lucius Vitellius）被要求在元老院会议上捍卫一项法令的颁布，该法令允许小阿格里皮娜和克劳狄结婚，以维护国家利益[58]。公元49年1月1日，叔叔与侄女结了婚，与此同时，人们正在狄安娜森林里举行祭祀活动，以免冲撞神灵[59]。那时，他58岁，她33岁。第一次，克劳狄发现妻子是他的完美副手③。她敏锐地谈论政治，对帕拉丁山如何运转了

---

① V. Girod, *Agrippine, sexe, crimes et pouvoir dans la Rome impériale*, op. cit., p.123. 有传言说小阿格里皮娜和帕拉斯是恋人。关于此事没有什么证据，但也没有什么能否认的。获释奴隶帕拉斯从小就认识皇后，他们走得很近，并互相提供了许多帮助。他们可能一起做出了小阿格里皮娜与克劳狄结婚的决定。

② Suétone, *Claude*, 39. 与小阿格里皮娜结婚时，克劳狄口口声声说她是"他的女儿和他的小孩，在他膝下长大"，这不禁让在场目睹这场尴尬婚姻的人感到不适。

③ 这段婚姻中，二人当然从未发生关系。一方面是因为他们都有儿子，给彼此一个竞争者是没有意义的；另一方面是因为他们非常不愿意犯下这种乱伦的错误。尽管如此，他们还是真心喜欢对方。

如指掌。她还同样是奥古斯都家族的幸存者。最重要的是,她热爱权力。

她强迫克劳狄缓和他与元老院的关系,并强势地见证了这一点。证明就是,克劳狄召回了被流放的塞涅卡。她还从他那里获得了美撒利娜从未拥有过的东西:奥古斯塔的头衔,坐在荣耀战车上与皇帝平等接受致敬的权力[60]。自此,他们是一对权力夫妻,这是罗马史上前所未有的。

此外,以巩固家庭联系和锁定王权为借口,克劳狄答应了小阿格里皮娜的一再要求,于公元50年2月25日收养了她的独子尼禄。已经是两个男孩的父亲,准备把皇位传给养子。他花了很长时间才明白过来,小阿格里皮娜提升了尼禄的位置,而瘦弱的癫痫儿童布列塔尼库斯被牺牲掉了。以前,在大型公共活动中,皇帝总是抱着他的儿子布列塔尼库斯出现[61],然而,如今人民和士兵只听过尼禄的名字。克劳狄拒不承认侄女在操纵他,由于她的存在,他活在一个强大而不容置疑的元首幻想中。小阿格里皮娜成了克劳狄的经纪人。在她的建议下,他严明了政策,却没有意识到他的官僚体系正在一步步地接近暴政。

水、鲜血和竞技

皇家夫妇在一个关键问题上达成共识:人们必须庆祝比赛。克劳狄酷爱竞技,也慷慨地向民众提供娱乐和消遣,通过组织竞技,使自己在人民心中显得友善可亲。有格斗比赛时，克劳狄会在皇室包厢待上一整天。中午，当人们去小馆子里简单吃顿午餐时，他甚至依然留在现场看比赛。他热爱鲜血，在战斗结束后，也毫不犹豫地选择让角斗士死去，尽管这与最常见的结果相去甚远：购买和维护一名角斗士的费用十分昂贵，这就是当他在战斗中受伤时比赛会停下来的原因。只有在角斗士胆怯的情况下，公众才会要求执行死刑。因此，战斗到死的情况很少见，通常只有在大型的节庆中才会组织。但是，当克劳狄是竞技游戏的制作人（*editor*）① 时，他会毫不犹豫地下令杀掉伤者。然后，他完全沉浸在权力的享受中，既不会招致一丝责备，也不担心引发复仇的欲望。

皇家夫妇组织过的最大规模表演，是公元 52 年的富齐诺湖的海战剧。这场壮观的海上格斗，是为了庆祝罗马以东一个巨大的排水池工程的完工。克劳狄穿着将军的装束，庄严地出现在皇室包厢里。15 岁的尼禄，穿着和养父一样的衣服，被人群视为无可争议的继任者。至于小阿格里皮娜，她身上的金色披风是件国王斗篷，和亚历山大大帝穿的那种一样[62]。帕拉丁三人组全部到齐！这一天，克劳狄想表现得宽宏大量，在战士们向他致敬时，就提前表示要特赦他们。真是个大错误！人们因受到赦免而拒绝战斗。克劳狄大发雷霆，从台上走下来，敦促他们互相打斗。场面极其混乱，为了号召罗德岛舰队和西西里岛舰队登船攻击，银制半人鱼海神像从

---

① 制作人需为比赛提供资金。当人们要求拯救或杀死受伤的角斗士时，由他做出最终决定。他还可以提前命令角斗士学校的管理者组织一场生死搏斗。

第五章　克劳狄：畸人治国

波涛中涌现，弄倒了宏伟的海战布景[63]。

幸运的是，克劳狄还在开展其他重要的工作，这让人们忘记了富齐诺湖的烂摊子①。作为一座走在现代化前沿的城市，罗马必须满足其居民的日常用水需求。因此，他开始建造新的引水渡槽——克劳狄亚水道桥。这样的举措总是很受欢迎，因为能提高民众的生活舒适度。但是为了建造它，克劳狄需要征收富有的执政官斯塔提利乌斯·托鲁斯（Statilius Taurus）在马吉奥里门附近的土地。这片地价值数百万塞斯特斯，显然，购买它会带来不小的财务负担。为了节省大笔资金，以及摆脱一位有能力策划阴谋的贵族，克劳狄让小阿格里皮娜委托一位朋友指控这位元老贪污舞弊和使用巫术[64]。无辜的托鲁斯走投无路，自杀了。

小阿格里皮娜的可怕手段，并没有给克劳狄造成困扰。在克劳狄要求对贵族进行真正的肃清时，她利用叔叔的偏执，消灭了一切将来可能阻碍儿子高升的人，并没收了受害人的财产以充实国库。缺乏明智的克劳狄不知道，元老院认为他对皇宫中一再出现的袭击元老事件负有责任，更不知道他本人也将很快死在亲爱的小阿格里皮娜手中。

---

①　Suétone, *Claude*, 20. 克劳狄最伟大的工程之一是修建排水渠和富齐诺湖。他的前任们未能有勇气着手处理这些事。他用了11年的时间，还有30 000名工人来完成施工。当湖水被排干时，人们发现工程有质量问题。小阿格里皮娜归罪于纳齐苏斯，目的是让他被克劳狄疏远，因为他对皇帝的影响太大，而且与布列塔尼库斯关系密切。

致命的牛肝菌

公元54年,克劳狄问自己,他的一生是如何意外登上权力的顶峰的。在奥古斯都之家的孩子们中,他曾被孤立,而现在,他已不仅仅是第一公民。这位跛足老人开始意识到——有点迟了——他让权力落到了小阿格里皮娜的手中。身为"祖国之父",他一直拥有人民的爱戴和军队的忠诚,然而元老们恨他。仇恨来得合情合理。他减少了他们的特权,还对他们进行清洗。现年17岁的尼禄被视为他唯一的继承人,他意识到,自己并没有保护亲生儿子布列塔尼库斯。有人无意间发现他在宫殿里忧郁地踱着步,苦涩的话语脱口而出,是对儿子说的:"长大些,我将向你解释我所有的行为。"当他想着要给布列塔尼库斯穿上成年托加时,他宣称:"罗马人民终于有了一位真正的恺撒。"[65]还有其他一些话语也令小阿格里皮娜感到担忧,她觉得听起来像是警告:"我的命运……要我所有的妻子都是不知廉耻的人,但却不要她们受到惩罚。"[66]根据苏埃托尼乌斯的说法,举报者们也助长了他对小阿格里皮娜的怀疑。可是他爱她,也许不是作为新娘来爱,而是作为女儿、作为盟友来爱。他是多么失望!然而,他却没有足够的理由摆脱她,或许也没有勇气这样做。在他周围,死亡的征兆越来越多:闪电击中了他父亲的坟墓,一颗神秘的彗星穿过天空。他开始花时间写遗嘱,并向元老们推荐他的两个儿子,恳求他们的关照。他知道,自己已经到了"凡人生命的尽头"[67]。

第五章　克劳狄：畸人治国

公元54年10月12日晚上，克劳狄在皇宫中用膳①。小阿格里皮娜给他准备了一盘蘑菇，他十分喜欢。像往常一样，难改饕餮本性的克劳狄又在大快朵颐。但是在晚餐进行了一半后，他开始感觉难受。古代留下的资料互相矛盾，但在任何情况下都表明他突发急性症状。剧烈的恶心使他身体抖动，随后而来的是腹泻。他甚至似乎失去了听觉，发不出声音来。在现场的目击者看来，克劳狄再次进食并因此感到恶心，是再寻常不过的了——他经常像许多过于贪吃的罗马人一样，用一根羽毛抠喉咙催吐，之后继续享受他的盛宴[68]。然而，小阿格里皮娜似乎很担心。她要求把他带回房间，并待在他床边。皇帝危在旦夕，皇后想留在前线，以便确认皇帝过世。正是因为她，他才在死亡之门徘徊：尼禄的母亲把一颗毒鹅膏菌放到了牛肝菌盘子里，这样，她既不会被丈夫休弃，摄政的梦想也不会破灭。在一名医生的共谋下，她又给丈夫服下了另一种毒药[69]。随后，克劳狄的病情越发恶化。悲伤的小阿格里皮娜请来他和美撒利娜的一双儿女——布列塔尼库斯和屋大维娅（Octavie），让二人照料他们垂死的父亲。拂晓降临前，克劳狄咽下了最后一口气②。但

---

① Suétone, *Claude*, 44. 也许克劳狄当时是在宫外与神职人员共进晚餐，但这似乎不太可信。

② V. Girod, *Agrippine, sexe, crimes et pouvoir dans la Rome impériale*, *op. cit.*, pp. 149–154. 几乎毫无疑问，认为小阿格里皮娜在这件事上有罪，只是因为她的所作所为与塞涅卡及布鲁斯的行为协调一致。当她留住布列塔尼库斯时，他们带走了尼禄，欢呼着拥立他为皇帝。然而，如果我们在理智上保持一种绝对坦诚的态度，也可以推测说克劳狄是自然死亡的——他已不再年轻——或者死于某种疾病，胃病、疟疾发作甚至意外中毒，这些情况今天仍然会发生。

是小阿格里皮娜必须赢取一些时间,她推迟公开宣布皇帝驾崩,直到早晨,塞涅卡和布鲁斯(Burrus)让禁卫军一致向尼禄欢呼喝彩。当继子继女的眼泪洒满丈夫的尸体时,小阿格里皮娜意识到,自己刚刚实现了17年来一直追求的目标。

跛足老人的葬礼相当盛大,因为他颇受人好评,元老们除外[70]。直至克劳狄死去,小阿格里皮娜依然坚持利用他,以增加自己的威望。她让克劳狄封神,自己成为他的女祭司,就像利维娅和神圣的奥古斯都之间那样。她甚至让人在卡利乌斯山为克劳狄建造了一座神庙。

尽管他的荣誉生涯出人意料,尽管他在行政方面属实有天赋,克劳狄却被后人当成了史无前例的傻瓜。元老们恨他,因为他减弱了他们手中的权力,还将政治职责交给获释奴隶。不过,所有历史学家都做过元老。为自身的先天性残障,也为他革新帝国管理的大胆政治眼光,克劳狄将要永远付出代价。

终 章

塞涅卡笑了,手中的芦苇笔在莎草纸上来来回回,写下一行行绝妙佳句。外表看起来微不足道的他,在自己的秘密办公室中沉醉

第五章　克劳狄：畸人治国

地挥洒才华①。他不仅是这一代人中最伟大的哲学家，还是一位出色的讽刺作家。克劳狄，从一只蠢笨的南瓜变成了一位圣人，值得一书！他欣喜地描述着逝者："有人告知朱庇特，一个身材不错的家伙要来。那人有着一头完美的白发，举止有种威胁性，因为他不停摇头，还拖拉着右脚。当被问到他来自何方时，他以一种含混不清的声音结结巴巴回复，也不知说的是什么。人们听不懂他那莫名其妙的话，既不是希腊语，也不是罗马语。"[71] 在斯多葛学派想象的地狱里，克劳狄并不孤单，纳齐苏斯和波利比乌斯将迎接他。这些自大的获释奴隶将重新回到他们原来的位置，他们是不完整的人，身上带着奴隶的恶臭气味[72]。

塞涅卡知道小阿格里皮娜会生他的气，不过她活该。羞辱那个笨手笨脚的流涎傻子的乐趣，远远超过了遭到皇后指责的小小不快。假如她觉得那只神圣的南瓜能带给她权力，那么，但愿她能向

---

① Sénèque, *L'Apocoloquintose du divin Claude*, 1. 塞涅卡用斯多葛学派中罕见的傲慢和恶意语调开始了这本书："10月中旬之日之前的第三天，在阿西尼乌斯·马凯路斯（Asinius Marcellus）和阿西里乌斯·阿维奥拉（Acilius Aviola）执政期间，在新皇帝登基的那一年，苍穹之上究竟发生了什么？在那个数世纪以来最为吉祥的黎明？这就是我想流传给人们的记忆。书写，不是为了仇恨，也不是为了认同，我只想说出那纯粹的事实：如果有人问我从哪儿写起，我可以先不回答，只要我乐意。有谁会逼我呢？难道我不知道，我可以自由追溯那人去世的那天？他证实了那句谚语：'该让一个专制君主，还是一个疯子诞生于世呢？'假如我乐意回答，想到什么，我就说什么，人们可曾要求历史学家宣誓真诚？不过，如果有必要出示我的担保人，请去问，问那个在前往奥林匹斯山路上看到德鲁西拉的人：他会告诉你，他看到克劳狄跛着极不平衡的步伐往那里走去。"

他祈祷吧！假如她感到不开心，她还会回到纺车旁边①。哲学家打算好了，定要促使尼禄摆脱母亲的束缚。小家伙是她的孩子，她将成为儿子的元首观念的化身。权力是明智的成年男子们的事情，而不是残疾人、女人或孩童的事。

---

① E. Cizek, «L'*Apocoloquintose*, pamphlet de l'aristocratie latine», *Acta Antiqua Philippopolitana*, *Studia Historica et Philologica*, Sofia, 1963, pp. 301 – 302. 在这本反对克劳狄的小册子中，塞涅卡宣称尼禄幸福地登上了皇位。在小阿格里皮娜神化克劳狄的同时，塞涅卡不遗余力地抹黑他，等同于向皇后宣战。塞涅卡写《神圣的克劳狄变成了南瓜》（*L'Apocoloquintosis*）一书，可能是对小阿格里皮娜的政治回忆录的回应，在那本回忆录里，她讲述了她的家庭故事，并合法化、合理化了她支持尼禄继位的政治行动。换句话说，老哲学家和皇后之间的战斗将决定谁对新皇帝、军队、人民和元老院的影响更大。

第六章　尼禄：母子悲剧

让我的母亲现在就来拥吻我的继承人吧！

——苏埃托尼乌斯，《尼禄》(Néron)，第 35 章

"杀了我母亲！我要她死！我恨她！恨她！"几分钟了，尼禄一直在尖叫。最终，话语痛苦地卡在他的嗓子里。他感到窒息，疯了一般地在桌床上打滚。焦躁之痛绞着他的胃，他今晚喝的酒又全部流回了嘴边。恐怖的情绪如同涟漪，飘荡在氤氲酒气中，尼禄的思绪就笼罩在浓浓的恐惧里。为了终结这一切，他必须杀死母亲，否则她会杀了自己。小阿格里皮娜做得出这事，因为她从未爱过自己。这位"最好的母亲"①，所爱的只有权力。现在，他将母亲赶出

---

① Suétone, *Néron*, 9; Tacite, *Annales*, XIII, 2. 尼禄在登基的那一天，将小阿格里皮娜描述成"最好的母亲"(*optima mater*)，事实是，她刚刚将自己的儿子扶上了皇位。

了宫殿,她想要回来报仇。她已经选择了另一个儿子鲁贝里乌斯·普劳图斯(Rubellius Plautus)当皇帝①,夺走自己的王冠。惊慌失措的尼禄抬头看向塞涅卡和布鲁斯。他们为什么还在这里?他们为什么不派卫兵谋杀他的母亲?他们和她是一伙的吗?

尼禄陷入了令人绝望的歇斯底里,哲学家和禁卫军长官观察着他们的皇帝,感到震惊和茫然。二人都想让小阿格里皮娜远离权力,但并不想杀死她。他们必须赶快找到合适的话来安抚这位年轻的第一公民,因为他已经向他们发出死亡威胁了[1]。

在餐厅一角,阿提美图斯(Atimetus)和帕里斯(Pâris)②装作同情地看着眼前的一切。这两个人是尼禄的姑妈多米提娅·列必达(Domitia Lepida)的获释奴隶,如果他们很好地扮演了告密者的角色,那么,今晚皇太后就会有血光之灾。公元55年秋天的这个夜晚,才刚刚开始……

伴着朝阳而生

助产士不喜欢遇到分娩困难的情况,尤其是这个产妇还是皇帝

---

① 鲁贝里乌斯是提比略的曾外孙,是提比略的孙女尤利娅的儿子。

② 帕里斯是当时十分有名的演员,是尼禄的姑妈多米提娅的获释奴隶。尼禄和他可能在童年时期就认识了。

卡利古拉的妹妹①。婴儿的脚先出来，总是一个不好的预兆②。分娩远没有结束，但小阿格里皮娜表现出罕有的顽强。她用尽浑身的力量，想把孩子的头和肩膀从体内推出来，她知道，这是一个男孩。助产士由着她拼命使劲③，最终在黎明的曙光下取出了婴儿的小小身体，用干净的布料包好这名大喊大叫的男婴。公元37年12月15日那天，在尼禄完全呱呱坠地之前，太阳的光芒差不多已经抚摸了他的脸[2]。无论这段轶事是不是小阿格里皮娜编造的，她都散布了如此传闻，说她的儿子是与太阳一同出生的，是被太阳神菲比斯（Phébus）选中的孩子，这意味着他生来就是一名王子④。

经历了9年的不育婚姻之后，当格涅乌斯·多米提乌斯·阿赫诺巴尔布斯（Cneus Domitius Ahenobarbus）得知自己终于成为父亲时，他大声喊道，对国家来说，他和小阿格里皮娜生出来的，除了憎恨和不祥之外不可能有别的⑤。尽管没什么兴趣，但他还是认了自己的

---

① 小阿格里皮娜是日耳曼尼库斯和大阿格里皮娜的女儿。经由母亲的关系，她是奥古斯都的直系后裔；由于父亲的出身，她也是利维娅的直系后裔。参见第四章。

② Pline l'Ancien, *Histoire naturelle*, VII, 8, 45-46. 老普林尼从小阿格里皮娜的回忆录中得知，尼禄和他的外祖父阿格里帕一样出生时臀部先出来。Agrippa（阿格里帕）的意思就是"脚先出世"，这种异常的出生方式被认为是未来的不祥之兆。

③ V. Girod, *Agrippine, sexe, crimes et pouvoir dans la Rome impériale*, *op. cit.*, pp. 78-79. 助产士的不当操作可能会给臀部先出来的孩子带来终生的影响。由于尼禄既没有身体上也没有精神上的残疾，她很有可能在生产时进行了尽可能少的干预。

④ E. Cizek, *Néron*, Paris, Fayard, 1982, p. 25: "这个传说重现了埃及宗教仪式中统治者与日轮结合的场景。在这个仪式中，国王或神像置身于神殿中的某个点位，使得初升的阳光在落到地面之前就可以触及自身。因此，身带皇家标志的尼禄是太阳王子，刚刚出生，就见证了自己注定要统治埃及和罗马帝国。"

⑤ Suétone, *Néron*, 6. 关于这个说法，我们应保持审慎，这是典型的后来者编造的流言体。

儿子，并给他取名为卢齐乌斯·多米提乌斯·阿赫诺巴尔布斯（Lucius Domitius Ahenobarbus）①。根据家族传统，族里的男孩会轮流从格涅乌斯和卢齐乌斯两个名字中取一个。多米提乌斯家族是罗马最古老也最负盛名的家族之一。其中的阿赫诺巴尔布斯这支，坚持说自己的姓来自一名远古祖先与双子神卡斯托尔和波吕刻斯的一次相遇。双胞胎神抚摸了罗马人的脸颊，于是他的黑胡须染上了红铜色[3]。这解释了其家族后代成员的须发颜色。毋庸置疑，都是红棕色的②！

不过，这一享有盛誉的家族并非没有瑕疵。苏埃托尼乌斯用了漫长篇幅，记载了阿赫诺巴尔布斯家族的双面性和残酷无情。机会主义者们在赞成和反对恺撒的党派之间摇摆，随后又在奥古斯都和马克·安东尼之间见风使舵[4]。此外，尼禄的祖父与奥古斯都有点相似，以个性残暴而闻名。他驾驶战车的水平无与伦比。他还热爱游戏，曾毫不犹豫地拉着贵族妇人登台表演，或把骑士带到竞技场里，即使罗马人认为他这种做法卑劣无耻。根据苏埃托尼乌斯的说法，他的行为迫使奥古斯都立法禁止贵族从事表演行业[5]。

这位多米提乌斯的族人与奥古斯都的大外甥女大安东尼娅（Antonia l'Aînée）结婚，他们的儿子，即未来尼禄的父亲，是马克·安东尼的直系后裔，也是奥古斯都的甥孙。此人在年轻时就试图接近王子盖乌斯·恺撒，但他的残酷令后者感到厌恶。年轻的王

---

① 直到公元 51 年，他被克劳狄收为养子时，才更名为尼禄。
② 在古代，红头发的人就已经是偏见的受害者，他们被认为有着狐狸般的狡猾和邪恶。关于这一点，可参见 V. André, *Réflexions sur la question rousse*, Paris, Tallandier，2007。

子不可能与他这种人做朋友——他杀了自己的获释奴隶，仅仅因为此人拒绝喝下主人所命令的那样多的酒[6]。格涅乌斯·多米提乌斯是个彻头彻尾的凶暴之徒。他能毫不眨眼地让战车的轮子碾死一个孩子，也曾在广场中心，挖掉一名令他不快的元老的眼睛[7]。

然而与格涅乌斯·多米提乌斯的冷漠不同的是，母性激起了小阿格里皮娜的热情。她在安提乌姆的皇家别墅里生下尼禄，身体尚未从产褥期恢复过来，就派人找来一名迦勒底国的占星师①，以了解儿子的命运。她希望他能成为皇帝。由于身为女子，她自己的权力之梦无法得到餍足，刚出生的这个孩子便成了她梦想的化身。预言术士们告诉她，她的儿子将统治国家，但也将杀死母亲。她尖利地回应道："只要他称王，那就让他杀了我好了！"[8]

小卢齐乌斯被父亲鄙视，却带着母亲的爱和渴望②。但是，小阿格里皮娜爱他，并不因为他是谁，而是因为她将他变成了谁——母亲力量的对象[9]。

在姑妈多米提娅家

就像当时在贵族中常见的那样，小阿格里皮娜购买了奴隶来帮

---

① 这些东方占卜者在古代就已被视为江湖骗子。
② 尼禄刚好在提比略去世9个月后出生，仿佛在家中死掉一名男性后，小阿格里皮娜才终于让自己怀孕了。关于此事，可参阅 V. Girod, *Agrippine, sexe, crimes et pouvoir dans la Rome impériale*, op. cit., pp. 76-78。

她教育儿子。她将他委托给了两个可能正在哺乳期的保姆，埃格洛吉（Églogé）和亚历山德里娅（Alexandria）[10]，她们寸步不离地尽职尽责。小阿格里皮娜身为当时皇帝的妹妹，要做比换尿布更重要的事情。她已成为新一代奥古斯都之家的长子的母亲，在这种自豪感的驱使下，她致力于成为一只政治动物。凭借直觉，她感觉到人民的失望、元老院的恨意还有军队对她哥哥的蔑视。她知道，一旦发生政变，她将身陷险境。即便能逃过大清洗，尤利亚-克劳狄家族也将失去统治帝国的一切合法性。对她来说，这一点不能忍受。罗马帝国是她外曾祖辈的遗产，她希望将它传给自己的儿子。

刚满 24 岁的小阿格里皮娜，对权力有着不可抑制的渴望。尤利亚-克劳狄家族的女儿们个性向来如此，她们身上流着奥古斯都的血，她们有着雄心勃勃的灵魂，为权力而狂热。为了不让卡利古拉的疯狂打破她成为未来皇太后的梦想，自公元 39 年起，她就接近马库斯·雷必达。此人是她哥哥卡利古拉的密友，也是她妹妹德鲁西拉的前夫。他们二人同利维拉密谋串通，共同策划暗杀皇帝卡利古拉。对小阿格里皮娜来说，计划很简单：作为尤利亚-克劳狄一族最年长的公主，她与雷必达结婚从而给他带来权势①，并让他领养自己的儿子尼禄，以确保时机到来时，尼禄能登上皇位。计划有风险，但回报可观，值得一搏。不幸的是，卡利古拉发现了他的朋友和他两个妹妹的背叛[11]。雷必达随即被杀死；小阿格里皮娜

---

① V. Girod, *Agrippine, sexe, crimes et pouvoir dans la Rome impériale*, op. cit., p.89. 就像两个尤利娅和后来的美撒利娜一样，小阿格里皮娜想要让她的情人掌权夺位。和之前几位一样，她也失败了。

和利维拉则被流放至荒凉贫瘠的蓬扎岛,那里的陡峭悬崖直插第勒尼安海。在小阿格里皮娜眼中,地狱是蓝色的。

对幼小的卢齐乌斯来说,被母亲遗弃就是地狱。小阿格里皮娜遭流放时他只有两岁,虽然他从未长期和她生活在一起,但此时,她从他眼中彻底消失了。卢齐乌斯只好和保姆们一起,居住在他父亲格涅乌斯·多米提乌斯那里。父亲当他是扫把星,看不起他,经常去外地度假游玩。公元40年,格涅乌斯·多米提乌斯在现今位于托斯卡纳的皮尔格斯别墅中死于肺积水,那一年幼小的卢齐乌斯才三岁。失去父亲的他自此不再拥有任何东西,因为卡利古拉夺走了他的遗产[12]。他的新任法定监护人阿斯库尼乌斯·拉贝奥(Asconius Labeo)并没有教育他的义务。他的任务仅限于在卢齐乌斯未成年时期,确保他的合法利益[13]。小卢齐乌斯只好生活在姑母多米提娅·列必达那里,她是多米提乌斯的姐妹,也是美撒利娜的母亲①。不久前,豆蔻年华的美丽少女美撒利娜刚刚和叔叔辈的克劳狄结婚。至于多米提娅·列必达,则一心沉迷于社交和浪漫生活。不过,为了让侄子卢齐乌斯长期真心依恋自己,她还是花了足够多的时间和他相处,这使得小阿格里皮娜后来对她怀恨在心。

在多米提娅的监督下,数名奴隶轮流照看幼小的卢齐乌斯。除了两名保姆,她还为他指派了两名负责启蒙阶段的家教。根据苏埃托尼乌斯的说法,这两个人不是儿童早期教育的专家,而分别是理

---

① V. Girod, *Agrippine, sexe, crimes et pouvoir dans la Rome impériale*, op. cit., p. 92. 尼禄可能在父亲去世前就被父亲安置在了姑母身边。当代历史学家并不认同苏埃托尼乌斯到处传播的尼禄有个悲惨童年的故事。

发师和舞者[14]。这些人传递给卢齐乌斯的，必然是花哨幻想的乐趣和戏剧舞台的熏陶，而不是学习的爱好。

在小卢齐乌斯看来，和姑母多米提娅在一起生活的那些年或许还算不错，那里的生活充满欢乐。那些语焉不详的保姆可能想办法保护了他，当然他也对她们充满依恋。然而当卢齐乌斯刚刚适应了他的生活，戏剧性的事件又一次袭来。公元41年1月，卡利古拉被刺杀，克劳狄成为皇帝，被流放的小阿格里皮娜返回罗马。现在的她是哥哥暴政的受害者，试图重建自己的声誉、财富和影响力。她从多米提娅那里接回了儿子。卢齐乌斯与母亲团聚了，但对他来说她是位冷酷的陌生人，从不表现出肢体上的温柔，唯一的爱语是反复唠叨的那句"我儿子是奥古斯都唯一的后裔"。她令他的自我日益膨胀，却剥夺了他作为一个孩子无比需要的温情。

通往帕拉丁之路

母子俩很有可能搬到了帕拉丁山上的皇室住所，也许是住进了大安东尼娅的一处房屋里①。小阿格里皮娜的首要目标是找到一个新的丈夫，他需要出身贵族，家境富裕，既能保护她，又能给她儿

---

① V. Girod, *Agrippine, sexe, crimes et pouvoir dans la Rome impériale*, op. cit., p. 99. 关于此事的消息来源并不准确。小阿格里皮娜和尼禄必然居住在帕拉丁的大安东尼娅家，或是广场上的尼禄的父亲家。在这两种情况下，母子二人距离权力中心都很近。

子留下一笔遗产。公元 41 年年底前,她与帕西埃努斯·克利斯普斯(Crispus Passienus)①结了婚,此人是一位拥有成功元老生涯的富有律师,名下财富估计有 200 000 塞斯特斯之巨[15]。

帕西埃努斯·克利斯普斯很可能保护了他的新婚妻子和继子免遭皇后美撒利娜的报复性诉讼[16]。出于嫉妒,年轻的皇后流放了利维拉,因为她从蓬扎岛回来后仅几个月就与克劳狄走得太近。美撒利娜还把年幼的卢齐乌斯看作她儿子布列塔尼库斯的竞争对手。有传言说,她派人刺杀午睡中的卢齐乌斯,然而一条龙蛇盘在刺客们和孩子的床之间,令不速之客们只得停手。苏埃托尼乌斯认为这是一个故事②,但它来自一个千真万确的事实:在卢齐乌斯床上的枕头上发现了一条巨蛇蜕下的皮。无疑,小阿格里皮娜将此视为神意的象征③,并把蛇皮包裹在儿子的金臂环上,让他一直戴着[17]。

小卢齐乌斯年纪尚幼,无法理解母亲以他的名义所参加的游戏的残酷性。他对继父的赛马很着迷,母亲支持他学习骑术,身为王子,他必须知道如何骑在骏马上威严行走。这个半大孩子在骑马方面有一定天赋,并对表演展现了明显的爱好。公元 47 年,他在特洛伊竞技游戏中证明了这一点[18]。9 岁的他和 6 岁的布列塔尼库斯一起走在马戏团里,沐浴着人民的敬仰又温柔的目光。一路上,小

---

① 顺便提一下,他是格涅乌斯·多米提乌斯·阿赫诺巴尔布斯的姐夫。
② 这可能是为了进一步抹黑美撒利娜的名声而编出来的故事,背信弃义的小阿格里皮娜大肆宣扬此事。
③ 小阿格里皮娜的灵感可能来自亚历山大大帝的母亲奥林匹亚斯。传说她睡着时身边有群蛇围绕,并与宙斯生下了儿子。小阿格里皮娜借此故事为儿子进行真正的政治宣传,但没有夸张到如此地步。

阿格里皮娜的儿子自吹自擂，民众们热情地为他欢呼喝彩。在他旁边，小布列塔尼库斯显得有些黯淡无光。卢齐乌斯有着尤利亚家族典型的好看的椭圆脸①，已经被视为潜在的皇位继承人。小阿格里皮娜的宣传工作成效显著，在她庞大的拥护者群体心中，她的孩子是奥古斯都最后的直系后裔。

小阿格里皮娜处心积虑，与此同时，美撒利娜却犯下了一个致命错误。她为了她俊美的情人盖乌斯·西利乌斯，试图发动一场荒唐到令人难以置信的政变，并最终失败而付出了生命的代价②。对于刚成为寡妇的小阿格里皮娜，通往帕拉丁的道路终于扫清了障碍。为了说服叔叔克劳狄娶她，她得到了获释奴隶帕拉斯的支持。为了国家的利益，元老院签署法令，投票赞成这段乱伦婚姻。公元49年1月1日，小阿格里皮娜第三次披上新娘的火焰色面纱，11岁的卢齐乌斯跟在母亲身后，走进了帝国的皇宫。

母亲的爱

接下来的五年中，卢齐乌斯接受的是谋求王位者要受的教育。小阿格里皮娜召回了被流放的伟大哲学家塞涅卡，让他担任儿子的家庭教师，还为儿子赢得了元老院的好感。塞涅卡在几名东方教师

---

① 要确信这一点，只要看看青年尼禄在被克劳狄收养时期的雕像即可，此雕塑现存于卢浮宫（库存编号：Ma 1210）。

② 参见第五章。

的帮助下完成了教学任务。获释奴隶阿尼凯图斯（Anicetus）与贝里路斯（Beryllus）向学生讲述希腊艺术和那些如神一般强大的国王，让他对希腊文化产生了兴趣。教学团队里的另外一人则是曾经的亚历山大图书馆成员、埃及祭司喀雷蒙（Chérémon）。苏埃托尼乌斯说，小阿格里皮娜不允许儿子学习哲学[19]，或许这就是导致他后来行为偏激的原因。此言差矣，因为他的师长是斯多葛派的代表。很快，塞涅卡就感到这名学生对诗歌有兴趣，便带他学习最伟大的演说家的作品。少年尼禄对字句入了迷，开始撰写自己的诗文。终其一生，尼禄都沉湎于写作，苏埃托尼乌斯甚至在皇家档案中找到了他的手稿。这位历史学家说，无数次删改印证了他细致而充满热情的工作[20]。

年少的卢齐乌斯在为未来的角色接受教育，他母亲小阿格里皮娜则继续在暗中步步为营。在一些元老朋友的帮助下，她强势推动投票通过了一项新法令，该法令要求她儿子卢齐乌斯和克劳狄的女儿屋大维娅缔结婚姻。对卢齐乌斯来说，这是迈向权力的又一步，因为他将成为皇帝的女婿[21]。但是对他母亲来说，这还不够，她还想尽办法说服克劳狄收养他。公元50年2月25日，收养仪式举行。卢齐乌斯被克劳狄过继为子，成为提比略·克劳狄乌斯·尼禄（Tiberius Claudius Néron）[22]。大约一年后的公元51年3月4日，在达到最低法定年龄的几个月前，他穿上了具有男子气概的托加长袍。未满14岁的尼禄就这样成了一名公民。他还被赐予了"青年王子"头衔，这最早是奥古斯都给外孙盖乌斯和卢齐乌斯的称号。小阿格里皮娜为儿子谋取了一切能想得到的荣誉，为的是令他成为克劳狄的继任者——这位少年的形象甚至出现在了和皇帝肖像有关的硬币上[23]。她不遗余力地到处宣传自己的儿子尼禄,并除掉了布列塔尼库斯最有力的支持者纳齐苏斯,使之日渐孤立无援。

尼禄坚信自己是皇位理所当然的继承人,他因此成长为一个傲慢的青少年。他乐意参加由母亲发起的操纵人心的游戏①。他故意说布列塔尼库斯是通奸生下的孩子,希望激怒克劳狄,让他像不接受他的大女儿克劳狄娅那样②,也不认布列塔尼库斯。由于布列塔尼库斯问候他时依旧叫他"多米提乌斯"或"阿赫诺巴尔布斯",他立马伏在母后的裙子上大声哭泣,因为他知道,她定会在克劳狄耳边抱怨[24]。拒绝用"尼禄"来称呼他,是在否认他的养子身份,这对小阿格里皮娜来说是难以忍受的无礼行为。母子二人表现出前所未有的团结一心。但是,公元54年,克劳狄开始对自己的亲生孩子心怀愧疚。然而小阿格里皮娜努力多年,绝不想看到整个计划因为一位父亲的疑虑而遭到破坏,于是她做出了一个激进的决定:暗杀她的好叔叔。诚然,她爱他,但这比不上她对儿子还有皇位的爱。

10月12日至13日,一个不祥的夜晚。克劳狄咽下了致命的毒

---

① E. Cizek, *Néron*, *op. cit.*, p.32:"他情绪上的挫败感、他的压抑、他压抑住的侵略性,都让他更加快速地学会了口是心非、怀疑和狡诈。他不得不隐藏自己的真实感受,变得狡猾起来。……青少年尼禄受到他周围人的阿谀逢迎,他一下子就可以为所欲为起来,只有母亲会试图约束他。他是不曾被温柔对待的孩子,也是被奉承讨好的青少年,二者之间的强烈对比只会加剧他的心理失衡。"

② 参见第五章。克劳狄娅是克劳狄和乌古兰尼拉的女儿。当克劳狄发现女儿的亲生父亲是获释奴隶波特尔时,将年纪尚幼的孩子扔到了街上。

蘑菇①，在他皇宫的房间里一命呜呼。小阿格里皮娜在丈夫的枕边哭泣，并拦着他的两个孩子——布列塔尼库斯和屋大维娅——靠近他身边。与此同时，塞涅卡和禁卫军长官布鲁斯一起欢呼，拥立刚满17岁的尼禄为皇帝。黎明时分，天空灰暗，雨下个不停，导致飞鸟占卜无法进行。没有神意的征兆，便不能开展权力交接，尚须耐心等待。小阿格里皮娜决定，晚几个小时宣布克劳狄逝世的消息[25]，并将他的两个孩子留在他的房间里。布列塔尼库斯也不应出现在人们的视野里：尼禄登基过程中不能有一丝冲突。这天发生的一切，都仿佛被小阿格里皮娜、塞涅卡和布鲁斯预谋已久。他们对自己的所作所为心知肚明，小心谨慎，协力行动。

终于，上午11点左右，阴云散去，天空放晴。布鲁斯在皇宫门外集合了禁卫军队伍。沉重的大门终于打开，在塞涅卡的陪同下，尼禄出现在台阶最高处。接到长官命令的禁卫军军队热烈欢呼，一致推举尼禄成为皇帝[26]。一些士兵惊诧于布列塔尼库斯的缺席，在队列中窃窃私语起来[27]。随后，布鲁斯让他的新主人登上驮轿。现在，尼禄要接受驻扎在埃斯奎利诺高原上的军队的欢呼喝彩。这段仪式仅持续了片刻，没有人质疑日耳曼尼库斯的外孙继承皇位的合法性，更何况，他还承诺了实打实的利益，每名士兵会得到15 000塞斯特斯的御赐赏金。下午，新皇帝到达元老院，在那里一直待到晚上。他发表了塞涅卡为他准备的精彩演讲，他的老师清楚地知道元老们想听到什么。他奉承元老们，让他们安心[28]。

---

① 参见第五章。

他向面前庄严高贵的大会承诺,将秉公执事,做个受人尊敬的皇帝。在许下诺言后,尼禄得到了先辈们有过的所有荣誉,除了"祖国之父"的称号,毕竟他还太年轻,无法担当此头衔。

与此同时,布列塔尼库斯被彻底逐出继承人之列。一个支持尼禄的委员会秘密宣读了他父亲的遗嘱,随后将其销毁[29]。这名少年永远无法知道,父亲是否指定他为继承人之一。可是,当你仅仅13岁且在皇宫里孤立无援时,你又能做什么呢?新皇继位在不到12小时的时间内就完成了。一切都由小阿格里皮娜在幕后精心策划,效率高得惊人。自此,她便是垂帘的影子女王、罗马的女主人。尼禄承认,自己能登上皇位要归功于母亲。10月13日晚上,当禁卫军守卫前来询问夜间巡逻的密码时,他回答说:"最好的母亲。"[30]在这个光荣的夜晚,所有禁卫军都要向"最好的母亲"致敬。

大理石像的张张面孔

不管是在雕像还是在钱币上,尼禄都是唯一一个公众形象随着时间演变的皇帝。比起想方设法塑造一个理想形象,他更愿意展现自己真实的样子。他接受自己随着时间长胖和变老的现实,而不是将一成不变的面孔刻在大理石上。最早有关他的形象出现在他少年时期,被克劳狄收为养子之后。他的脸庞轮廓相当清秀,下巴有点前突,但面部比例均衡[31],似乎继承了尤利亚家族的美貌。塞涅卡为他开展奥古斯都式的宣传时,毫不犹豫地将他比作阿波罗,那是奥古斯都最喜爱的神[32]。苏埃托尼乌斯也承认尼禄虽无优雅气度,但的确长得还不错[33]。

尼禄身上遍布的雀斑格外引人注意,斑点散落在他的全身。苏埃托尼乌斯到处传播一个持久的谣言,说他身上散发着难闻的气味。他肤色浅白,容易发红,在突发的强烈情绪下会呈现紫红色[34],这是他外形的典型特征。他的眼睛呈淡灰蓝色,在地中海人中间很少见。当时这种颜色不怎么受欢迎,因为人们认为应该警惕青蓝色眼珠的人①。他可能有严重的近视,为了调整视力,他的面孔常常看起来十分吓人[35]。

继位后不久,尼禄的体重就增加了。他热爱美味,饮食过量,为此付出了一些代价。他的脖子变粗,肚子突出。与身体其他部位相比,他的双腿看起来有些纤细。一些历史学家认为,甲状腺功能亢进是造成他外形恶化的原因[36]。他变得相当丑陋,生前最后几年的模样与青年王子时期的肖像不再有任何相似之处。他身体浮肿肥胖。他任头发生长,披散到脖子后面,梳成一层层的发卷,显得女性化又相当滑稽。要是他的别出心裁仅限于此,那倒还可以接受,可他还主动扔掉托加,穿上睡袍,在脖子上系上小围巾[37],就像在剧院后台来回闲逛,等着上台表演的演员和歌手那样。如果

---

① 拉丁语中的 *Glaucus*(青蓝色)一词表示绿色、蓝灰色,与美的标准无关。可参见 M. Pardon-Labonnelie, «La dépréciation des yeux clairs dans les traités de physiognomonie gréco-romains», dans V. Dasen et J. Wilgaux (dir.), *Langages et métaphores du corps dans le monde antique*, Rennes, PUR, 2008, pp. 197 – 206。

说恺撒礼堂——皇宫里那间用来让人们向皇帝致敬的大厅——在某种程度上是个剧场的话[38]，那么，没有谁乐意在那儿看一个小丑上蹿下跳！

可惜，尼禄生来就没有长着一副登台演出的嗓子。大自然并未赐给他优异的天赋：他的发声能力不强，气息太短，无法扩张音域[39]。然而，他从小就一直在练习。他年少时就拜著名音乐家特尔普努斯（Terpnus）为师，学习演奏竖琴。为了练习，他接受过风靡当时艺术界的最疯狂的疗法：睡觉时在胸口放置铅板，清洗肠胃，使用催吐药，戒绝某些食物……但都无济于事，他的声音仍然沙哑[40]。好在这没什么大不了的，不久后，他便不必再抵抗舞台的召唤。眼下，塞涅卡和他母亲小阿格里皮娜仍然监督着他，这使他任期的开端成了新的黄金时代。

新黄金时代

从古代起，人们习惯将尼禄统治的前五年称为"五旬期"（*Quinquennium*）①。必须承认，这是罗马帝国的一段美好时光。实际上，尼禄当时尚未摆脱他的精神监护人。小阿格里皮娜和塞涅卡都渴望权力，但他们想按符合规则的方式行使权力。在老教师塞涅

---

① E. Cizek, *Néron*, *op. cit.*, p. 93. 奥莱里乌斯·维克托（Aurelius Victor），一位 4 世纪的罗马历史学家，可能发明了这一名称。

卡的建议下，年轻的第一公民尼禄承诺会像奥古斯都一样尊重元老们[41]，尤其会减少克劳狄给予皇家获释奴隶们的权力。

然而，他在位时并未重返奥古斯都时代实行的表面上的双头政治，因为帝国已经表现出向专制政体的逐渐转变。尼禄的政治理念部分来自塞涅卡的教育，但更多地受到马克·安东尼人生后期的启发。尼禄是一个真正意义上的君主，有很强的王朝意识。但是，在经历了提比略、卡利古拉和克劳狄一而再，再而三的出格行为后，元老院希望迎接一个崭新的黄金时代[42]。必须承认，为了买到元老们的恩宠，尼禄不怕散尽千金。他甚至许诺给最不富裕的元老们发年金！人民也没有被排除在外，为了庆祝他的登基，尼禄给每个罗马人分发了400塞斯特斯的赏钱，还额外发放了麦子[43]。除了慷慨，年轻的尼禄还被看成谦虚和正义的化身。多么幸福美好！

尼禄对戏剧和游戏的热爱让他变得很受欢迎。他一有机会就亲自公开朗诵诗歌，尤其爱资助各种类型的游戏：马戏、海战剧、角斗，还有戏剧。他让每个人都能品尝到戏剧的乐趣，无论他们是男是女、社会地位如何。罗马是一场欢乐盛宴，尼禄是它的导演[44]。

不过，尼禄同样不想放弃匿名玩乐的趣味。母亲小阿格里皮娜在统治帝国，他则在晚上出门，去穷街陋巷里喝酒，到低等妓院里找便宜的漂亮妓女。喝醉了，他像小痞子一样在巷子里与路人打架[45]。这些都是罗马青年常见的消遣。

小阿格里皮娜存心放纵尼禄。然而，塞涅卡却不再忍受听命于女皇。就像忒勒玛科斯（Télémaque）对待母亲佩内洛普（Pénélope）

那样①，只有尼禄才有能力将小阿格里皮娜赶去做针线活。

长大成年

铸造于公元54年至55年的第一批硬币的系列图案显示，小阿格里皮娜实际上行使着国家大权。她的形象出现在儿子的右边或硬币的正面，如同发行钱币的权力方[46]。走在罗马城里时，尼禄会坐上母亲的驮轿，这更巩固了她摄政皇太后的形象②。她强行让儿子召集元老院在皇宫里开会，以便在一旁垂帘听政[47]。最后，在阿佛洛狄西亚的奥古斯都神庙里，她甚至以正在为儿子加冕的形象出现。这座神庙专门为罗马皇室而建，位于当今土耳其境内[48]。

塞涅卡认为，这太过分了。诚然，他能结束流亡，能有幸在宫廷任职，都要感谢小阿格里皮娜，但他对她的感激之情并非永无止境。他想把年轻的尼禄教导成为一名符合自己政治理念的王子。而且，坦白地说，他也想玩傀儡游戏，年轻的皇帝是由他造就的。在

---

① 在荷马的《奥德赛》中，年轻的忒勒玛科斯在皇家会议期间强迫母亲保持沉默，从而成为一个男人。在古代，女性被排除在公共领域之外。为了所谓的国家利益，当她们决意从事政治时，要让她们重新回到自己的位置上，显然……可参见 M. Beard, *Les Femmes et le pouvoir, un manifeste*, Paris, Perrin, 2018。

② Suétone, *Néron*, Ⅸ. 罗马不存在摄政一事，但小阿格里皮娜发明了这个做法，并强制推行。可参见 V. Girod, «Agrippine la Jeune et la monnaie : de la princesse à la régente», dans F. López Sánchez (éd.), *The City and the Coin in The Ancient and Early Medieval Worlds*, British Archeological Reports International Series, 2402, 2012, pp. 61 – 62。

禁卫军长官布鲁斯的支持下，老哲学家推动尼禄起来反叛他的母亲。起初，他强加给他一个观念，说罗马人不会尊重听命于自己爹妈的皇帝。不出意外，傲慢自大的少年和他争论起来。公元54年末，罗马为接待一个亚美尼亚使团，举办了一场盛大的欢迎仪式。塞涅卡让尼禄从看台下方向母亲致意，以阻止她登上看台。从此，官方活动中再也没有了属于她的荣誉位置[49]。不久后，帕拉斯被解除了财政顾问职务，小阿格里皮娜失去了行政部门中最亲密的盟友。最后，塞涅卡促使尼禄与年轻的获释奴隶阿克提（Acté）相恋，皇太后因此有了一个对手。阿克提美貌温柔，十分关心爱人的内心需求。青年皇帝第一次感受到温情的爱，他甚至梦想娶阿克提为妻，并收买了一些执政官来证明这名年轻女子有皇家血统[50]。两人当然永远不可能结合，但他们的恋情有助于尼禄切断他和母亲之间那明显引发了阉割情结的畸形关系。

在小阿格里皮娜看来，尼禄的自我解放比她预期的还要令人难受。她的行为开始变得捉摸不定，时而温柔，时而可怕。她恐吓儿子，儿子为了隐藏心底的恐惧，试图表现得比她更凶残。这场争取精神统治权的斗争，最终引发了布列塔尼库斯的死亡。公元55年2月，克劳狄的儿子布列塔尼库斯到了可以穿成年托加的年纪。虽然他在精神上和体质上都相当孱弱，在皇宫里也没有任何支持，但他也是奥古斯都之家的一员，有朝一日他可能会要求拿回自己的那份遗产。除此之外，尼禄还设想母亲会利用布列塔尼库斯来对付自己。他觉得，她让自己当上了皇帝，她也可以使任何人成为罗马的主人，只要她想。为了令母亲心生畏惧，也为了摆脱竞争对手，尼禄在一次家庭晚餐期间谋杀了布列塔尼库斯。毒药被放入酒杯里，布列塔尼库斯饮罢葡萄酒，顿感身体不适。尼禄却表现得十分镇定，声称弟弟又一次癫痫发作，奴隶们便把已经半死不活的年轻王子带到他的房间里。小阿格里皮娜和屋大维娅当时也在现场，她们知道发生了什么[51]，深深感到恐惧。皇太后第一次意识到她再也无力控制儿子，母子之间已经彻底决裂。

布列塔尼库斯惨死后，情况越发升级。尼禄解除了母亲的私人卫队，还把她送去大安东尼娅那里生活——皇太后已成为皇宫中不受欢迎的人（persona non grata）。她的两个敌人，尼禄的一位姑母，还有她曾经的朋友尤尼娅·西拉娜（Junia Silana），选择在她处于困境的时候向她发难。一天晚上，二人派她们的获释奴隶帕里斯（此人是名演员）和阿提美图斯前往尼禄那里，而尼禄早已在晚餐时喝得人事不省。他们说服尼禄相信，小阿格里皮娜已准备好任命鲁贝里乌斯·普劳图斯为皇帝，这名少年和他年龄相仿，是提比略的曾孙。尼禄对脑中设想出来的母亲的破坏力感到害怕，便相信了这两个居心不良的告密者。惊慌失措的他叫来塞涅卡、布鲁斯还有他们的心腹，下令暗杀皇太后。尽管老哲学家和军官不喜欢克劳狄的遗孀，但在他们眼中，弑母是不可原谅的行为，她只要失势就足够了。

为了安抚皇帝，布鲁斯最终允诺，如果小阿格里皮娜的权势足以能发动政变，定将被判处死刑，但绝不可在没有证据的情况下杀掉她[52]。深夜时分，尼禄、塞涅卡和布鲁斯来到小阿格里皮娜的住处，一同前去的还有几名武装人员和获释奴隶。面对这群心怀敌意的来客，皇太后保持着沉着和冷静。她向儿子保证，她永远不会做任何针对他的事情。他是她的骨肉、她的血，她把生命都献给他。她说尽好话，终于能和儿子坐下来一对一面谈，请求他惩罚那些指控她的人。尼禄同意了，决定流放尤尼娅·西拉娜，并处死阿提美图斯。不过，尼禄对多米提娅和帕里斯还有感情，二人最终平安无事，甚至未被责骂一句[53]。

自公元55年底以来，弑母的念头便在尼禄的脑海中发芽。眼下，他与母亲的关系还算平静，但她对他施加了难以承受的精神压力。对于尼禄，她是阉割者，是控制狂，是真正的超我力量，是挑起他死亡本能的潜在的精神压抑力。她单单是存在于他的世界，就会阻碍他成为他想要成为的人。

琥珀色头发的女子

公元53年，尼禄与克劳狄的女儿屋大维娅结婚。那年他16岁，她12岁。这段婚姻是尼禄走上通往皇帝道路的开始。很有可能，他们并不经常同床共枕。年轻的尼禄和年少的公主来往不多，二人个性迥异，她有些腼腆，他却是表演型人格。他们两个都没有为生育继承人做出努力。尼禄还年轻，在他看来，这不是什么当务之急。

结束了对阿克提的迷恋后，尼禄再度坠入爱河。公元58年，他21岁，第一次遇见那位琥珀色头发的女子①。不得不说，波培娅（Poppée）知道如何吸引人的目光。她美得令人窒息，脸上的火红色雀斑和28岁的年龄——对一个罗马女人来说已经有些年长了——都丝毫没有减损她的吸引力。恰恰相反，她的复杂更为她添加了破坏性的诱惑②。

为了表现得腼腆，她在公共场合露面时戴着面纱遮脸，这在罗马是数百年来都没有过的事。实际上，她刻意花心思引人注意。每当波培娅——塞扬努斯昔日的贵族朋友提图斯·奥利乌斯（Titus Ollius）的女儿[54]——蒙着面纱穿过广场时，路人纷纷回首，窃窃低语。人们无不对那张独一无二的面孔想入非非，渴望一睹芳容。只有到达目的地后，波培娅才摘下面纱，众人的目光随即落到她身上，欣赏她的稀世姿容。尼禄一见到她，便落入了魅惑的陷阱。

漂亮的红发女郎可不是蠢笨的白鹅，她野心勃勃。驱使她往上爬的不是权欲，而是名望。不过，见到尼禄并非易事。她需要一个方便接近皇宫的中间人：皇帝的好友奥托（Othon）是绝佳人选。她先是引诱奥托，再让他把她带进皇宫。接着，和他的朋友一样，尼禄也迅速拜倒在了她的裙下。没过多久，她便躺在了他的床榻上。年轻的皇帝疯狂地爱着她，强迫她与丈夫、前任禁卫军长官鲁

---

① Pline l'Ancien, *Histoire naturelle*，XXXVII，12，3. 尼禄曾写过赞颂波培娅琥珀色头发的诗歌。

② Juvénal, *Satire*，VI，462. 为了保持美丽，她发明了以她的名字命名的药膏，还用她自己养的驴的乳汁沐浴，这种富含维生素E的乳汁具有润肤作用。

弗里乌斯·克里斯皮努斯（Rufrius Crispinus）离婚。随后，考虑到无法和她结婚，他又让她嫁给了奥托。这段婚姻成了二人奸情的遮羞布，但很快，有名无实的夫妻关系让奥托心生郁结。波培娅是如此迷人，于是，尼禄做出一个斩草除根的决定：他将奥托提拔为卢西塔尼亚总督，命他独自离开，前去任职①。

从这时开始，尼禄眼里就只有美人波培娅了，她再也不会离开他的床笫。几次耳鬓厮磨下来，她向他提出要求，要与他结婚。年轻的皇帝想满足他心爱的尤物，但不能这样做。出于政治原因，母亲定然会禁止他与屋大维娅离婚。他知道塞涅卡也不会支持他离婚再娶，这令他被挫败感吞噬。如果不能和自己选择的女人结婚，当皇帝又有什么好处呢？如果能有美人在侧，一个人对抗世界又有什么关系呢？

弑 母

即使尼禄已经让母亲远离皇宫，他仍然对她感到恐惧。她只要存在于世，就意味着要强制他做到尽善尽美，符合她的期望。为了摆脱这种精神控制，他决定杀死她。理想的情况是一切看起来像个意外，皇帝本人不会遭人怀疑。公元59年3月19日晚，那不勒斯

---

① Suétone, *Othon*, 3. 公元59年，在罗马流传着一个小笑话："你知道为什么奥托会顶着一个虚假的头衔被流放吗？"答案参见第八章。

湾内的巴亚城里，忘恩负义的儿子迎接母亲来到皇家别墅，参加为纪念密涅尔瓦（Minerve）女神而举行的节日晚宴。当晚所有客人都见证了母子二人热情的和解。晚宴结束后，小阿格里皮娜返回大约两公里路程外的包里。几小时后，来自米塞纳舰队的一行人启航前往她的别墅。其中也包括阿尼凯图斯，他是尼禄曾经的家庭教师，但小阿格里皮娜一向与他不和。她明白了，迦勒底占星师的预言即将成真，晚宴只是个圈套而已。身为一名真正的罗马人，她骄傲而勇敢地下令道："照着肚子来吧，我就是从这里把那个怪物生出来的！"小阿格里皮娜没有看到3月20日的日出，尼禄则最后一次前来凝视他的母亲。

现在他觉得她很美，死去的她不会再伤害谁了[①]。她的尸体被匆匆烧掉，埋葬在巴亚的路边某处，没有任何仪式和排场。尼禄体会到一种病态的欢乐，他贪婪地陶醉其中，第一次感觉到自由。

塞涅卡在得知小阿格里皮娜被谋杀后，立刻明白，此事在政治层面上是一个多么巨大的悲剧。在罗马，弑母者要受严惩，没有人会宽容杀死母亲的皇帝。为了粉饰颜面，这位哲学家编剧编出了一段剧情，以便让尼禄在元老院面前脱罪。他写了一封信给库里亚大会，信中解释当晚发生的事件。然而这个寓言故事实在矛盾重重，令人无法相信，以至于成了一段传说。后人未能得知信件的确切内容，但古代史学家记载的各种版本，已经流传了数个世纪。据传

---

① 关于小阿格里皮娜死亡一事，各种资料来源之间的描述互相矛盾，关于此事的详细分析，可参见 V. Girod, *Agrippine, sexe, crimes et pouvoir dans la Rome impériale*, *op. cit.*, pp. 190 – 195。

说，尼禄在巴亚吃完晚饭后，带领小阿格里皮娜来到了皇家别墅的码头，想为她准备一条船，送她返回住处。一驶向大海，小船就由于某种精妙的机械结构的原因，像在海战剧里一样自行解体了。小阿格里皮娜意识到自己掉进了一个致命的陷阱，便设法游泳逃脱，独自游回了她在包里的别墅中。深夜，在那不勒斯湾14摄氏度的水中，一个女人裹着主妇长裙游了几公里，这种情节竟然没让任何人感到震惊……到达别墅后，小阿格里皮娜派自己的获释奴隶卢齐乌斯·阿杰尔姆斯（Lucius Agermus）告诉尼禄，她幸免于海难意外。她希望通过证明儿子的幼稚，来保全自己的生命。得知计划失败后，惊慌失措的尼禄以为阿杰尔姆斯是奉小阿格里皮娜的命令来刺杀自己的。然后，他派了几名米塞纳舰队的水手到她的别墅中逮捕她，却发现她已经自杀了[55]。

显然，这个故事不足为信。但元老们人人自危，没人敢提出异议。小阿格里皮娜被看作一个专横、贪婪和不公正的女人，几乎成了彻底的孤家寡人。不过，谁也不是好骗的傻子，在罗马的街道上，有些头脑清醒的市民或乱涂乱画，或干脆写下辛辣言辞："尼禄、奥雷斯特（Oreste）、阿尔克迈翁（Alcméon）都是弑母者！"以及"最新通告，尼禄杀死了自己的亲生母亲"[56]。另一些人则在尼禄的雕像旁放了皮包，以提醒他弑父母者从前要面临的命运——淹死[57]。尽管有着种种微小的不快，尼禄还是把母亲的出生日期定为了不祥之日，她也就此背上了骂名[58]。小阿格里皮娜死去了，尼禄诞生了！

但此刻，和波培娅结婚仍然为时尚早。在漂亮的红发女和他之间，还有屋大维娅的存在。如果他的母亲和克劳狄的女儿同时死亡，那么实在无法不令人生疑。尼禄先是指控屋大维娅通奸，之后又选了个合适的时机离弃了她。他的同谋不是别人，正是用匕首刺过小阿格里皮娜的阿尼凯图斯。阿尼凯图斯后来在罗马之外的地方定居，当他告别重重罪孽，准备开始安享退休生活时，屋大维娅横遭暗杀，就此让位于光彩照人的波培娅。但直到公元62年，波培娅才嫁给尼禄[59]。

登上舞台！

尼禄终于可以随心所欲地自由执政了。他将自己的职位视为一个角色，艺术对于角色才是重中之重。他自发地倾向于舞台，这源自他童年时代的经历。尼禄是个爱出风头的人，他喜欢被看到、被观赏。他企图与所有艺术家、运动员、歌唱家和驾车人竞争[60]。他的自我意识过于畸形地膨胀，以至于深信自己是在把才华捐献给世界。

私人活动中的表演给了尼禄一定的自信，毕竟环绕在他身边的都是擅长阿谀奉承的狐朋狗友。之后，尼禄于公元64年第一次正式登台演出，地点是那不勒斯。选择这里不是偶然的决定，这座国际化的维苏威城市饱受希腊文化的浸染。在这儿，戏剧依然被认为是与神有关的艺术，然而在罗马，那些最严厉朴素的元老将表演艺术视为某种形式的卖淫①。初次登台，尼禄连着演唱了好几天，只要他自我感觉良好，就很难离开剧院。他在舞台前用餐，享受观众们的欢呼喝彩。一群来自亚历山大城的人对他极尽恭维，他大为受用，以至于主动邀请其他埃及人来为自己欢呼鼓掌[61]。

每次登台表演，尼禄都被肾上腺素和各种荷尔蒙淹没，这感觉是如此令人上瘾，他再也不想远离舞台生活。他日渐胆大，开始在罗马城唱歌。罗马人民很高兴看到皇帝演唱，并大力鼓励他，他的演出一次次地成功。他果真唱得很好吗？或者，人们只是觉得新奇好玩[62]？为了更多地享受表演的乐趣，他将自己创立的尼禄游艺活动的日期提前了②。光是演唱自己所创作的曲目，对他来说还不够，他想尝试一切。他想在剧院演出古典悲剧和新兴剧目，不管是男性角色还是女性角色，只要台词华美、角色伟大，他都觉得合适。按照惯例，作为喜剧演员，他必须头戴一副皮制面具，每个面具都代表一种特定类型的角色。不过，他创造了自己的面具：当他扮演男性时，他会戴着根据自己的外形特征制作的面具；当他扮演女性时，则将自己隐藏在波培娅的面孔之下。

他为艺术所受的苦难里倒也不乏趣味。在舞台幕后，总有卫兵把他团团围住。一天，他扮演老师塞涅卡[63]创作的《疯狂的赫拉克勒斯》（*Hercule furieux*）[64]。服装师按照演出的要求给他装上

---

① 不能忘记的是，娱乐行业的所有从业人员都饱受耻辱，在法律和社会层面上都带着污点，尤其是，他们被禁止结婚。
② Suétone, *Néron*, 12："他首次在罗马举办五年赛会，按照希腊人的方式（音乐、体操和赛马），并让这一赛会成为尼禄竞赛。"

道具链子，他的侍卫以为他被俘虏了①，扑向了服装师。公元 66 年至 68 年间，尼禄前往希腊旅行，其间参加了许多艺术类比赛。从那以后，他觉得什么都无关紧要了。他再也不理朝政，对国家事务完全无动于衷。他不惜一切代价地渴望被欣赏，规定当他在舞台上的时候，任谁有燃眉之急也不能离开剧院。命令如此严苛，以至于有传言说，有的女子在剧院看台上生下了孩子②。

然而，令人意外的是，他的职业生涯越是发展进步，他就越是畏惧竞争。他想成为最好的那个，便毫不犹豫地除去那些最强劲的竞争对手。他认识多年的好友帕里斯首当其冲。长期以来，尼禄一直很欣赏他的演艺才华，羡慕他如此受异性欢迎，赞赏他那天鹅绒般的嗓音。但像他这样的人是无法超越的榜样，因此，他必须被除掉[65]。自从杀了自己的母亲，尼禄就养成了一个恶劣的习惯：任何引他不快的人都要被处死，简单明了。

戏剧、演唱和音乐并不是尼禄仅有的爱好，他对战车比赛也疯狂地着迷。有什么能比四只紧张的野兽拉动战车飞驰更令人兴奋的呢？为了参加比赛，他大幅增加了年度战车竞技的数量，还学会了驾车。他无时无刻地不在渴求被看到、被赞赏。他在罗马的花园里进行训练，民众纷纷鼓励他。后来，他终于做好了准备，便在马克

---

① 该剧讲述了赫拉克勒斯的狂妄自大以及由此产生的剧情。该剧的作者是塞涅卡，毫无疑问，他是想借此警告皇帝不要过分妄为。但尼禄并没有理解其中的微妙信息，而是急着冲上舞台，演出该剧。

② Suétone, *Néron*, 23. 应该谨慎看待这种谣言，真相可能是，一个分娩的女人发出的大喊干扰到了我们的艺术家尼禄的发声！

西姆马戏团参赛,让一名获释奴隶替他主持比赛[66]。毫无疑问,尽管民众们玩得很开心,眼下暂时保持沉默的贵族们,却越来越无法忍受被一名专横跋扈的小丑所统治的屈辱。

不过,在尼禄看来,生活是一场远远延伸到舞台和竞技场之外的演出。亚美尼亚国王梯里达底(Tiridate)到访罗马一事,被他演绎成了耗资数百万塞斯特斯的大型演出[67]。尼禄讨厌吝啬,对他来说,没有什么比这场仪式更好的了。必须说明的是,梯里达底是帕提亚的安息王朝的后裔,并不喜欢简单朴素——而尼禄也很想给他留下深刻的印象。罗马皇帝要给亚美尼亚国王加冕,以确认东方和平以及两国友好相处。加冕仪式的重要时刻,是一段精心策划的情节。尼禄坐在广场讲坛的一把象牙椅上,身着凯旋将军的盛装,周围环绕着旗手和旗帜,等待梯里达底的到来。梯里达底进入讲坛,屈膝跪在尼禄面前,用和向神致敬一样的方式向尼禄致意。尼禄将梯里达底扶起来,拥抱了他,然后给他戴上了冠冕——在希腊文化中冠冕是国王的象征。最后,尼禄当着所有人的面公开关闭了雅努斯神庙的大门[68],以宣示天下自己是世界和平的重建者。世界在他的脚下,他的荣耀达到极盛。

奢靡生活

尼禄对爱和性的无度渴望,也是他表演欲望的必然结果。这两个方面都让他感到精力充沛,浑身充满了肾上腺素。关于他早期的性经验,人们知之甚少。像许多罗马人那样,他初试的对象极可能是屈从他欲望的奴隶,或受过训练能和任何人游戏情场的妓女。要打动尼禄的心,女人必须具有无与伦比的容貌。他的初恋对象、获释奴隶阿克提,以及后来的波培娅,都是美貌非凡的女子。前者温柔忠实,后者艳丽诱人。除了这两个女人,还有许多男男女女参与过尼禄的色情游戏,却未曾触及他的心灵。

一场场奢华的宴会为漫漫长夜拉开序幕,高等妓女们穿梭其中,一个比一个更美貌、更放荡。一些放荡的贵族渴望得到皇帝的恩宠,参加了当时的特里马奇奥盛宴①的狂欢活动,在这期间,所有的疯狂行为都被允许。尼禄毫不避讳地展示他的双性恋取向,他的怀抱中流连过无数男女,他们来自各个阶层,但都有着令人迷醉的爱抚和激起情欲的肉体。游手好闲的奢靡生活成了孕育各种堕落行为的沃土。尼禄的女性朋友们虽然都是受人尊敬的女性,却扮演妓女的角色且获得报酬,只为体验低贱的快感②并取

---

① 在彼得罗尼乌斯(Pétrone)的讽刺诗中,获释奴隶特里马奇奥组织的盛宴颓废且价格高昂,是毫无节制的象征。宴会中所有的禁忌都被打破,直至发展到令人恶心的地步。

② 我们可以相信流言蜚语里说的,邪恶的王子尼禄误导了正派人士,让他们堕落。事实或许如此,然而,如果我们冒着风险把这与当前社会的情况做比较,就会注意到,妓女幻想在没有金钱问题且从未遭遇过性暴力的女性中普遍存在[根据1996年益普索(Ipsos)所做的一项民意调查,这一比例为22%]。文学和电影领域都采用过这类幻想,例如,弗朗索瓦·欧容(François Ozon)的《花容月貌》(*Jeune et jolie*);约瑟夫·凯塞尔(Joseph Kessel)的《白日美人》(*Belle de jour*),后被路易斯·布努埃尔(Luis Buñuel)改编为电影。古代贵族妇女很可能在尼禄设立的安全环境里有过同样的淫乱幻想,在一种想象的约束下,获得社会拒绝给她们的东西——肉欲和享乐,还有最终的性高潮。

悦主人[69]。

多年来，尼禄的幻想变得愈加复杂化。他身体某部分的演出带有一种施虐狂的色彩，无疑比现实更为戏剧化。有时，他会披上狮子皮，蹿出笼子，跳向绑在木桩上的男男女女的两腿之间[70]。有的历史学家希望在苏埃托尼乌斯本人所谓的"游戏"中看到密特拉崇拜①的萌芽。当然，这看上去合情合理，但似乎无法否认尼禄设计这个淫乱场景的灵感来自马戏团的游戏。

尼禄也享受嘲弄婚姻的乐趣。在另一些节庆之夜，他扮演过他的获释奴隶多律弗路斯（Doryphore）的未婚妻，把自己当成女子献身于他。还有一次，他在一个晚上假装迎娶斯波鲁斯（Sporus）。这名男孩曾经是库柏勒（Cybèle）女神的祭司，后遭阉割，尼禄于是把他当作未婚妻来对待。尼禄的敌人们还指控他与母亲乱伦，这一恶意流言源于他和一个妓女的关系，而那名妓女长得与小阿格里皮娜一模一样。为了激起批评者们的怒火，尼禄欣然讲道，当他和那位妓女同床时，就是在和母亲一起睡觉。当然了，指责皇帝耽于情色、堕落无度，是种常见的诽谤手段。但就尼禄的情况而言，他的表演欲无处不在，导致这些放荡行为似乎符合他把生活当作戏台的想法。

---

① E. Cizek, *Néron*, *op. cit.*, p. 42; R. F. Martin, *Les Douze Césars*, *op. cit.*, p. 160："密特拉教的启蒙包括七个级别，每个级别都对应一颗星辰：水星代表乌鸦，金星象征新郎，火星是士兵，木星则是狮子，月亮是波斯，太阳是赫利俄斯的信使，土星是父亲。"根据该书作者的说法，为什么不能把这些与性有关的场景理解成步入狮子一级呢？但是，尼禄是否需要假借宗教崇拜的理由，来模仿马戏团的游戏？没有什么比这更无法确定的了。

但是，所有这些游戏都不能取代尼禄眼中的真爱，没有人能够得着红发美人波培娅的脚后跟。公元63年，尼禄和波培娅的女儿克劳狄娅·奥古斯塔（Claudia Augusta）[71]出生，他命令已婚女性们参加一个向波培娅致意的宗教活动，在一个新建的神庙中，她以维纳斯的形象出现[72]。然而，幸福没能持续太久。他们的女儿夭折了，公元65年，波培娅也去世了。对尼禄来说，哀恸难以承受。他拒绝火化心爱之人的尸体，在将她封为女神之前，还给了她皇后的头衔。有传言说，尼禄打了怀孕的波培娅，将她殴打致死，只因为一个微不足道的理由：她指责他回家太晚了！可是，尼禄那么爱他的妻子，并且热切地希望能再有一个孩子。此外，古代的历史学家们说尼禄和锡拉丘兹的暴君狄奥尼修斯（Denys）做出了同样的暴行，根据神话，后者杀死了他的妻子。在逻辑面前，谣言土崩瓦解。波培娅可能死于疾病，或者怀孕引起的并发症①。此后，尼禄再也没有坠入爱河，但他还是想要一位皇后陪在身边。他向克劳狄的长女安东尼娅求婚，面对元老们日益增长的不满情绪，与前任皇帝最后一个在世的女儿结婚，似乎是明智之举。但是年轻的安东尼娅并没有忘记，现任皇帝手上沾满了布列塔尼库斯、屋大维娅和她几位朋友的鲜血。尼禄因偏执妄想而进行了数次不适当的大清洗，他们都是肃清行动的受害者。她明确拒绝了尼禄，这等于给自己签署了死亡令[73]，尼禄不再容忍任何不服从行为。随后，他又把目标转向了斯塔提利娅·美撒利娜（Statilia Messalina），一个德行轻

---

① 先兆子痫是一种致命的妊娠并发症，可能是导致波培娅死亡的原因。

第六章　尼禄：母子悲剧

浮的交际花，二人同床共枕已经有几年了。这位爱卖弄风情的女子对第一夫人的角色相当适应，没有闹出什么乱子。

焦土之上，殿堂诞生

对尼禄来说，美是生命的终极目标。他想为自己建造宏伟的纪念性建筑，就像亚历山大大帝和帕提亚王国的历代统治者一样[74]。罗马必须成为他梦寐以求的样子，而公元64年发生的那场大火，给了他实现梦想的机会。7月18日至19日夜，火焰开始吞噬帕拉丁山附近的大马戏团区域。夏日炎热干燥的空气助长了无边火势，导致在地狱般的六天之后，由于再无可燃之物，大火自行熄灭了[75]。罗马城被夷为灰烬，14个街区里只有4个幸免于难。

与一些史学家笔下的疯狂形象相反，尼禄并不是灾难的触发者，也没有在宫殿露台上唱着歌观看罗马城熊熊燃烧。火灾爆发时，他身在安提乌姆，迅速指挥救援行动，紧急安置灾民住宿和安排食品供应。第一公民尼禄并没有组织引发这场大火[76]，不过，他的确把火灾看成一个千载难逢的良机，让他可以根据自己的审美标准重新设计罗马城。为了方便消防员行动，同时也给街道增光添彩，他设计了高出露台的回廊，位于房屋前面，并且用个人资金来资助大部分工程建设[77]。他还对新的建设进行了管理规整：规定了建筑的最大高度，拓宽街道，用体积大的石块修建私人房屋。这位城市规划者还大力增加了供水点的数量，短短几年中，美轮美奂的建筑如雨后春笋般出现①。但是，令罗马人备受折磨的不是重建新城，而是建造尼禄的黄金屋。这座崭新的庞大宫殿吞噬了太多土地，以至于人们窃窃私语："整个罗马将成为他的宫殿：公民们，迁到维爱去，趁那所被诅咒的房子还没修到维爱。"[78]

尼禄从此不再克制自己。他梦想着建造一座象征宇宙的宫殿，而他是宇宙的中心。黄金屋乃是令人难以置信的宫殿建筑群，占地几乎遍及整个帕拉丁，是埃斯奎利诺和凯利乌斯的一部分。那里的自然景色有的经过了设计，有的保留了原生态，亭台楼阁似乎嵌在一片绿色中，人工湖就像内陆海。这处庞大居所的核心部分是餐厅，其穹顶依靠最前沿的水动力技术，可以按照星辰升落的节奏旋转。身为创世神的尼禄处在一切的中心，他在土地上竖立起自己的巨像，一个庞大版本的他，极其高大的身躯俯视着整个广场[79]。宫殿揭幕典礼那天，满心傲慢的尼禄狂喜不已："我终于开始像个人一样居住了。"[80] 丝毫没意识到，因为没收了贵族的土地来建造自己的宫殿，已经激起了他们的仇恨。尼禄拿基督徒当替罪羊，对他们进行迫害，但这只是分散注意力的做法，旨在安抚人民的怒火。然而，元老们眼见祖先的土地被劫掠充公，无法从愤怒中恢复过来。叛乱在酝酿当中。

---

① Suétone, *Néron*, 31. 可能在罗马大火发生前，这些城市规划项目就已经设想好了。

皮索的阴谋

尼禄变得像一个专制暴君，毫无节制地将欲望变成现实。他认为，帝国属于他自己，因为那是母亲交给他的。他虚张声势，口出狂言："就让我母亲现在来拥吻我的继承人吧！"[81]然而小阿格里皮娜已经死去，将儿子脆弱的心理平衡一并带入了地狱。在尼禄心里，只有母亲可以从自己手中夺走皇位，但她早就无法再带来威胁了。

他言行无度，狂妄自大，让元老们相信密谋造反有了合法的正当理由。甚至连塞涅卡也最终放弃了他的学生，他进行了激烈抗争，终于被准许离开宫廷隐退。公元65年春天，这位老哲学家与卡尔普尼乌斯·皮索（Calpurnius Pison）用书信交流了一段时间①。后者来自一个庞大的共和派家族，身边围着一群伊壁鸠鲁主义者，他们倡导灵活的政策，关注精致的生活艺术带来的日常乐趣。最初，这个圈子丝毫不反对尼禄，但他的过分行为最终导致他们策划了针对他的阴谋。如果第一公民成了给国家带来危险的人，就应该将他除掉[82]。

不满的贵族们开始联合起来支持皮索，其中很可能也包括塞涅

---

① E. Cizek, *Néron*, *op. cit.*, p.258. 他们的书信往来始于公元62年，当时塞涅卡依然身在宫廷。一些告密者把两人的事告诉了尼禄，塞涅卡自我辩白说那是诽谤。

卡[83]。这位伊壁鸠鲁派哲学家很受欢迎。他离开元老院,参与到政治阴谋中,不再推举人人厌弃的严苛政府:推翻它,每个人都将得偿所愿。至少有50来个人参与了此次谋反,或许更多。众人决定于公元65年4月19日暗杀尼禄。但是,当阴谋涉及的人数太多时,就不可避免地会被发现。计划施行48小时之前,尼禄确实觉察到了危险[84]。严酷的调查开始了,阴谋者们一个接一个地倒下。每个人都揭发了昨天的朋友,但都没能逃过死刑或流放的命运。尼禄第一次遭遇憎恨,这恨意是因他的所作所为而起。他万分惊讶地发现他的老朋友苏布里乌斯·弗拉维乌斯(Subrius Favius)也是阴谋者中的一员。对方的解释令他无言以对:"我早就恨你了。在你还值得爱戴的时候,士兵中没有谁比我更忠实于你。自从你杀了你的母亲,杀了你的妻子,我就开始恨你,你这个马车夫、小丑、纵火犯。"①

虽然遭到如此憎恨,但这并未妨碍尼禄对阴谋者进行肃清,并摆脱他精神上的父亲塞涅卡,尽管他帮自己掩盖了弑母罪行。尼禄想要杀死"父亲",还想摧毁任何意欲对自己施加权威的人。他派一些士兵和一名长官前往塞涅卡位于坎帕尼亚的家,找到了他,老哲学家和他的年轻妻子庞培娅·保利娜(Pompeia Paulina)正坐在一张桌子旁。长官向他解释道,他被指控参与了皮索的阴谋,对此,塞涅卡平静地予以否认。那名长官回到罗马,告知皇帝他昔日

---

① Tacite, *Annales*, XV, 67. 塔西佗的演讲总是他个人想象的重新建构,但在这种情况下,它们至少反映了阴谋者的想法和尼禄令人憎恨的原因。

老师所说的话，但是尼禄十分坚定，塞涅卡必须死。在宣读判决时，这位斯多葛派哲学家依然保持着庄严和高尚。他向朋友永别，嘱咐他们照管好自己的作品，然后割开静脉，自杀了[①]。就这样，一群真正的罗马人死去了。

诚然，尼禄曾经战胜过许多敌人，但从这时开始，他面对的是前所未有的紧张局势。罗马人会感到害怕，但向来知道如何战胜暴君。

风暴中的小丑

皮索的阴谋并没有将尼禄带回现实，尽管他已人皆憎恨，连民众也不再支持他那些心血来潮的新奇念头。他的雕像遭到亵渎[85]。公元67年到68年冬天，粮食短缺，尼禄想花天价用船为角斗士运来沙土，但没能实现。他对穷奢极欲的追求使他耗尽了国库。为了填补亏空，他增加税收，横征暴敛，还推迟向军队发放薪金[86]。

罗马帝国内部风起云涌，里昂高卢总督文德克斯（Vindex）趁

---

① Tacite, *Annales*, XV, 63-64. 塔西佗记载的塞涅卡之死不太可信。在手腕、脚踝和大腿的静脉都被割断的情况下，塞涅卡可能仍然花时间向他的秘书口授了演讲。他年轻的妻子想陪他一起赴死，也同样割断了自己的静脉，却最终被尼禄的命令救了下来。身在罗马的尼禄，怎会知道在坎帕尼亚的保利娜已经割破了自己的血管？当救她一命的命令从几百公里外的王宫传到坎帕尼亚时，她的血为何还未来得及流光？要么她的伤口很小，要么塔西佗留给我们的描述完全不合逻辑。

机发动叛乱，时任塔拉科西班牙总督加尔巴（Galba）也加入了反叛的队伍。加尔巴曾拒绝过小阿格里皮娜的殷勤，如今又要向她的儿子发难。公元68年3月中旬，暴乱正式拉开序幕，文德克斯的目的似乎是恢复共和国[87]。3月19日，尼禄得到消息，但他错误判断了局势的严重性。他没有质疑自己的政策，而是感到不满，因为煽动者们不仅用"阿赫诺巴尔布斯"称呼他，还把他说成一位糟糕的竖琴演奏者。他开始设想疯狂的解决办法，例如派新任总督到各省刺杀现任总督，或毒杀罗马所有的高卢人。除了这两个古怪的主意，他竟还即兴创作了有关反叛的诗句，还承诺要将其搬上舞台[88]。世界于他不过是一场戏。

不管怎样，他都知道，必须平息叛乱，为此，他派上日耳曼尼亚的卢齐乌斯·维尔吉努斯·鲁弗斯（Lucius Verginus Rufus）出兵，打败从里昂来的文德克斯[89]。可是，他手下的部队不仅不支持他本人，还时刻打算将帝国拱手交给他人。维尔吉努斯赶紧带着军队仓皇回到日耳曼尼亚，以免他们支持新的煽动者。

公元68年4月上旬，尼禄得知加尔巴在西班牙起兵叛乱。这位老总督自称是"元老院和罗马人民的长官"，他管辖的整个行省已向他宣誓效忠，他的老友奥托也从卢西塔尼亚发出响应，加入了他的队伍。至于非洲，已经在军团长官克洛迪乌斯·马谢尔（Clodius Macer）的煽动下，从帝国分裂了出去。尼禄第一次发现，军队站到了他的对立面，眼下这种情势，与50来个贵族嫉妒他权力的状况完全不同。

第六章 尼禄：母子悲剧

黯然谢幕

"妻子，母亲，父亲，所有人都吩咐我去死。"[90]尼禄的声音在剧院中最后一次响起。他刚刚演出了《被流放的俄狄浦斯》，剧中的最后一行台词最终一语成谶。几个月来，他一直在做噩梦。有时，他梦到自己在驾驶一艘船时，有人夺走了他手中的船舵；有时，他看到屋大维娅的幽灵搂抱着他，用力将他拖入黑暗中。最可怕的是，他的外高祖父奥古斯都的陵墓的大门突然打开，从地狱传来的声音呼唤着他的名字。对他来说，这样的预兆等同于警告。末日就快到了，毋庸置疑。

公元68年6月10日至11日，与加尔巴达成秘密协议的两个禁卫军长官之一的尼姆菲迪乌斯·萨比努斯（Nymphidius Sabinus）让尼禄确信，他已经被所有人抛弃了。这一次，惊慌失措的恐惧向他袭来。尼禄走出他的房间，身边跟着一些仍然对他忠诚的获释奴隶。他发现宫殿空了，意识到他的朋友们都是胆小鬼、机会主义的寄生虫。他深为沮丧，又回到了自己的房间，发现禁卫军趁他不在时将他洗劫一空，随后纷纷逃跑。他的御用被毯全都不翼而飞，装着紧急时刻用的致命毒药的药匣也被盗了。他的个人侍卫们——那些唯利是图的日耳曼人，纷纷背叛了他[91]。有生以来，尼禄第一次惊讶地发现，他在他周围营造了一片孤独的沙漠。为了与神同列，他让自己和世人——他的同类们，一刀两断。

尼禄猛然感到一阵清醒，他命令他最后的同伴们去找角斗士斯皮库鲁斯，几年前，他曾经赠予此人一幢房子和不少的钱。但是，谁也没能找到他，他不会用剑刺死昔日的恩人，没有人自愿完成这项可怕的工作。即使在这最具戏剧性的时刻，小阿格里皮娜的儿子也如同在表演，他大喊道："所以我既没有朋友，也没有敌人吗？"

尼禄想离开黄金屋，但不知要去哪里。获释奴隶法昂（Phaon）向尼禄提议，把他在郊区的一处房子当作避难所。尼禄听从了这个建议，在法昂、斯波鲁斯和秘书埃帕弗洛迪图斯（Épaphrodite）的陪同下，他在长衫外面穿上了一件褪色的外套，又绑了一条手帕遮脸。似乎为了使自己安心，他在屋里剩下的东西中寻找一个熟悉的物件。可是，他的金臂环，那只镶着母亲从他幼时床上找到的蛇皮的臂环却无从寻觅[92]。他再也不能浪费时间了。他骑上马，甚至还没来得及穿鞋。四人小心地沿着萨拉里亚的路离开了罗马。远处，士兵们宣誓效忠加尔巴的声音响起。禁卫军长官尼姆菲迪乌斯·萨比努斯付给了他们丰厚的酬劳，让他们拥立新主人为帝。

尼禄感到紧张不安。在罗马城出口，有路人在询问来往的骑士。他们是在找寻尼禄吗？四人骑行至一条小路前，只得放弃马匹，选择步行。经由僻静小径到达法昂的住所，是最好的选择。途中，尼禄的斗篷被荆棘丛挂住。经过艰苦的步行，他到了一个水坑前，俯下身，双手捧起一捧死水，姿态可悲地小声说道："这些是尼禄的清凉饮料。"但他的朋友们见到他这般悲惨落魄的场景,没人再想鼓掌喝彩。法昂将尼禄安置在家中一间简陋的下房里,一张粗糙的褥垫上[93]。如果他不想死在哪个外人的手里,现在是时候选择自杀了。

尼禄绝望地试图延迟那命中注定的一刻。他希望有人为他准备一段木柴烧掉尸体,再在花园里挖一个由几块大理石围成的坑来装他的骨灰。命令的话语梗在喉咙里,他开始抽噎,不断重复一句可能是由后人杜撰的话:"哪位艺术家会和我一同死去!"随后,一个从罗马来的信使到了这里,递给法昂一封信件。尼禄一把从他手中抢过了信,打开便读。罗马皇帝发现,他刚刚被宣布为国家公敌。现在,任何人都能追拿他,杀掉他。于是,他想到了死,但却无力拿起逃生时带着的两把刀中的任何一把。他先测试了一下刀刃的锋芒,又重将它们插进鞘里。为了让自己鼓起勇气,他要求斯波鲁斯开始悲叹哭泣,并请另外的朋友先带头自杀,做个范例。没有人愿意执行这一极不公正的命令,尼禄意识到自己的要求多么荒谬。长久以来,他第一次感到了羞耻:"我的举动多不体面、多么可耻,这和尼禄多么不相称。"[94]

奔腾的骏马发出沉闷的声响,终结了尼禄的犹疑。他的敌人就要来了。在那悲剧性的时刻,他脱口而出荷马的一句诗:"那疾驰的烈马的蹄声,在我耳边轰鸣。"[95]这是他生命的高潮:他挥舞起一把匕首,把它插进了喉咙里。埃帕弗洛迪图斯帮他推下了刀柄。就在那时,一名百夫长冲进了房里,第一个反应是装作前来帮助自杀的皇帝。这一举动证明,因荒淫过度而人皆厌憎的尼禄,作为一个普通人，并不令人痛恨。

堕落的第一公民走向了灭亡。他那鼓鼓的眼睛，那如此令罗马人生厌的灰蓝眼珠，最终定格在了空虚。他的表情实在太可怕，以至于人们注视他的尸体时无不生畏。一些尼禄的忠实朋友找到了加尔巴的获释奴隶伊凯鲁斯（Icelus），让他的尸体不要遭到亵渎和破坏[96]。

接下来的几天里，尼禄的一些忠实朋友和获释奴隶们为他举办了一场价值 200 000 塞斯特斯的豪华葬礼。这些人在政坛上如此微不足道，所以把他们和暴君一同杀死似乎没什么意义。尼禄的尸体上裹着绣有金边的白色袍服，火焰把它烧成了灰烬。阿克提和尼禄幼时的两名保姆埃格洛吉与亚历山德里娅将骨灰收集起来，放置在尼禄父亲的家族坟墓中，离战神广场不远。只有这些真正爱过他的虔诚谦逊的女子，向他表达了敬意。小丑皇帝的骨灰被放入斑岩制成的石棺中，上面是卢娜大理石①的祭坛。

为了使每个人尽量远离暴君，墓地周围环绕着萨索斯石料制作的栏杆。令人惊讶的是，没有人去破坏坟墓。相反，多年来，每个夏天，心怀同情的人都会在陵墓前放上鲜花[97]。善良仁慈的灵魂们不会忘记，在嗜血又狂妄的暴君外表之下，有一个孩子因为母亲畸形的爱、老教师的假仁假义和朝臣佞人的阿谀逢迎而走向堕落。

---

① 指的是一种伊特鲁里亚大理石，来自现今意大利的卢内吉亚诺市。

终　章

　　阿克提小心翼翼地将一束鲜花放在晶莹洁白的花瓶中。她巧妙地安放花茎，以便它们朝着坟墓入口绽放花冠。这样做让整个空间更有戏剧效果，尼禄应该会喜欢吧。她对此感到满意，坐了下来，坐在萨索斯石头的栏杆上，石栏围着她已故恋人的石棺。她喜欢身处阿赫诺巴尔布斯家族的地下墓室，避开城里的喧嚣。那里空气清凉，而在室外，6月的暑气沉闷逼人。她伸出手臂，用指尖抚摸斑岩石料的灵柩台。心爱之人尸体的残骸就在那里面，离她只有几厘米。近在咫尺，却遥不可及。时至今日，他离开世界已有两年了，但一滴眼泪仍然滚落到她的脸颊上。愁绪转变成了温柔的忧郁。

　　在死亡的寂静中，阿克提满心幸福地回想起那个她爱过的17岁红发青年。她将手伸到他脸的位置，轻轻抚摸他的双唇。手指肚保留了斑岩石的清凉感，她给他一个来自墓外的吻。她爱过他，她的尼禄，那样深深的爱，但是她配不上他。即使他把她想象成希腊公主，她也终究不过是个被释放的奴隶而已。而波培娅出身高贵，阿克提并不恨她。曾几何时，尼禄总会在伤心时来找自己，躲到自己的怀抱中。那时她总会随叫随到，将来她依然如此。他和她彼此温情相待，他们之间永远存在着一种坦率和真诚。

　　她伸出一只手，把已成灰色的长发拉回到肩膀上，一缕额发轻柔地滑过嵌有蛇皮的金臂环。她颤抖了一下,仿佛感觉到爱人的亡灵[①]轻掠过她的颈间。她向他轻声诉说起温柔的话语,仿佛他能听见一般。她告诉他,老头加尔巴、叛徒奥托和肥猪维特里乌斯(Vitellius)是如何地自以为是,他们自认为能够比肩他的伟大。

[①] 在罗马宗教中,亡灵代表死者的魂。祭祀祖先的亡灵是私人崇拜的一部分。

第七章　加尔巴：僵硬统治

我只习惯于征兵,而不习惯买兵!

——苏埃托尼乌斯,《加尔巴》(*Galba*),第 16 章

公元68年3月初，从海洋吹来的空气已十分轻柔。塔拉科西班牙常年气候温和，令加尔巴衰老的筋骨感到舒适。借着正午的阳光，总督阅读他的信件，这些来信被安逸地放在一个开放的客厅中，厅通向宽敞的柱廊。在刚打开的书板上，加尔巴认出了里昂高卢总督文德克斯写下的紧张字句。与之前的信件一样，高卢人邀请他加入反叛尼禄的队伍。民怨沸腾，军队已揭竿而起。有了勇气和信念，恢复共和国一事，将得来全不费功夫！

　　加尔巴叹了口气。诚然，尼禄堕落了，他不配戴上皇冠。对一位不安于室的女人所生的王子，没什么好期待的。老迈的加尔巴回忆起卡利古拉死后，小阿格里皮娜在寻找新丈夫时是如何不加掩饰地诱惑自己的，不禁为她感到羞耻。

"抱歉打扰您了，主人。"

获释奴隶伊凯鲁斯的声音让加尔巴从记忆中回过神来。

"主人，我刚刚从广场回来。好些人告诉我说，在省北部的农村，一只骡子下了驹。这预示着巨大的不幸，人们感到不安。"

"一只骡子下了驹，你刚才说？"

伊凯鲁斯点了点头。加尔巴爆发出一阵大笑。这种情况并不常见，尤其是在宣布如此不祥的征兆时。伊凯鲁斯怀疑地看着这位老总督。

"我想，祖父的在天之灵向我发出了一个信号。伊凯鲁斯，拿点写字的东西给我，我有封信要寄给文德克斯。"

活在尤利亚-克劳狄影子里的童年

公元前 3 年 12 月 24 日，加尔巴出生在位于罗马东南部、拉齐奥地区的泰拉奇纳和丰迪[1]两个小城之间的一座乡村别墅中。根据习俗，他得到了家族常用的名字：塞尔维乌斯·苏尔皮基乌斯·加尔巴（Servius Sulpicius Galba）。这是一个多么庞大的家庭啊！由于他家人数实在众多，苏埃托尼乌斯决定放弃去数他的贵族先祖都

第七章　加尔巴：僵硬统治

有哪些人。他的先人都是机会主义者，根据利益决定支持或反对恺撒，而远非出于信念，不过这在罗马并不令人惊讶。

加尔巴的父亲矮小且驼背，没什么演讲天赋，却具有天生的商业意识，并且在执政官任期结束后，又开启了成功的律师生涯。他第一次结婚的对象穆米娅·阿奇亚（Mummia Achaia），来自一个政治和军事上都光荣显要的罗马家庭。他后来的第二任妻子利维娅·奥齐利娜（Livia Ocellina）美丽而富有，本该细细挑选一位如意郎君，却陷入了丑陋的贵族律师的魔咒。她配他绰绰有余，但是驼背律师却回绝了她。她怎么会钟情于一个有这般缺陷的男人呢？他在她面前脱下衣服，展示身体缺陷来吓唬她，但她依然坚持。利维娅·奥齐利娜顽固地坠入爱河，重申了自己的爱情宣言。面对她的决心，驼背男人让步了，与她结了婚[2]。美丽的罗马女子不久就收养了丈夫的两个儿子，塞尔维乌斯随后改名为卢齐乌斯·奥凯拉里斯（Lucius Ocellaris）[3]。

小加尔巴是最高等贵族的孩子，是利维娅皇后[4]的远亲，因此他经常出入皇宫。正襟危坐的皇后，典型的"祖国之母"①，吸引住了他。至于奥古斯都，他喜欢孩子们的陪伴。和一个快乐的小孩玩掷骰子，可以减轻他日常生活的压力。一天，他对小加尔巴友好地说："我的孩子，你将来也会尝到我的权力的滋味。"这句话是单纯的礼貌，还是后人的牵强附会？提比略也注意到了这个孩子。这位

---

①　尽管有元老院的提议，利维娅却从未获得过这个称号。但无论是在社会地位还是在拥护者群体方面，她都是当之无愧的"祖国之母"。

占星术的爱好者被告知，驼背律师的儿子有朝一日将统治帝国，但必须等到他老了的那天。因此，这个预言不会使提比略陷入危险。利维娅的儿子或许会很满足地说："好吧，让他活着吧，毕竟压根不会影响到我们。"[5]但是，加尔巴可能引起了提比略的嫉妒：老太后利维娅赞赏他，并支持他的职业生涯。她甚至留给了他5 000万塞斯特斯的遗产。然而，提比略很乐意在母亲去世几天后就违背她的遗嘱，并将这笔钱的数额减少到50万塞斯特斯。然而，加尔巴从未见过属于他的遗产，提比略以贪婪闻名于世，拒绝付钱[6]。

从童年开始，加尔巴就一直在留意有关他远大前程的征兆。有一天，他的祖父举行一场攘除雷电之灾的祭典。当他将仍然在冒烟的脏腑从牺牲物那张开的腹部拉出来时，一只鹰飞过，从他手中抢走了内脏，并将它们带到了一棵橡树最高的树枝上。这棵树上长满了橡子，它的叶子和果实被用来制作英勇的将军们所戴的公民王冠。奥古斯都本人也有一个。象征帝国的动物带着从老人手中夺下的东西飞到了树上，现场目击者们见此情景，断言帝国权力将在遥远的未来落入加尔巴家族的手中。加尔巴的爷爷不相信这个迷信，说道，当"骡子下了驹"[7]时，他的家人将通知罗马。这句玩笑自然表明了他持怀疑态度，因为由母马和驴生的骡子不能生育。尽管如此，加尔巴毕生都牢牢记着祖父的这句玩笑话。

过了几年，加尔巴刚刚穿上成年托加，又见到了另一个征兆。反复无常的命运女神出现在他梦中，对他说，自己站在他的门槛上，如果他不来找她，她将被第一个来者带走。少年一醒过来，就急忙冲进了中庭。打开前门时，他发现了一个命运女神的青铜小雕像。他深信女神曾在梦中和自己对话，因此将雕像放在位于图斯库鲁姆的家中的祭坛里，并按时向她祈祷。他甚至会组织每年一度的虔诚守夜活动，为了向她致敬[8]，他永远把她视为自己的保护神。

唯好专权

在学习完法律之后[9]，加尔巴开始了他的官职生涯。他以最认真的态度，完成自己的任务。他在举办花神节时，加入了训练有素的大象的表演，引起了众人的注意[10]。在这春天的节日期间，妓女在舞台上一件件地脱下衣裙来刺激男人的生命力，始终会受到欢迎[11]。加尔巴驾轻就熟地资助令人意想不到的活动，表现出一定的政治技巧。不需要做太多，就能让人们带着钦佩，低声说出他的名字。不过，这位年轻贵族不是一个社交人物。欢歌笑语的首都、高谈阔论的夜晚，抑或与交际花共度良宵，都不怎么让他感兴趣。他不乐意通过拍马奉承，来吸引皇帝的目光。个性严苛而专制的加尔巴，在军营里和军士间充分实现了自我。他热爱恺撒礼堂（皇宫里迎接皇帝的大厅）里的军帐，这促使他在行省谋求职位，即使他在结束阿基坦总督任期后[12]，回罗马担任执政官时也是如此。

公元 39 年 4 月，盖图利库斯（Gaetulicus）由于参加了小阿格里皮娜和情夫雷必达针对卡利古拉①的阴谋，被判处死刑。随后，

---

① 参见第四章。

加尔巴被任命为上日耳曼尼亚省的总督。在一个宗教节日期间,他踏上野蛮人的寒冷土地,开始了在军营里的任职。军团士兵们的沉闷日常生活因加尔巴的到来,罕见地焕发出了欢乐光芒,人们感到陶醉,为新任领导人热烈鼓掌。然而加尔巴并没有欢欣鼓舞,反倒要求他们将手放在斗篷里,强制他们安静下来。基调已定,自此以后,这群松散懈怠的士兵唯一的情人,就只有纪律。很快,整个营地都在不断窃语:"士兵,要学会当兵:现在上面是加尔巴,不是盖图利库斯!"[13]

新总督给他的部队安排了大量日常锻炼:搬运武器,修整营地。不管是疲惫的老兵,还是经验匮乏的年轻新人,所有的安排都让他们完全没法闲下来。休假也被取消了。当兵是一种职业,而新总督想要素质超群的军人。日耳曼宿敌经常进犯高卢,加尔巴正打算将他们赶回莱茵河后方。他的严格管理很快赢得了胜利的果实[14]。他是如此战功卓著,以至于卡利古拉前来审查边境部队时,向他表示了祝贺,而那时他刚被任命为总督不久。在他的掌控下,士兵们训练有素,纪律严明。他手持盾牌,带领大军跑在皇帝的双轮马车之后。他的手下身体十分强健,他本人也是如此。他的权威激起了日耳曼尼库斯之子的敬佩之情。对加尔巴来说,这是自尊的胜利。能在自己早年生活的地方给卡利古拉留下深刻的印象,是一种荣耀[15]。

得知卡利古拉去世的消息后,一些朋友请加尔巴上台掌权。他拒绝了,克劳狄登上了皇位。没有给克劳狄制造过阴影的加尔巴,赢得了新皇帝的尊重。公元41年,加尔巴44岁,依然不想放弃军营生活。公元 44 年至 46 年间，他担任阿非利加总督，行使政治和军事权力。这个地区常爆发起义，而他很乐意让一切秩序复原。又一次，他的权威战胜了暴徒和心存不满的人，因为出色的工作，他得以在罗马举办了一次凯旋仪式。

加尔巴是一个强硬的人，缺少同理心，战胜他人是他最美妙的快乐。如果有人控诉他残忍，那也没什么问题。

残忍和贪婪

加尔巴依据上古罗马人的道德习俗来生活。在他看来，严肃刻苦不是陈旧过时的概念。他是小加图精神上的儿子，习惯于每天早晚接受家中所有奴隶和获释奴隶的致敬。这群卑贱的下等人在他面前鱼贯而行，一个接一个地弯下腰背，向他表示，他高人一等。已经很久没人在罗马做这种事了，但是加尔巴坚持如此[16]。

他在营地中同样表现出令人生畏的权威。在一次军事行动中，后勤补给姗姗来迟。他获悉，一名士兵以高达 400 塞斯特斯的惊人价格，卖掉了手中最后一批定量配给的小麦。于是，他命令其他士兵不要在接下来的几天里帮助此人获得食物，任由其活活饿死[17]。其实，在缺少小麦的情况下，人仍然可以到处采集植物为食。但为了使这名士兵挨饿，加尔巴或许孤立了他，并阻止他进食，达到以儆效尤的结果。定量配给的食物不应成为个人致富的资源，否定这一规则会招致无情的制裁。

对所在行省的公民，加尔巴也并没有多几分宽容。当他得知一名货币兑换商诈骗客户时，他命令将此人的双手砍掉，钉在兑换桌上。在当时恶劣的卫生条件下，被截肢的商人很难幸免于死，但是，在死于坏疽之前，他还必须经历羞辱和社会孤立。这样的惩罚，在苏埃托尼乌斯看来太过分了，然而加尔巴却沉醉于此种暴力之中。他所施加的惩罚有时并不合理。比如有一回，一名公民为了夺取遗产，谋杀了他所监护的孤儿，加尔巴下令，把犯人钉死在十字架上。不诚实的监护人抗议道，十字架是专供奴隶和外国人使用的。总督不会因这条司法论据就心软，依然为死刑犯竖起了高高的白漆十字架，比别的都高，以配得上他的阶层！又一次，除了死前漫长的痛苦，犯人还要忍受社会羞辱。

加尔巴的确有虐待狂倾向，对那些无力质疑他的决定或无法损害他声誉的人，他用自己的方式处置他们。但与那些狂妄自大的帝王不同，他对奢华毫无兴趣，故而表面看起来品行高尚。他喜欢大吃大喝[18]，但讨厌别人给他烹饪过于昂贵的餐食。当要感谢后勤军官或来表演的艺术家时，他回馈的礼物十分荒唐：一篮子蔬菜，或是几枚硬币[19]。这些小恩小惠，实际上是对受赠者的侮辱。

但是，铢积寸累，节俭的加尔巴最终变得非常富有。他如此喜欢待在财产旁边，甚至去度假时都会带着所有的黄金。公元61年，他认为自己该退休了，尼禄却建议他重新走马上任，主动给他塔拉科西班牙行省总督的职位。加尔巴无法抗拒再次品尝权势的乐趣，已经年逾64岁的他，极其认真地对待自己的新职位。不过随着时间逝去，即便是权力，也使他心生倦怠。来自罗马的消息令人不安，他认为更慎重的做法是，不要因任务完成得太差而招致尼禄的愤怒，然后享受前所未有的平静生活。他周围的人常惊讶于他的漫不经心，而他的回答颇带一丝犬儒的意味："人们不会强迫任何人说明他不作为的原因。"[20]但很快，加尔巴将再次燃起对军队的激情。

快乐的鳏夫

奥古斯都留下的法律文库规定，向单身人士和未给祖国育有三子的父亲征税。因此，公民的义务使加尔巴不得不结婚。他的妻子列必达（Lepida），是一位当之无愧的尊贵女子。他们一起育有两个男孩，这不足以取消法律所施加的经济处罚。然而，吝啬至极的加尔巴还是宁愿缴税，也不愿在列必达死后再婚。显然，女人的陪伴令他不舒服。

公元41年，加尔巴尚未丧妻。在卡利古拉被暗杀后，被流放的小阿格里皮娜返回罗马，刚回来就将目光投向了加尔巴。当时，小阿格里皮娜26岁，性格坚定，容貌美丽。但是，尽管她配自己绰绰有余，加尔巴还是拒绝了。光把她拒之门外还不够，他还向妻子和岳母抱怨，让老太太替他出面解决问题。这可是良家女人的事！列必达的母亲借着贵族女子们共进晚餐的机会，对这个厚颜无耻的引诱者大加辱骂，还狠狠地打了她一巴掌。

如果加尔巴希望有朝一日成为皇帝，那么没有比奥古斯都曾外孙女更好的对象了。那么，他为什么拒绝了她？他完全不想靠近皇位吗？还是因为他无法忍受小阿格里皮娜独断专行的个性？也许，他在她身上发现了一个野性不屈的凶狠灵魂，她不太可能演好完美妻子的角色。又或者，他更喜欢男人呢？的确，没有史官记载道，他对女人有明显的兴趣。苏埃托尼乌斯也这样提到他的性取向："他对男人有更大的热情，但他要的是身强体壮的成熟男子。"多年间，他的获释奴隶伊凯鲁斯可能既是他的心腹，也是他的同床婢幸。在得知尼禄去世的消息时，他甚至让他除掉毛发做好准备①，以庆祝这一事件[21]。不管此传闻是否为真，它首先证明了一个事实，即加尔巴在他同时代人的眼中被看成一个活跃的性欲倒错者[22]。此外，他把低于公民阶层的男人当成女人来对待，对一名罗马男人来说，他的态度无可指摘——只要他自己的行为举止不像女人就是了[23]。实际上，他的声誉从未因他的个人性取向而受到影响。

阿波罗的继任者朱庇特

公元 68 年初，文德克斯领导了针对尼禄的叛乱，并要加尔巴加入他的行列[24]。塔拉科西班牙省的总督犹豫不决，直到有一天，他知道一只骡子生了小驹。当人们对这桩奇闻感到恐惧时，他却看

---

① 根据事实推断，该轶事是假的：尼禄去世的那天，伊凯鲁斯在罗马，而加尔巴还没有到达意大利。

第七章　加尔巴：僵硬统治

到了命运女神的预兆。刚刚，祖父的预言实现了[25]！所以，正如奥古斯都向他承诺的那样，现在是让他品尝至高权力的时候了。加尔巴已经72岁了，即便他完全健康，也没有太多余生可活了。

加尔巴随即派遣自己的获释奴隶伊凯鲁斯前往罗马，与尼禄身边准备造反的亲信进行谈判和商议。使节伊凯鲁斯很快获得了几位元老和两名禁卫军长官的支持。诚然，文德克斯已被来自日耳曼边境的军队击溃，但是帝国相当一部分地区都准备好了，或揭竿而起，或割据一方，例如阿非利加。于是，塔拉科西班牙省的总督加尔巴大肆进行反尼禄宣传，擅自赋予自己"元老院和罗马人民的长官"头衔[26]。得益于这前所未有的名号，他将必然能够取信所有反对尼禄的人。而他自己，心里已经有了依照奥古斯都模式重建元首制的想法。西班牙其他地方，以及统治卢西塔尼亚省的波培娅的前夫奥托，都归附了加尔巴。奥托强压火气已经太久了，他梦想寻回在罗马的排面。加尔巴的儿子们早就死了，他将会选一个继承人。卢西塔尼亚省总督准备抓住这次机会。

加尔巴在离开塔拉科西班牙之前，行事作风就与皇帝别无二致。他建立了由当地名流组成的宫廷，还铸造钱币，这是属于国王的特权（如果有国王的话）。6月，伊凯鲁斯告知他尼禄去世。在同一封信中，加尔巴还获悉，禁卫军已经宣誓效忠于他，并期待一笔可观的御赐赏金，就像所有士兵期待的那样。不管要许下什么承诺，此刻，罗马终于属于他了！他正式恢复了自己出生时的姓名——塞尔维乌斯·苏尔皮基乌斯·加尔巴，并在其中加入了恺撒的名号。随后，他穿上紫色的将军斗篷，胸前醒目地悬挂着一枚匕首，动身前往罗马城。途中，他轻松地镇压了所有叛乱分子，正如他统治上日耳曼尼亚和阿非利加时那样。凭着规章和纪律，加尔巴解决掉了反叛他的日耳曼尼亚总督丰特乌斯·卡皮托（Fonteius Capito）、阿非利加省总督克洛迪乌斯·马谢尔、罗马的禁卫军长官尼姆菲迪乌斯·萨比努斯[27]。虽然萨比努斯之前归附了他，但是，怎能信任一个臭名昭著的叛徒呢？

公元69年初，加尔巴进入罗马，这似乎是一次胜利。他结束了尼禄的暴政，建立起新的秩序。他占据了皇宫——他的新住所，并命人在中庭悬挂了一幅家谱，可溯源到克里特岛的传奇王后帕西法尔（Pasiphaé）和众神之王朱庇特[28]。通过这样的方式，他打破了尤利亚-克劳狄家族的阿波罗式宣传。自此，朱庇特在帕拉丁山巅开启了他的统治。

秃头皇帝

加尔巴试图按统领军队的方式统治罗马，权威和纪律压倒其他。然而，人民还没准备好过艰苦朴素的日子。就这样，皇帝在创纪录的时间内有效地充实了国库。他专横地对西班牙各省和高卢征收罚金，绝没有白费力气。他还把矛头对准元老和骑士阶层，试图缩短元老的任职时间，强迫骑士们将尼禄赏赐的财富归还国库。只有少数几个他的朋友，通过特权逃过了这次加税。加尔巴不明白，不能像管理军团一样管理国民[29]。

第七章 加尔巴：僵硬统治

很快，元老们开始厌恶那些享有特权的人，他们都是皇帝的朋友。其中包括加尔巴的获释奴隶伊凯鲁斯，他被主人升为骑士；西班牙的下任总督提图斯·维尼乌斯（Titus Vinius），他比加尔巴还贪得无厌；还有加尔巴的前任副官科涅利斯·拉科（Cornelius Laco）。罗马人将此三人称为加尔巴的"家庭教师"[30]，把皇帝说成一个无法自主做决定的年迈老叟，以表嘲讽。实际上，加尔巴只是把他在军营里的习惯带到了宫廷里。在他步步高升的过程中，心腹之人一直跟随左右。他没有意识到，他们将罗马贵族阶层排除在了政府之外。

罗马人民这边，则要求找出替罪羊和牺牲品。尼禄的一条命还不够，哈洛图斯（Halotus）和提杰利努斯（Tigellin）也要血溅五步。前者是皇室的获释奴隶、克劳狄曾经的饭食品味员，很可能是小阿格里皮娜暗杀克劳狄的帮凶。尼禄自杀前几天，就遭到了一群叛徒的背弃，哈洛图斯正是其中之一。后者则是公元68年在任的两个禁卫军长官之一，生于意大利南部一个默默无闻的希腊家庭，通过马匹贸易致富，并与许多皇室成员有着暧昧不明的关系。罗马人素来讨厌新贵暴发户，成功发迹就足以成为活剥他们的皮的充分理由。尽管加尔巴通常十分严苛，却反对给发迹者治罪。他为哈洛图斯提供了一份工作，还公开捍卫提杰利努斯——提杰利努斯赢得了他的恩宠，或许是由于他的朋友提图斯·维尼乌斯鼓动的缘故[31]。

加尔巴日渐笨拙。他年事已高，不再能够灵活地适应周围环境，没有参加帝国游行。诚然，73岁高龄的他仍然自我感觉年轻，但这纯属自欺欺人罢了。他不止一次重复荷马写过的句子："我的力气不减当年。"[32]可是，把这句诗重复多少遍也没用。他的手脚因风湿病而变形，脚勉强还能穿一会儿鞋子，但手指已完全失去了灵活度。暮年的他越发衰弱，腹外疝从腹部突出，只能用羊毛绷带紧紧兜住。他的脸不怎么亲切，也完全没有头发。他突出的眼眶里嵌着深蓝色的眼睛，使他看起来十分严厉。鹰钩鼻子周围是深深的皱纹，下巴长而尖[33]，都让他的面容更显严峻。出于爱美之心，这位老皇帝美化了他在雕像和钱币上的面孔，但此举纯属徒劳。钱币上的他留着剪短的头发，就像今天的军人一样，还去掉了脸上的主要瑕疵。对从未见过他的人来说，这招小小的返老还童术相当有效，然而在罗马，他日益衰颓的外形无法不引起人们的注意。加尔巴意识到，是时候选择一个继承人了[34]，自己的统治只是一段过渡期[35]。

收养，为了更好地统治

士兵们不想放弃，他们要求得到御赐赏金。忠诚的价码十分昂贵：每个禁卫军要 7 500 德拉克马，每个军团士兵 1 250 德拉克马①。他们没有认识到，皇帝不可能支付这么大一笔钱，因为国库

---

① Plutarque, *Galba*, 3. 德拉克马是帝国东部地区流通的银币，其重量为 3.50 克。这本书的作者使用希腊语，不用塞斯特斯作为计量单位。

的财富根本就付不起。但是，比起做计算题，士兵们更愿意采取行动。公元69年1月1日起，上日耳曼尼亚的军团发动叛乱，士兵们拒绝宣誓效忠加尔巴[36]，下日耳曼尼亚的军团士兵甚至一致欢呼推选他们的总督维特里乌斯为新皇帝。

加尔巴急着从罗马选择一位继承人来稳固他的权力。公元69年1月10日，他收养了昔日阴谋家皮索的孙子卢齐乌斯·卡尔普尼乌斯·皮索·弗鲁吉·里齐尼阿努斯（Lucius Calpurnius Piso Frugi Licinianus）。他非常看重此人的贵族身份和节制性格。老皇帝在公开场合拉着年轻皮索的手，还把他带到禁卫军营地，让士兵们一致拥护他为自己的继承人。卫戍部队希望因支持皮索而得到犒赏，但加尔巴仍未决定付钱。

奥托这边，对加尔巴的选择大为震惊。他诚心诚意地以为，加尔巴会收他为养子。皇帝应该向自己表达谢意，感谢自己在公元68年6月的支持。卢西塔尼亚总督倍感失望，便决定以武力夺取政权。军队要的只是一位更慷慨的主人，他的事业将不会太难。

最后一刻要人命[①]

终其一生，加尔巴都在观察他登临帝位的征兆。登基后，他又

---

① *Omnes vulnerant*, *ultima necat*："每分每秒都伤人，最后一刻要人命。"这是一句经常刻在日晷上的句子。

开始关注自己倒台的预兆。公元68年，当他动身前往罗马时，途经的每段道路上都有人宰杀动物献祭。一次，一头用于牺牲的公牛被斧子砍杀，却在最后一刻爆发出力量，逃开了刽子手，冲向加尔巴的驮轿，溅了他一身血。在现场的目击者看来，这一迹象表明他死期将至，且死状惨烈。他到达罗马的情形同样令人不安。当他进入皇宫时，地震袭来，大地发出低沉的隆隆声。不久后，他从皇宫衣橱中取出一条珍珠项链，承诺把它献给放在图斯库鲁姆家中祭坛里的命运女神像，但后来他又改变了主意。

成为皇帝后，加尔巴更多地向卡皮托利山的维纳斯表达敬意。于是，原本带来好运的命运女神被惹恼了，变成了厄运之神。她出现在他梦中，说出苦痛的怨言：他剥夺了她的礼物，她会复仇的！不久后，加尔巴在举行献祭典礼时，他的王冠从头上掉了下来。就这样，每个日常举动最终都会被视作不祥之兆[37]。

公元69年1月15日凌晨，肠卜僧再次警告他注意危险，末日快要来临了。几小时后，加尔巴得知，当天早上还来向他致意的奥托此时人在禁卫军军营。他的朋友们请他也前往营地，去说服士兵们向他保持忠诚——他始终知道怎样向大军施加权威。但加尔巴拒绝了，并留在了宫殿里。他深知禁卫军正在叛变，因为他没有付给他们钱。突然，他身上爆发出了一股战斗精神，命令仍然忠诚于他的军团集结在一起——遥不可及的幻想而已，因为这将花掉几天时间。突然，谣言四起：反叛的士兵们被制服了。一名年轻士兵告诉加尔巴，奥托被谋杀了。老皇帝惊叫道，他曾下达过这条命令。尽管加尔巴不乐意听，但士兵仍继续说，前来支援的士兵已经蜂拥而至,皇帝必须前去迎接他们。于是,加尔巴穿上亚麻胸甲。他知道,在利剑面前,它不会有多大用处,但是他显然没有勇气把他的老骨头滑进狭窄的皮革制胸甲之中。他骑上马,身边围着几个骑士。他们护送他到广场,一路注意让他和周围保持距离[38]。

加尔巴感到一阵怪异的紧张。为了平复自己的心绪,他高喊道——就像他当将军时那样:"你们在做什么,我的战友们?我是你们的,你们也是我的!"但他的言语再也不能激起士兵们的热情。在最后的骄傲中,加尔巴表现得与古罗马人的严酷气质相符,他清了清嗓子说道:"杀就杀吧,既然你们需要!"就这样,加尔巴下达了他此生最后一道命令。护送他的卫队无心打斗,把他血迹斑斑的尸体抛弃在街上。一名士兵急忙上前,砍下加尔巴的头,作为礼物献给奥托。从那时起,尼禄的老朋友奥托成了新任皇帝。他对加尔巴的头颅毫不在乎,将它丢弃给自己的人马。士兵们把头穿到长矛上,带着它穿过营地,一路上不停地骂骂咧咧[39]。

经过多次冒险尝试后,加尔巴的管家阿尔吉乌斯(Argivus),在奥勒留路的加尔巴私宅的花园中找到主人的头,将它埋在他的遗体旁边。元老院承认,加尔巴不是一位暴君。他是一位严厉的老兵,他不受欢迎的改革使国家受益。元老院投票,决定在加尔巴被暗杀的广场上为他竖立一座纪念碑,以缅怀他的尊贵。然而石碑永远不会立起来了,很快,韦帕芗(Vespasien)就会下令禁止此事。

终　章

一阵剧烈的咳嗽撕裂了提杰利努斯的胸廓①。又一次，嘴里满是鲜血的味道。他早晚要被这该死的病弄死。但就目前而言，他更喜欢泡在热水桶里。他快60岁了，再没什么可期待的了。加尔巴挽救了他的性命，这几乎是个奇迹。好吧，也不完全是。他总是知道如何保证后方的安稳。

提杰利努斯伸出手臂，从一张镀金青铜三脚桌上，拿起一个装满法莱纳葡萄酒的亚宝石瓶②。酒味祛除了他口中鲜血的味道，他的肌肉在热水的作用下，缓慢地放松下来。这位沉醉在缭绕蒸汽里的前禁卫军长官，深深地陷入了回忆中。和恺撒同桌用餐的时候，他还不满30岁。魅力出众的他，适时地接近了尼禄。这的确是一项了不起的行为，因为试图如此的朝臣们络绎不绝，一个比一个阿谀逢迎。其中就包括奥托。想到这个马屁精，提杰利努斯的双唇紧紧抵在酒杯上。谁曾想到他会一路往上爬，直至成了皇帝呢？比起派他驻守卢西塔尼亚，尼禄本该杀了他更好。

提杰利努斯又咽下了一口酒。他为自己出色的职业生涯感到愉

---

① Tacite, *Histoire*, Ⅰ, 72, 1; Plutarque, *Galba*, 2; *Othon*, 2. 自尼禄统治结束以后，提杰利努斯似乎患上了肺结核，或许这就是他会远离叛徒和阴谋者的原因。

② 一种彩虹色的玻璃杯，非常受奢侈餐具爱好者的欢迎。

悦，并满心打算退休。他闭上眼，沉到散发着碘味的热水中。整座房屋只在穹顶开了一个眼洞窗，仅令一束光芒射入，在浴室的黑白马赛克地板上留下一个光斑。气氛是如此宁静，静得让他几乎快要睡着。然而，一道微弱的声音让他从迷迷糊糊中醒了过来。提杰利努斯从大理石浴缸中直起身，用眼神威胁着那名放肆无礼的奴隶，他竟敢打扰自己。年轻的男孩伸手递给他一块书板，那是一封来自罗马的紧急信件。提杰利努斯察觉到，在他私人浴池的热水室和温水室之间的门阶上，站着一名全副武装的信使。他抓住了这封信，目光扫视了一下刻在蜡板上的几行字。亚宝石酒瓶从他手中滑落，摔碎在地板上。葡萄酒洒到马赛克上，流成一大片紫色。

第八章　奥托：善终之道

我不能再让如此勇敢的有功之臣遭受危险。

——苏埃托尼乌斯，《奥托》（*Othon*），第 10 章

奥托向后退了一步。想到双脚要踏进血水坑里，鞋上沾满热乎乎的黏稠鲜血，他感到心生恐惧，正如此刻，他眼睁睁看着一名士兵死在自己脚下一样。这个人自杀了，因为大本营里没人相信他。他究竟目睹了怎样肮脏的屠杀，让他宁可选择割喉自刎，也不愿被后方的同伴们说成是逃兵？奥托皇帝意识到，他正在输掉贝德里亚库姆战役[1]。此时此刻，维特里乌斯的军团正在击溃他的手下。

一种厌恶的感觉占据了他的心。眼前所有的鲜血，还有权力的滋味，都变得令人恶心。他不希望罗马人因他而互相残杀，他不能让兄弟们流血。如果手足相残是获得皇位的代价，那么这太昂贵了。

奥托抬了抬眼皮，看到哥哥和侄子的眼中满是惊悚。他知道，如果维特里乌斯占领他的营地，他们都会死。这没有任何意义，他不想要帝国皇帝的王冠。现在没有逃生之路了，如果想要终结屠杀，拯救身边的人，他只剩一个办法。他用手指摩挲着剑柄。他从未像现在这般，对自己如此确信。

伊特鲁里亚家庭

"他这样的人，我都不指望我能有比他更好的子女了。"[2]克劳狄用热情洋溢的话语，庆祝卢齐乌斯·奥托步入贵族的行列。未来皇帝的父亲揭发了一名罗马骑士的暗杀企图，由此获得了跛足君王克劳狄的友谊。卢齐乌斯·奥托来自拉齐奥南部费伦提乌姆的一个伊特鲁里亚大家族，据传闻说，他的祖母并非天生就是自由之人而曾是奴隶。

无论如何，奥托一家一直与奥古斯都之家的成员保持着密切来往。他的祖父马库斯·萨尔维乌斯·奥托（Marcus Salvius Othon）享受过利维娅的恩典，他的父亲卢齐乌斯·奥托则与提比略十分亲近，以至于有时被后者当成儿子一般对待。多亏了提比略的喜爱，卢齐乌斯·奥托在公元33年接替加尔巴担任执政官。有了这个令人称羡的职位，他得以和一位名叫阿尔比娅·特兰提娅（Albia Terentia）的上层贵族妇女结婚。婚后，这对夫妇生了三个孩子，两个男孩、一个女孩,其中年龄最小的那个孩子正是未来的恺撒。他出生于公元32年4月28日,同样名叫马库斯·萨尔维乌斯·奥托(Marcus Salvius Othon)。

卢齐乌斯·奥托出类拔萃,受人尊敬。他力图给自己的后代反复灌输真正的罗马价值观,但他最小的儿子却不是一个容易管教的孩子。从十几岁起,马库斯宁愿出没于红灯区,而不愿学习。虽然说,在苏博拉的妓院里流连狂欢没什么不合理的,可年轻的奥托也做得太过分了。他身披连帽斗篷遮住自己,在罗马的小巷里骚扰和殴打路人,然后在黎明时分返回家中,状态衰颓。不过当他碰到了父亲,便不可避免地要遭受一顿惩罚。他常挨父亲鞭打,就像最无礼的奴隶那样被打,但这仍然无济于事[3]。青少年时期的奥托无法抗拒轻浮的乐趣,他生性就是如此。

年轻的奥托胸中充满凌云壮志,可惜的是,他的父亲永远不会看到他的志向实现了。后来,成为孤儿的奥托,把自己的目标设定为成为尼禄的朋友。他比尼禄大五岁,两人对宴饮之乐有着相同的嗜好——有共同点的人容易成为朋友。但是,他并未利用父亲的人脉,靠人把自己引荐给宫廷,反而是最出乎意料地,建立起了自己的社交网络……

王子的朋友

差不多在尼禄统治的头几年,奥托成了尼禄的朋友。为了接近尼禄，奥托引诱了皇宫里一位年老的获释女奴[4]。这位成熟的女人出于种种原因，乐于接受贵族青年的追求。首先，获释奴隶和奴隶们有时候喜欢与贵族产生感情关系，后者是有价值的情人①；其次，20岁出头的奥托身上有一丝非常迷人的"坏孩子"特质；最后，他的大胆和魅力弥补了他外形上的劣势。奥托个子不是很高，两腿膝盖有些外翻，还像女人一样除掉身上的毛发，这在罗马人看来不是一种有男子气概的行为。奥托渴望保持皮肤的柔滑，原因无疑是，皮肤是他最重要的外形优点。苏埃托尼乌斯说，他剃了胡须后，就往脸上涂上面包糊，使胡须长得不那么浓密。另外，他不能忍受自己年纪轻轻就脱发了。为了摆脱这种连恺撒也不得不忍受的对头发的执念，他让人制作了一顶完美的假发[5]。关于此事，钱币学家可以从有他肖像的硬币上猜测出来，因为他的颅顶上装饰有一排锯齿状的头发[6]，而这并不符合任何当时的流行趋势[7]。

尽管酷爱打扮，奥托的个性却很强势，他梦想着手握权力。从皇宫里的宴会，到秘密旅馆里的狂欢，他成为尼禄最好的朋友之一，陪伴年轻的皇帝参加最疯狂的消遣娱乐。如果"那个女人"没在他们之间播下麻烦的种子，两人的友谊本来可以延续更久。

---

① Pétrone, *Satiricon*, 126. 书中，贵妇喀耳刻的女仆克里西斯对认为她喜欢上了自己的昂科尔珀回应说："我从没有和奴隶睡过。若是如此，诸神只会让我张开双臂，迎接被钉在十字架上的未来。贵族女士们会轻吻遭鞭笞的身体上的伤痕，而身为仆人的我，只会骑在骑士身上。"

第八章 奥托：善终之道

坎道勒斯和波培娅

公元58年，奥托25岁，尼禄20岁。他们热爱女人，热爱欢宴，但很快他们就遇到了"那个女人"。波培娅，28岁，面庞有如维纳斯，身体比古希腊交际花芙里尼（Phryné）① 更为性感撩人。这位惹火的红发美女脸上带着虚伪的神色，她已经结过一次婚，还是一个小男孩的母亲。她的前夫是克劳狄昔日的禁卫军长官鲁弗里乌斯·克里斯皮努斯。她梦想能生活在宫廷，赢得尼禄的恩宠。为此，她必然试图采取策略，将皇帝捕入网中。

于是，波培娅想办法与奥托在路上擦肩而过，他也毫不出奇地拜倒在了她的石榴裙下。除了美貌，波培娅还拥有敏锐的头脑，着实令人难以抗拒。奥托自然答应了她的请求，把她带进了宫廷。

关于波培娅和尼禄的相遇，塔西佗写过一段坎道勒斯式②的抒情诗，让我们暂且把这个版本放在一边。塔西佗不知羞耻地剽窃了希罗多德笔下的吕底亚国王坎道勒斯的神话，将其中三个主要人物换成了波培娅、奥托和尼禄。奥托当然没有像国王那样将波培娅介绍给尼禄——坎道勒斯疯狂迷恋着王后尼西娅，想让裘格斯将军也来欣赏她美丽的裸体。而奥托完全不乐意与皇帝共享妻子，红发美

---

① 芙里尼是古希腊著名的高级妓女，她曾担任著名雕塑家普拉克西特列斯的模特。
② 这是一种偏离大众的性癖好，指的是一个男人乐于享受妻子和另一个男人欢好。

女波培娅也压根不像尼西娅,不是由于丈夫的变态爱好而遭受屈辱的忠贞女子[8]。然而对于此事,我们优先考虑苏埃托尼乌斯和卡西乌斯·狄奥记载的版本,它们更偏于陈述事实,也更可能是真的。

当然了,奥托让波培娅进入了宫廷,但当时她依然是克里斯皮努斯的妻子。很快,尼禄就爱上了这位有着雕塑般容貌的贵族女子,为了方便和她通奸,他命令她与丈夫离婚,再和奥托结婚。尼禄本人已经有了妻子屋大维娅,而且,出于政治原因,他无法迎娶波培娅。他殷勤的好友奥托可以给波培娅一个表面的好名分,以此掩饰他们的关系。唉,可惜,奥托越来越无法忍受妻子离开家庭,前往皇宫侍寝。他内心燃起熊熊妒火,向妻子发难,劝说她不管愿不愿意,都要履行婚姻的义务。为了舒缓朋友烦躁的神经,尼禄主动把卢西塔尼亚总督的职位给了奥托,尽管从他的职业生涯来看,担此大任还为时尚早。看似飞速晋升,实际上却是流放……尼禄下令奥托将妻子波培娅留在罗马!当新总督刚刚启程奔赴西部行省,一个谜语就传遍了整个罗马:"你知道为什么奥托会顶着一个虚假的头衔被流放吗?那是因为他成了妻子的情夫!"[9]

奥托目睹了尼禄怎样与母亲假装和解,又如何把她除掉。无疑,他会自觉庆幸,有幸避开了被皇帝直接杀掉的命运。他知道尼禄什么都做得出来,因此,他在卢西塔尼亚度过了接下来的十年。厌倦了年轻时无意义的放纵,远离了罗马城的风风雨雨,他逐渐变得平和理智。父亲给他灌输的价值观终于在他身上表现出来。他严谨而温和地尽职尽责,并学着为公共利益而工作[10]。

叛乱之风

35岁那年，奥托再也不是昔日那个傲慢自大又挥霍无度的年轻人了。远离城市的生活把他变成了另一个人。他养成了责任感，一举一动都如值得尊敬的政治家一般[11]。公元68年初，他得知尼禄的妄为引发了人民的愤怒、军队的蔑视和元老们的仇恨，对此他并不感到惊诧。如果奥托没有被迫告别危险重重的宫廷，此时的他也可能陷入糟糕的境地。

奥托身在帝国西部的卢西塔尼亚，几个月里，他见证了一连串事件的发生。先是高卢总督文德克斯起兵叛乱，接着，西班牙的加尔巴和非洲的克洛迪乌斯·马谢尔紧随其后。于是，奥托决定支持他的同事——塔拉科西班牙总督加尔巴。根据苏埃托尼乌斯的说法，这一决定既出于向尼禄报仇的渴望，也受到占星师塞琉古斯（Seleucus）预言的激励，后者言之凿凿地说奥托即将成为帝国统治者。登上皇位的想法在奥托脑中逐渐蔓延，他开始考虑在加尔巴死后接替皇位[12]。公元68年6月，没有儿子的加尔巴宣称自己是罗马的新主人。尼禄的老朋友奥托希望新皇帝会为了感谢自己对他的支持，而适时地收自己为养子。据记载，公元68年秋天，奥托回到罗马。为了被众人拥立为下任皇帝，他甚至养成了每次前往皇宫都往禁卫军手中塞几枚金币的习惯[13]。他的慷慨令他付出了沉重的代价，因为他挥霍掉了最后的积蓄。如果他无法成为加尔巴的继任者，他必然要破产。乐观的他开玩笑说，比起战场上罗马敌人的剑，他更害怕广场上债权人的怒火[14]。

1月份，莱茵河畔的军队一致推举他们的总督维特里乌斯为皇帝，矛盾自此激化。为了保卫罗马，加尔巴收养了他选的继承人——皮索。奥托的希望化为了泡影。他决心发动政变，向五名禁卫军表明了计划，这五人招募了其他阴谋者。吸引这些人的是奥托随即支付给他们的钱财，高达10 000塞斯特斯。

奥托想在当晚采取行动，但想到可能引发的残酷暴力，他放弃了。他听取了塞琉古斯的建议，又等待了几天。那是无尽漫长的五天。1月15日，他下令同伙们在广场上等他，他则同往常一样前往皇宫拜见加尔巴。加尔巴给了他一个热情的拥抱，他很看重这位年轻的元老。之后，老皇帝开始进行日常祭祀仪式，在场的肠卜僧警告他危险正在迫近。目睹此情此景，奥托明白，诸神站在他这一边。他借口感到发热，小心翼翼地从宫殿悄声溜走了。然后，他偷偷爬上了一个女式的驮轿，合上窗帘，命令轿夫们把他抬到埃斯奎利诺高原的禁卫军营地。是时候被众人推举为皇帝了！

但驮轿很重，轿夫们不像马那样强壮有力。奥托不耐烦了，干脆冲出轿子，在几名禁卫军的护送下步行前往目的地。他一只脚上的靴子松开了，整个人差点摔倒。军士们借此机会抓住他，把他举起来扛在肩膀上。这位就是他们的新主人！他们手里拿着剑，护送他走入营地，敦促所有的同伴起来欢呼，共同拥立奥托为皇帝。新任恺撒的第一道命令是暗杀加尔巴及其继承人皮索。他的指示迅速传到了阴谋者那里，他们从黎明开始就一直在广场等待。这道命令在所有禁卫军中传播开来。之后，加尔巴被一些军士杀死了，死在那些他不愿意花钱购买的兵卒手里——用他自己的话说。

同时，奥托像往常一样去元老院。并且，他总是依照传统，表现得十分谦虚。人们把他推上皇位，他如何能拒绝呢？没有人反对他的登基。毕竟，几乎没人喜欢个性严苛的加尔巴，他的苍老被视为一个引发政治不稳定的因素。

新皇帝虽然还年轻，但已有丰富的总督经验，很快，他就产生了影响力。然而这段任期的开端却显得波涛汹涌，因为维特里乌斯在北方称帝了。

新的尼禄

一些元老对这位新皇帝感到不信任，他曾是小阿格里皮娜儿子的亲密朋友，他们认为他是个危险的人。但是奥托马上就召回了被暴君流放的贵族[15]，从而消除了他们的疑虑。他的慷慨和分寸感很快使他变得令人喜爱。

此外，他还为人民献上了提杰利努斯的头颅，此人被视为尼禄的邪恶精神的化身。没有什么比替罪羊的鲜血，更能让群众心满意足的了。奥托派卫兵前往这名前任禁卫军长官在西努埃萨的海滨别墅，强迫他回到罗马接受审判。提杰利努斯向来喜欢说大话，他试图和士兵们进行谈判，想赠给他们大笔钱财，以便登上停泊在家门前的船而逃生。但是奥托手下的人收入不菲，不为所动，仍然忠于主人的命令。他们要把他带回罗马，处决他，以平息暴民的愤怒。这位老人庄重地接受了死刑宣判，他只需一点时间即可梳洗完毕，然后跟他们走。士兵们给了他尊严，让他退到浴室里刮掉胡子。片刻之后，他们发现他已倒在血泊当中，剃须刀插在颈动脉处[16]。民众将无法看到他死去的情景，不能因此大饱眼福了。

短短几周内，奥托赢得了元老院的尊重、军队的忠诚和人民的热爱。有些人回想起尼禄在"五旬期"① 时的种种好处，也给他起了个"尼禄"的绰号。奥托也赶着恢复尼禄时期的风潮[17]——奢华盛景，没有过分的暴君行为。他接受了人们给予他的非正式昵称——"尼禄"。这一选择表明，他希望在他的皇帝任期和尤利亚-克劳狄王朝之间建立起一种连续性，因为一个多世纪以来，没有哪个与他们无关的皇帝是合法执政的。他完成了黄金屋的建造：既然君主制是公认的事实，那么宫殿也要修完。然而，尼禄留下的巨大房屋完全不是奥托的庇护所。他常在夜里大喊大叫地惊醒，仆人们匆忙赶到他的床边，皇帝做了可怕的噩梦。加尔巴的魂灵在折磨他，即使为他献祭牺牲也无济于事。噩梦总是不好的征兆，难道，他的结局已经快到来了吗？

英雄结局

奥托无意与维特里乌斯开战，内战不是他的选择，他想要和

---

① 参见第六章。

平。苏埃托尼乌斯的父亲拉图斯·苏埃托尼乌斯（Suetonius Laetus）以骑士级军官的身份①参加了这次御驾亲征，跟在皇帝身旁，他证实了奥托不愿进行手足相残的内战[18]。在元老院的同意下，奥托派出使团通知日耳曼尼亚总督维特里乌斯，说他已经被拥立为皇帝，还提议他娶自己的女儿为妻，以确保安定和睦的方式使他加入掌权者之列。但是，总督拥有边境上那些最英勇军团的支持，已经准备好向罗马进军。奥托再也无法避免对抗，决定于公元69年3月24日匆匆前往战场。然而当时，自3月1日起展出30天的神圣盾牌尚未放回战神圣殿——一种古老的迷信认为不能在此期间离开罗马参加战斗。除此之外，众神之母库柏勒的祭司们也在这一天，以悲歌痛哭的方式来庆祝阿提斯（Attis）②的阉割。这一天既不利于战争，也不利于阳刚气势[19]。

奥托在意大利阿尔卑斯山脚下对阵维特里乌斯的军团。相比敌军，他的军队不那么疲惫，而且对主人充满信任。然而，当时奥托待在后方，他的人马虽然接连赢下三场战役，却没有完全击溃敌军。4月14日，两军在贝德里亚库姆碰面。维特里乌斯暗示，自己已经做好了谈判的准备。在度过疲惫的三周后，奥托的人马趁此时机放松下来。但是，黎明时分，维特里乌斯的部队却一反最基本的战争规则，发起了猛烈进攻。

---

① 在骑士民兵部队中任职的低级贵族成员。
② 罗马人欣赏东方的库柏勒女神崇拜。库柏勒女神的侍奉者是一群被阉割了的祭司，比如亲自动手阉割了自己的阿提斯。出于嫉妒，库柏勒让他发了疯，因为他爱上了一个仙女。

奥托留在了后方，得知前线战事如火如荼，后备军们准备好了奔赴战场，另外一些来自潘诺尼亚、美西亚和达尔马提亚的部队，也集结成队向他靠拢[20]。他还可以再坚持几天，只要付出流血的代价。进退两难之际，一名从战场上回来的士兵帮他了结了困境。这位军人告诉他说，他的部队已遭到溃败。但留在后方的人拒绝相信此人，称他是临阵脱逃的懦夫，说他在撒谎。对这名视尊严为信仰的军团士兵来说，这种话太过分了。他不是胆小鬼，也不是骗子。他自杀了，倒在了奥托脚下，以表明他没有因害怕死亡而离开战场。

奥托见此，大受震动，大声宣布不再让勇敢的人遭受不必要的死亡[21]。他知道自己能登上皇位要归功于这些士兵，并拒绝为了保住皇位而让他们流血牺牲。如果他想拯救自己的士兵，就必须做出一个决定，一个只有真正的罗马人能做的决定：他劝说亲戚们离开营地，逃往罗马避难，不管是他的兄弟还是他的侄子都不该和他待在一起。他向与他在一起的朋友们致意，坚定地打发他们离开，尽量抑制自己感情流露。然后，他退回军帐里，写下了他最后的书信：一封是写给自己姐妹的诀别书，另一封则是写给斯塔提利娅·美撒利娜的请求。不用说，他必然在年轻时遇到过年轻的她。这位漂亮的贵族女子当年曾围在尼禄的身边，并作为权宜之选，在波培娅死后担任皇后。奥托曾经向她求婚，目的是加强他的任期与前任尼禄之间的连续性。但年轻的美撒利娜忧心性命之虞，故而不愿再次接受一场危险的政治婚姻。尽管如此，奥托还是在信中要求她来组织自己的葬礼，并且维护他死后的名声免遭敌人攻击。

完成这项任务后，奥托小心翼翼地烧掉了他全部的信件。无论如何，他都不愿连累亲人的生命，因为他知道皇权的突然更迭将要带来大清洗[22]。从此刻起，他做好了带着尊严死去的准备。尽管如此，他还是为自己留下了最后一个夜晚。那一夜，他接待了所有希望与他交谈的人。天亮之前，他测试了一下两把剑的锋刃，对它们的锋利感到满意，又独自在房间里待了一会儿。破晓时分，他将剑插入了胸膛。在戴了80天皇冠之后，他告别了人世，死在了那群最忠心耿耿的人中间。

他的死亡并没有被视作懦夫的行为——恰恰相反，自杀需要勇气，决意赴死是崇高的证明。通过死亡，奥托恢复了和平，把罗马留给了唯一一人——维特里乌斯。当他的尸体被焚烧时，好几名士兵相互刺杀，以陪伴他死去，就像很久以前，角斗士们为了追随一位贵族互相残杀、以身殉难那样。

自公元69年4月16日以来，任何一个罗马人在小声提到奥托的名字时，都称赞他是位英雄。奥托自认为是他暗杀了加尔巴，重建了共和国，恢复了自由。实际上，奥托的所作所为只是徒劳之举。已雄踞东方的犹太总督韦帕芗，把罗马的混乱看作执掌大权的机会。灾祸重重的这一年，还远没有结束。

终　章

斯塔提利娅·美撒利娜的手在颤抖。她不想打开奥托的来信，她已经想到他会命令她自杀，因为她拒绝和他结婚。假如是尼禄的话，定然会这样对她，而奥托和尼禄没什么区别。自从尤利亚-克劳狄家族最后一任皇帝离世，罗马帝国的前任第一夫人一直生活在恐惧之中。

斯塔提利娅·美撒利娜是在尼禄去世前一天万分小心地离开宫殿的人之一。她不想遭受卡利古拉的妻子卡桑尼娅那样的结局。她已经前往一栋海滨别墅中避难，不再想踏足罗马一步，甚至没有去参加尼禄的葬礼。她可不想面对暴力骚扰，甚至更糟的事！

她紧张地摩挲着右手无名指凹处的那枚戒指，红色玉髓凹进去的部分刻的是维纳斯。她双手握着垂在身体两侧的发绺。爱与美之神会关照爱情，如果她不想又一次被求婚，或许是时候摘下这枚戒指了[23]。顿时，她怒不可遏，摘掉戒指，把它扔到房间的角落里，接着一下子打开了奥托的来信。

她的目光掠过蜡质的书板表面，来信者用刻笔在上面刻下了文字，字迹精致而优雅。她惊讶地发现，皇帝在信中向她宣告了自杀的消息，还请求她为他组织葬礼，并出于对他死后声誉的尊重，给他守灵[24]。年轻女子叹了口气，心里一块石头落了地。至少没要求她割脉自杀，这已经够了。她为仍能活着感到幸运，把书板放在一旁，走出门去，去前厅柱廊下沐浴四月暖阳。她将双手在面前伸开，享受明媚的阳光，却发现右手空空，没有戒指来装饰。她感到一阵紧迫感袭来，必须去金匠那里，再买一个新的！

第九章　维特里乌斯：饕餮无度

敌人的尸首总是飘香，我们公民的尸体更芬芳。

——苏埃托尼乌斯，《维特里乌斯》(*Vitellius*)，第 10 章

维特里乌斯只急着做一件事——返回罗马。但是他知道,无论走到哪里,他都必须履行帝国赋予他的职能。这样,当他击溃奥托时,他将会得到人民的支持。自从离开日耳曼尼亚以来,他每到一个有当地显要人士的城镇,就会在那里停留。卢格杜努姆以南的维埃纳是个不大的城市,不过许多商人和贵族在这儿居住。维特里乌斯不可能不对此地居民表现出和蔼亲切,世上有一件事,他做起来得心应手,那就是将他的厌倦和轻蔑掩藏在一种似是而非的殷勤表情之下。父亲在孩提时代就曾教过他这一点,而他常有机会将这种隐瞒的艺术付诸实践。

肥胖的罗马人在法官的座席上坐下，微笑起来，脸上的脂肪团像滑溜溜的果冻一样，在脸颊两侧和厚嘴唇下颤抖。一个身穿元老托加的高卢人朝他走去，恭恭敬敬地向他致意。这个人面朝着广场，申诉道，自己向街头的熟食餐厅（*thermopolium*）供应葡萄酒，但从没收到过酒钱。接着，他的律师开始了枯燥乏味的辩论。维特里乌斯强忍着哈欠，一直在微笑，但圆溜溜的眼睛里流露着厌弃，他讨厌被这群外省人困住。他憎恶这个四面透风的乡村法庭，离他几米远的地方，三只母鸡和一只公鸡在啄食马赛克地面上的虫子。他用眼角的余光，紧盯着几只家禽前进，想象它们已经被煺毛、烤熟，腹中塞满了馅料……他的双颊微微颤抖，口水流了满嘴。突然，走到了台下的公鸡开始拍打翅膀。律师轻轻踢了它一脚，并未终止自己的长篇大论。受到惊吓的禽舍之王飞起来，飞到了维特里乌斯的肩膀上。场面十分滑稽，法庭爆发出哄堂大笑。维特里乌斯脸涨得紫红，摇晃起身子，试图赶走这只可恶的动物。结果公鸡又飞到他头顶上[1]，还啄了他几下，以保护自己免遭身下愤怒的粗壮双手的伤害。维特里乌斯实在太肥胖了，几乎无法举起手臂。他可怜地扭动不停，旁边的一名士兵用长矛手柄撞向公鸡，它被击中，掉到了地上。

人群变得热闹又欢快。然而在笑声中，维特里乌斯听到一个声音在警告：小心高卢鸡！

天生一个马屁精

在写维特里乌斯一生的序章时，苏埃托尼乌斯曾对他的先祖提出过疑问。关于他祖上，有些人说声望非凡，有些人则说卑微下贱。这个家庭可能来自萨宾，或许拥有王室血统，于某个难以断定的日期抵达罗马，随后进入贵族行列。但是也有说法认为，这个族裔始于一个名叫卡西乌斯·塞维鲁斯（Cassius Severus）的获释奴隶，他的职业是皮匠，娶了一个做过娼妓的女子为妻。对苏埃托尼乌斯来说，只有一个事实确凿无疑：这个骑士家族来自努凯里亚（现在位于坎帕尼亚的诺切拉）。自奥古斯都担任皇帝以来，其成员一直担任高级职务。在公元后第一个世纪，维特里家族的人离帝国最高权威机构十分接近[2]。

未来皇帝的父亲卢齐乌斯·维特里乌斯在叙利亚享有盛名。他通过缓和与帕提亚国王阿尔塔邦三世的关系，巧妙地履行了省总督的职责。他是如何达成如此成就的呢？这完全是个谜，但有一件事我们倒是可以打赌，他可能运用了他最具禀赋的天资——拍马逢迎。回到罗马后他也无数次展现了这种才能，首先是在卡利古拉面前。尽管元老们无法再忍受军靴皇帝的傲慢与不公，但维特里乌斯仍继续对他卑躬屈膝——包括字面意义上的。他百般讨好卡利古拉，从叙利亚的仪式中得到灵感，每当见到后者时就头蒙面纱，俯首跪地，仿佛敬神一般。他被个性反复无常的皇帝喜爱，但同时激起了他的元老同侪们的愤怒，于是关于他的恶意谣言很快传得沸沸扬扬。卢齐乌斯·维特里乌斯疯狂地爱上了一名获释女奴！事情到此还没什么严重的，但是，他沉湎于和她有关的怪异的变态行为。他把她的唾液与蜂蜜混合，每天愉快地品尝这种混合物来护理自己的嗓子。最变态的是，当有人问起时，他会吹嘘这种独家秘方的好处[3]。他嗜好品尝昔日女奴的分泌物，这当然令人感到恶心。而且，他食用女奴的体液，这证明了他身体方面的匮乏，也就必然反映了他道德上的卑劣不堪。

虽然这段传说不怎么可信，但另一些故事则完全符合他的性格。在巴结了卡利古拉之后，卢齐乌斯·维特里乌斯又对克劳狄展开了新的溜须拍马。他表现出前所未有的谄媚，甚至通过表演当时尚未发生的宫廷爱情，赢得了美撒利娜的青睐：他在一次晚餐时脱下她的鞋子，并请求她允许他保留其中一只，然后像对待珍贵圣物一样把它保存在托加的褶皱里。

美撒利娜死后，他对小阿格里皮娜同样大献殷勤，这次他没有玩弄爱情——这招对她不奏效——而是通过帮她实现她的计划来得宠。他设法让元老院投票通过了一项法令，该法令规定，克劳狄在涉及乱伦习俗方面可以创下先例，娶他的侄女为妻[4]。作为对他伪善一生的奖励，维特里乌斯享受了公开的葬礼，并得到了一条刻在讲台上的题词，以纪念他对皇帝的虔诚[5]。这可给他的孩子们树立了好榜样！

奥卢斯·维特里乌斯（Aulus Vitellius）出生于公元 15 年 9 月

24日，在他父亲的示范下长大：一个虚伪的机会主义者，为了野心，把阿谀之术修炼得炉火纯青。

卑劣无耻，野心勃勃

奥卢斯出生后不久，他的父母想知道他将来会如何发展，便花钱请了一位占星师揭开未来的神秘面纱。当占星师确定好孩子的星宫图，父母脸色顿时变得苍白。他命中注定要遭遇几出悲惨变故，究竟是哪种性质的，尚难以断定。作为预防措施，奥卢斯父亲想方设法让他当不上行省总督。至于他的母亲，在得知儿子被人们欢呼拥立为皇帝时，感到一阵强烈的焦虑袭来。

但在等待黑暗到来的日子，维特里乌斯在宫廷里接受了良好教育，并建立了强大的人脉关系网。因此，青少年时期的维特里乌斯作为寥寥几位青年之一，被提比略在卡普里岛的宫廷接纳。而且，由于没人知道在这个岛上到底发生了什么，他自称他是岛上的斯宾特里亚之一，这群年轻人被提比略邀请到一起，在无力勃起的老皇帝的淫荡注视下进行交合。有人还添油加醋道，卢齐乌斯可能利用了儿子卖身一事，为自己平步青云增添了一臂之力[6]。

显然，这种八卦很容易诱人相信，但应谨慎对待。卡利古拉登基后便驱逐了岛上的斯宾特里亚，没有任何消息来源提到维特里乌斯早年有过流亡生涯。恰恰相反，他当时与卡利古拉走得很近，年轻的皇帝与他共享战车比赛的乐趣。此外，维特里乌斯为了在宫廷里受人敬重，采取的策略是与历代皇帝一同娱乐：和克劳狄一起掷骰子，与卡利古拉一起比赛，与尼禄一起演戏。当他主持尼禄的赛会时，他甚至恳求尼禄登台演出，而后者装模作样地假装推辞。

这些友谊助他在事业上飞黄腾达。除了许许多多的荣誉圣职外，他还在公元60年至62年间担任非洲行省总督。苏埃托尼乌斯惊讶地发现他居然合格地履行了这一职责。然而，他在回到罗马后态度发生了转变。他愉快地利用自己公共工程总监的职务，从神庙中窃取财物。他可能用黄铜或锡的复制品替换了庙里的金银制供物[7]——这听上去难以置信，因为锡制和银制的物品重量并不相同。所以，他可能求助了经验丰富且手段灵巧的伪造者？总之，此事不是很可信。

无论怎么说，有其父必有其子，为了追求财富和名声，维特里乌斯在皇帝们身边扮演卑劣的佞臣，以确保自己能有非凡的荣耀生涯。他看上去是如此惹人喜欢，毫无危险，以至于在位者愿意把任何任务托付给他。就这样，加尔巴在罗马戴上皇冠后，犯下了最可悲的错误：将下日耳曼尼亚的各个军团的领导权交到了维特里乌斯手上[8]，而后者的叛乱意图乃司马昭之心，路人皆知。

糟糕的一家之父

在罗马，结婚可以使您与另一个家庭建立牢固的纽带。因此，维特里乌斯一直在寻找一个优秀的配偶，既能为他带来金钱又能带来名望。公元 61 年，他将目光投向了尼禄的执政官普布利乌斯·培特罗尼乌斯·图尔皮利亚努斯（Publius Petronius Turpilianus）的女儿培特罗尼娅（Petronia）。婚后，妻子为他生育了一个儿子，但她很快意识到，丈夫和善可亲的外表下，掩盖的是他卑鄙小人的本性。他对她几乎没有感情——仅对她拥有的可观财富感兴趣。于是，她决定将自己的财产留给儿子。但这样做的唯一前提是，维特里乌斯要先解除对儿子的监护权。尽管这意味着他将一个子儿都拿不到，维特里乌斯还是接受了这个条件，为的是让他的孩子不再拥有合法监护人。他没有抱怨便在所有必要文件上签了字，然后耐心等待着……培特罗尼娅去世后，他马上安排人谋杀了儿子，还声称儿子先是毒死了母亲，随后又服用了同样的毒药悔罪自杀。没有人可以否认他的解释。就这样，维特里乌斯痛悼妻儿，并合法地夺取了妻子不愿拱手让给他的遗产[9]。

不久之后，他与另一位元老的女儿结婚。伽勒利娅·冯达娜（Galeria Fundana）为他生下了两个孩子，一个男孩、一个女孩。为了表示他对奥古斯都之家的忠诚，他给儿子取名日耳曼尼库斯，但对他却没表现出什么父爱。这个孩子[10]口吃，在罗马，身体缺陷是诸神降下怒火的标志。对家庭的忠诚仁爱几乎是神圣的，因此众神当然有充分的理由，对这个不爱家人的父亲感到生气。

公元 68 年夏，维特里乌斯在动身去下日耳曼尼亚之前，再次表现了他的自私。他想前往野性的北地，但需要钱来负担旅途的费用，他绝不像贫民那般穷游苦旅。因为大肆举办豪宴以及购买不必要的奢侈工艺品，他已将财富挥霍一空。他是那么缺钱，竟将妻子和孩子们安置到一所租金便宜的小公寓里，然后将自己的房子租了出去。为筹集到这笔路费，他还典押了母亲的一颗宝贵珍珠。最后，他指控他的债权人侮辱了他，利用自己刚得到的社会地位控诉可怜的获释奴隶们。他为非作歹，控告一名获释奴隶打伤了自己，并用这莫须有的罪名向后者勒索了50 000塞斯特斯。

于是，肥胖总督带着口袋里满满的钱，踏上了旅程。他对路上遇到的每个人，不管是客栈里的旅行者，还是在途的士兵，都表现出完美的和蔼可亲，没有人说他一句不是。在边境（limes），心怀不满的军团士兵们站着等他到来，但接下来也像其他人一样，被他迷住了——这要归功于无数赏金。士兵们只要伸出手，就能接到满手的银钱[11]，被收买的军队都很高兴。除了为利益散尽千金，维特里乌斯还实施了一些宽宏举措。他取消了前任们留下的所有惩罚：所有的犯罪记录都被一笔勾销[12]，严苛的管理和纪律画上了句点。自此，士兵们对这位纵容下属的新领导好感倍增。以至于加尔巴一死，他们便赶赴将军军营（praetorium）①，军人们欢呼呐喊着，拥立他为皇帝。维特里乌斯在夜晚被他的手下接到，他们把他扛到肩上，穿过城市。当时这位新皇帝身上只穿了内衣，为了让他体面一点，有人将尤利乌斯·恺撒的剑交到他手中，那是从玛尔斯神庙中取来的珍贵遗物。结束了穿过科隆街头的夸张旅行后，士兵们带维特里乌斯回到了他家，却惊恐地发现，从壁炉中洒出的余烬

---

① 将军军营是罗马军团长在城市里的居住地。当时，维特里乌斯占据科隆的将军军营。为了纪念皇后小阿格里皮娜，这个地方的城市后来被称为科洛尼亚·克劳狄娅·阿拉·阿格里皮宁森。

点燃了餐厅。见到如此令人不安的场面,士兵们个个哑口无言,但维特里乌斯一直都是最会美言的佞臣,这次他也找到了正确的话语来安抚人心:"要有信心!节日的篝火照耀着我们。"[13]

不久之后,维特里乌斯被上日耳曼尼亚的军团拥立为帝,并应士兵们要求,接受了"日耳曼尼库斯"的荣誉称号,而他希望从元老们那里获得"奥古斯都"的头衔。

加尔巴在朋友提图斯·维尼乌斯的建议下,派维特里乌斯担任下日耳曼尼亚行省总督。他以为自己任命的是一个不怎么涉足政治的贪吃鬼,他知道莱茵河畔的军团容易叛乱[14],绝不能让他们有一个野心勃勃的长官。然而,在所有野心家里,维特里乌斯是最诡计多端的那个。他对名望和金钱的爱无穷无尽,所以他立即抓住了征服皇位的机会——并非出于热爱权力,而是出于他对豪奢生活的迷恋。

皇帝之旅

53岁这年,维特里乌斯当上了皇帝。他在钱币上的样子和他的雕像,都与苏埃托尼乌斯描写的完全一致:第九位恺撒的身高和体形都硕大无比,世间少有。他因沉湎于酒精而面色紫红,大脸上几乎找不到那过小的鼻子和肥圆的嘴。肥厚的腹部使他越发显得威严,尽管这会引发传统罗马人的厌恶,毕竟节俭朴素仍是他们的价值观[15]。有关维特里乌斯的文学描述,丝毫没掩盖他的雕像所忽略的缺陷，比如，他在一次陪同卡利古拉参加比赛时，一条大腿被战车撞伤，留下了后遗症，有时走路一瘸一拐[16]。

尽管维特里乌斯肥腻的外表不讨人喜欢，大笔酬金还是让军团士兵们准备好了将他带回罗马，推上皇位。维特里乌斯知道奥托会和他碰面，便派出了第一批士兵向奥托方进发。一只鹰在队伍上方盘旋了很长时间，军队认为这象征着神的恩惠。维特里乌斯与第二批士兵一同出发，这次旅行的时间更长，因为头戴王冠的新皇帝在路上停下来好多次。每顿晚餐都是即兴的盛宴，他任由士兵们抢掠财物，还主动和他们以此说笑。为了传播他的形象，他在路上经过的所有大城市都竖立起他的骑马像。不幸的是，这些塑像一个接一个地倒塌了。大理石马腿承受不住身上骑士的重压，断裂了。糟糕的兆头接踵而至。维特里乌斯在蹚过一条溪流时，头上的王冠掉落下来。他于是喃喃自语道，皇位怕是坐不了太久。在里昂以南的维埃纳发生的另一件事，也引起了关注。当时，维特里乌斯在法庭上主持正义，一只胆大妄为的公鸡飞到了他高贵的肩膀上，随后又飞到了他头上，场面十分荒谬。此事带有某种意味，但谁也无力解读众神发出的晦涩神谕。此刻，为时尚早。

维特里乌斯随后沿罗讷河向南继续前进。在穿越阿尔卑斯山之前，他得知了先遣部队在贝德里亚库姆取得胜利以及奥托去世的消息。他并没有等着得到元老院的承认，而且，由于埃斯奎利诺营地的士兵不可靠，总会投向出价最高的人，他签署了一项解散禁卫军队伍的法令——一个难得的合理决定。他还下令，杀死参与谋杀加尔巴的人，并表示会为此付出酬劳。许多罗马人赞成这一措施，称赞新皇帝没让禁卫军表现得像唯利是图的雇佣兵一样。

第二批人马抵达贝德里亚库姆后，大为震惊。阿尔卑斯山脚下的平原上，战败者的遗体已经成了恶臭的腐尸。将近 40 000 具尸体在春天的阳光下腐烂。腐肉中流出的液体令铠甲失去了光泽，头骨上张开的眼窝成了蛆虫的巢穴，无肉的手指仍然紧握着被鲜血染红的利剑。尸体腐烂分解的气味弥漫在空气中，直击鼻孔，深入皮肤和衣服里。面对眼前的惨景，许多士兵深感恶心。维特里乌斯作为优秀的机会主义者，知道自己此刻绝不能表现出任何软弱的迹象，便大声喊道："敌人的尸首总是飘香，我们公民的尸体更芬芳。"说完这句可怕的话，他又向部队分发葡萄酒，自己也猛灌了很多酒。按他的说法，醉意会让人对死去兄弟散发的恶臭气味不那么敏感。在前往奥托的营地的路上，维特里乌斯发现了一块匆忙竖立的石头，以纪念他那被击败的前任。奥托的纪念碑如此朴实，让他感到好笑，这位新皇帝只爱奢华——引人注目的奢华。他抓起奥托自杀时用的剑——更确切地说是扔在周围的任意一把剑，将它作为礼物送到了科隆的玛尔斯神庙，那里是他旅行的起点[17]。

4 月 19 日，元老院承认维特里乌斯为帝国的新主人。不久后，他胜利而归，进入罗马。他身着将军服饰从士兵中间走过，闪闪发光的武器提醒着人们，他的权力是通过鲜血得来的，必要时将准备再次掀起腥风血雨。结束了漫长的屈膝生涯后，维特里乌斯打算像专制君主一样行事。他任命自己为永久执政官，霸占最高职位，多次自封大祭司一职，还为纪念尼禄举办了祭祀仪式[18]。虽然最后一件事应该被解读为试图与尤利亚-克劳狄王朝建立联系，以便巩固政权的合法性，但罗马人却将其视为暴政的允诺。

恶行累累的皇宫

对维特里乌斯来说，皇位意味着自我解放。现在，他可以放纵自己所有澎湃的欲望：暴力，淫乱，还有他最爱的食物。和尼禄一样，维特里乌斯周围也有个由跳梁小丑和马车夫们组成的宫廷，他做政治决定时找这些人商议。他的决定从本质上说无足轻重，他对政治不感兴趣，拥有大权在握的感觉对他来说已经足够了。

在担任帝国元首的区区几个月里，维特里乌斯与一位名叫阿西阿提库斯（Asiaticus）的获释奴隶有段爱恨交织的情史。几年前，两人之间有过一段或主动或被动的同性恋关系。对罗马公民来说，同性性行为是有失体面的下流事。苏埃托尼乌斯强调了这一点，他解释说，阿西阿提库斯为了尊严逃走了。但是维特里乌斯进行了搜寻，并在波佐利找到了他，他当时在那里开了一家货摊，售卖劣酒。维特里乌斯不由分说地秘密绑架了他，并把他投进了铁窗。经过这种坎坷的遭遇，阿西阿提库斯在被维特里乌斯从监狱里放出来时，自然而然地将他视为救世主。但是，阿西阿提库斯只渴望获得实实在在的自由，又一次遭到皇帝的玩弄，令他倍感恶心。爱慕之人心灰意冷，让维特里乌斯感觉受到了伤害，于是他将阿西阿提库斯出售给了一个角斗士经理①,接着又在他第一次登场战斗之前,将他赎了回来。一戴上帝国皇帝的王冠,肥腻的好色之徒就变得忽冷忽热,反复无常。一日,阿西阿提库斯在早间问候中请求将自己提升为骑士,维特里乌斯不愿玷污贵族阶层,拒绝了,然而同一天晚上却又公开赠予他骑士阶层成员所佩戴的戒指[19]。

无疑,这段有关阿西阿提库斯的轶事虽然有些夸张,但也表明了维特里乌斯的无常。而其他许多故事则彰显了他的凶残,以及他广为人知的暴饮暴食。新皇帝几乎时时都在餐桌上度过,一天中要连吃四顿。他几乎从未在皇宫里用膳,反倒更爱像"寄生虫"②一样被人邀请,四处赴宴——接待他的主人必须为他奉上最精美昂贵的食物。

他热心肠的兄弟为他举办过一个饕餮盛宴,花费达数十万塞斯特斯,为他奉上了最稀有的鲜鱼和最珍奇的飞禽。维特里乌斯自己设想出了最难以制作且具有最高热量的菜肴。他没有卢库路斯(Lucullus)③那样的美食家品位,而是准备了一份丰盛异常的菜谱。由于菜盘太大,他戏称其为"密涅尔瓦的盾牌"。盘子里,厨

---

① 指买卖角斗士的商人、训练者。

② "寄生虫"指的是那些每天从广场走到温泉,到处寻找慷慨的人邀请他们共进晚餐的穷人。作为回报,"寄生虫"自愿成为被其他宾客嘲笑的客人,宾客通过蔑视"寄生虫"来表达他们的优越感。

③ 卢库路斯是一位古罗马将军,也是一位著名的美食爱好者。根据普鲁塔克的记载(*Vie de Lucullus*, 41, 3-7),一天,他独自一个人吃饭的时候,责骂了只给他做了一道菜的奴隶:"你不知道今晚卢库路斯在卢库路斯家吃饭吗?"关于此事可参见 Y. Le Bohec, *Lucullus, général et gastronome*, Paris, Tallandier, 2019。

师乱七八糟地扔下了一堆鹦嘴鱼肝脏①,还有野山鸡和孔雀的脑髓,以及火烈鸟的舌头、海鳝鱼的鱼白……这个菜谱太不像真的了,以至于人们合理地怀疑它是否真实存在过。批评者自然想夸大维特里乌斯疯狂的暴饮暴食,证明他乐意为满足口腹之欲而掏空国库。但我们也必须承认,罗马人确有能力烹饪令人难以置信的奇特菜肴……

民间还有传闻说,维特里乌斯的饕餮无度甚至使他亵渎了祭礼。杀死献祀的动物后,将其烹食乃是常事。但是,皇帝冲到露天火盆前,一把夺下刚刚烤熟的肉,就着为仪式准备的小麦面包,狼吞虎咽起来!他不再是一个人,而是活生生的饕餮,是暴食之罪的化身[20]。万幸的是,他不是基督徒!

除了饕餮无度,他还嗜血好杀,尤其当涉及钱的时候。谁若是敢要求他偿还债务,那就大祸临头了——能得到的只有酷刑。维特里乌斯还毫不迟疑地处死过一些他厌倦了的朋友。判处亲友死刑,然后领取他们的遗产,是他的收入来源之一……他甚至被怀疑在母亲生病期间禁止给她喂食,从而杀死了自己的母亲,因为一名外国占卜女曾预言说,如果他活得比母亲长,就能更长久地掌握政权[21]。

从荒淫放荡到不公不义,维特里乌斯的皇位逐渐摇摇欲坠。没有人尊重这头卑劣肮脏的肥猪,他违背了所有的罗马价值观,甚至不带一丝尤利亚-克劳狄家族的合法性。罗马和罗马帝国只梦想着

---

① 此事真实可信吗?很明显,食物保存是个问题,来自热带的鹦嘴鱼让我们对此存疑。

一件事，那就是迎接一位新主人，回归健康的权威统治。从 7 月起，来自巴尔干和东方的部队背叛了他，并集结在了最值得尊敬的人周围。曾是维特里乌斯父亲下属的军官韦帕芗在犹太行省荣耀加身，这位将军再次将目光投向罗马，开启了征服皇位的大业。

从皇宫大殿到杰莫尼亚阶梯

韦帕芗制定了战略，将所有不满的士兵团结在自己身边。的确，维特里乌斯收买了他们，但黄金无法消除人们的鄙视。面对日渐临近的敌人，维特里乌斯感到了危险，于是在皇宫前的广场上发表演讲。他解释说，他从来不想得到皇权，只是别无选择，此刻他已准备好退位。但是，一部分民众和禁卫军请他不要放弃。他意识到仍然有人支持自己，便将退位决定推迟至第二天早上。

当罗马人都聚到广场上时，他在论坛上发表了与前一天相同的演讲，又再次获得了一些支持。然后，他要求卫兵们逮捕韦帕芗的支持者，接着又去拜访元老们，向他们递上了他的将军宝剑，以表明诚意。如果哪个人认为自己可以更好地治理国家，那就可以取而代之。显然，维特里乌斯的提议被所有元老拒绝了。随后，他提议将这把剑存放在协和神庙中，那是负责守卫罗马的和平融洽的神灵。就在那时，一名元老大声喊道："你就是协和之神！"他带着诚惶诚恐的镇定，回应道，他接受"协和之神"的称号[22]。

然而，心怀好意的皇帝并没走出困境。作为一个出了名的懦夫，他提议派一个由维斯塔贞女组成的代表团与韦帕芗的密使进行谈判，意欲夺位的将军正带着部队兵临罗马。为什么要派维斯塔贞女前去？因为她们神圣不可侵犯，宗教规定禁止对其造成任何伤害。维特里乌斯希望把自己置身于她们的保护之下，这让韦帕芗印象深刻，但他的伎俩没能奏效。

公元69年12月20日，趁着天色尚早，维特里乌斯决定逃命，他不打算冒险对阵久经沙场的将军韦帕芗。但是，一个有欺骗性的谣言传到了他耳中：韦帕芗赞成签署和平协议。维特里乌斯甚至没有核实信息的真伪就返回了帕拉丁山，发现奉承他的朝臣们都抛弃了皇宫。这群人灵敏地嗅到了末日临近的气味。对维特里乌斯来说，一切为时已晚，韦帕芗的军队近在咫尺。于是戴着皇冠的饕餮之徒准备了一个装满金子的荷包，打算来花钱处理遇到的任何不幸，随后藏身在皇宫守卫的门房里，让一只高大的看门犬阻止好奇者的搜寻。

韦帕芗的侦察兵没有落入这个简陋的陷阱，轻而易举地就把维特里乌斯从可怜的藏身之处拽了出来。他肥胖的身子瑟瑟发抖，借口说有些重要情况要向他们的主人披露，苦苦哀求士兵们饶他一条性命。他荒唐可笑的谈判企图只能激化形势。士兵们将他双手反绑，然后沿着神圣之路，把他拖往杰莫尼亚阶梯的方向。一路上，士兵们拽着他的头发，又拿刀顶住他的下巴，让他一直抬着头。路人们见他倒台，感到兴奋异常，纷纷侮辱他，向他扔秽物，嘲笑他可憎的外表。羞辱结束后，维特里乌斯被残忍地杀掉了。他的尸体被人用铁钩拖走，从杰莫尼亚阶梯一直拖到台伯河里。在韦帕芗的

第九章 维特里乌斯：饕餮无度

手下里，负责处决维特里乌斯的人中有个名叫安东尼乌斯·普里穆斯（Antoinius Primus）的高卢人，人送绰号"公鸡之喙"（Beccus）……

终 章

公元 41 年夏，罗马皇宫，皇家事务办公室里：

"为什么我要说服克劳狄，让他将日耳曼尼亚奥古斯塔第二军团长的职位交给你的韦帕芗？"①

纳齐苏斯靠在扶手椅背上，观察着坐在桌角处的凯尼斯（Cénis）。她假装用指尖推着芦苇笔和墨水瓶，以免弄脏衣裙。她的姿势使长裙袖筵滑落到手臂上，露出了右肩。尽管一切看上去都很自然，但纳齐苏斯知道，她的一举一动都经过精心计算。安东尼娅昔日的私人秘书仍然是位美丽的女人，虽已年逾四十，但即使面对豆蔻年华的时尚交际花，她也丝毫没什么可艳羡的。她高傲的仪态让她有种冰冷的美。然而在她大理石般的光洁皮肤下，燃烧着一股由狂热野心滋养的火焰。如果她是一个男人，毫无疑问，克劳狄定会让她在皇家行政部门担任重要职务。

---

① Ph. Tarel, *Titus*, Paris, Ellipses, 2016, p. 54. 很有可能，凯尼斯通过运作她所在的皇家获释奴隶的关系网，自公元 42 年 1 月 1 日起为韦帕芗谋得了这个职位。在克劳狄面前，纳齐苏斯确实支持了韦帕芗作为候选人。

沉默了一阵,她凝视着纳齐苏斯的眼睛,平静地低声说道:"克劳狄的权力依然脆弱,认真把他当回事的人很少。他将需要忠实的支持者,尤其是,当他要面对那些急着推举自己的长官为帝国新主人的军团时。你记得吧?军团士兵们是怎样对待日耳曼尼库斯将军的,若不是因为将军对提比略忠心耿耿,他本来可以攻占罗马。"①

纳齐苏斯笑了,眼前这名获释女奴的论据令人无法反驳,但他知道,她在试图操纵自己。

"算了吧,凯尼斯,别跟我说这些了,你脑中还有其他计划。起码,你知道他永远不会跟你结婚吧?你为什么要这么努力帮他出人头地?"

凯尼斯扶着蛇形波浪状长桌,缓慢地俯下身去,双手弄皱了展开的莎草纸。她停在了距纳齐苏斯的脸几厘米的地方。通信秘书纳齐苏斯浑身笼罩着氤氲香气:令人迷醉的没药味和玫瑰的甜香。他舒适地靠在扶手椅上,看着眼前的获释女奴,她可真令人印象深刻。她的双眸有种特殊的吸引力,如果她能毁掉一位禁卫军长官,她就有可能摧毁任何人。谨慎、高效、令人生畏,没有人比她更加精通权力的奥秘。纳齐苏斯感觉到,最好不要与她为敌。

她轻声细语,离他的嘴唇只有几厘米。她声音柔和,但当仔细聆听时,你会听到令人恐惧的严酷和坚决。

"韦帕芗出类拔萃,他定会有个远大前程,相信我。那么,是

---

① 参见第三章。

谁告诉你我想成为他妻子的?"

纳齐苏斯咽了咽口水,试图掩饰自己的慌乱,但他不安的声音背叛了他:

"作为回报,我又会得到什么?"

凯尼斯俯向他耳边,小声说:

"一些好朋友。您总是需要朋友,尤其是在皇宫里。"

她突然站起来,以皇后般的姿态一直走到房间门口。在门槛处,她转过身来。她说话的语气专横而威严,仿佛已经把自己看作皇后一样:

"那么事情就靠你了,纳齐苏斯。"

第十章　韦帕芗：时来我用

多么不幸！我想我正在成为神。

——苏埃托尼乌斯，《韦帕芗》(Vespasien)，第 23 章

韦帕芗扔下了骰子，一个2，一个4。他做了个鬼脸，心情不佳。他的游戏伙伴——一位住在隔壁别墅的希腊老人，赢下了这一局。韦帕芗把手伸进皮钱包里，不情愿地拿出一枚德拉克马，扔在桌子上。银币竖起来沿着边缘滚动，滚到桌子边缘，停了下来，上面出现了尼禄浮肿的轮廓。希腊老人捡起钱，嘴角露出淡淡的微笑，背诵了一句埃斯库罗斯（Eschyle）的诗：

"罕有世人，会不带一丝妒忌，向朋友的成功致敬。"

"够了！别念诗了！"韦帕芗恼了。

他朝露台的方向转过身，免得看到对方脸上心满意足的表情。

目之所及，蔚蓝的海和湛蓝的天相接，交汇成一条乳白色的线。通过掷骰子来消磨时间，这就是他因为不喜欢剧院里的业余表演，而遭到的惩罚！凯尼斯坚信，此次亚该亚之旅将有助于他的事业发展。"尼禄坦承，几乎没有朝臣愿意陪他前往希腊，这对你是个机会，抓住它。"她当时这样保证道。一次机会？一场酷刑倒是真的！尼禄并不打算探索希腊行省，向他在亚克兴的祖先致敬，也不打算推动改革。他只想在剧院里唱歌，然后朝臣们必须为他鼓掌。起初，韦帕芗还能找借口溜之大吉。有紧急要事啦，有信要发往罗马啦，或是胃痛啦，总之什么都行，都比一边听尼禄的嗓子唱到高音时喘不过气来，一边又得傻呵呵地鼓掌要强。之后，皇帝那愤怒的眼神劝阻了他，他不再悄悄溜走，却在独唱会上睡着了。这足以让他被踢出朝臣圈子，但又远不足以让他回到罗马。他不得不留在亚该亚，租下这栋贵得惊人的别墅，等待尼禄的命令。

"韦帕芗，尼禄皇帝向您发来一封紧急信函。"

元老转过身去，凯尼斯把封好的密信递给他。她自从担任安东尼娅的秘书以来，就保持着悄悄走动的习惯，像只猫一样轻手轻脚。他甚至没有听到她到来的声音。虽已日渐老去，这名皇家获释女奴依然美丽。这么多年过去了，他仍然为她雕塑般的完美面容所惊讶。

听到她的话，韦帕芗恼怒起来，他从她手中抢过书板，一边揭开封印，一边抱怨。

"我敢打赌，是皇帝命令我自行了断，谁叫我在他唱歌时睡着了呢？这日子真见鬼了！轻一点，凯尼斯，去找把匕首，不要犹豫，陪着我一起下地狱吧。嘿，我的钱包里还剩下一两枚德拉克马，这几个子儿支付冥界船夫的摆渡钱足够了……"

他读着信，停下了口中冷嘲热讽的话语。根据信中消息，他刚被任命为犹太战争的指挥官。他看着凯尼斯，一脸怀疑。这个任务既复杂棘手，又将让人声望崇高。他内心狂喜，终于，他将能结束眼下无所事事的生活，回到军队中服役，并重新证明他是一名优秀的沙场战士了。希腊人朝骰子桌俯下身，向韦帕芗解释道，昔日有一个古老的传说，说犹太的主人将称霸世界①。

"埃斯库罗斯写过：'凡人不与命运之力抗争！'"韦帕芗又狡黠地补充了一句。

他笑着，一会儿看看情人，一会儿看看扔骰子的伙伴。

"我总算开始喜欢上诗歌了！"

谦卑的壮志雄心

韦帕芗来自一个平民家庭，今天我们可以称之为中产阶级。他父亲萨比努斯（Sabinus）有萨宾血统，经历过短暂的军事生涯，

---

① Suétone, *Vespasien*, 4, n.16, p.491. 苏埃托尼乌斯把这个预言用在韦帕芗身上，实际上，它含有基督教里救世主的意思。

随后在亚细亚担任税务官，在那里，他的正直清廉得到了高度评价。母亲维斯帕西娅·波拉（Vespasia Polla）来自坎帕尼亚一个古老的小贵族家庭[1]。

在位于拉提乌姆的列蒂，这对夫妇安下了家。提图斯·弗拉维乌斯·韦帕芗（Titus Flavius Vespasien）是他们的第三个孩子，生于公元 9 年 11 月 17 日——奥古斯都统治时期。他的祖母特尔图拉（Tertulla）是一位稳重的意大利女人，性格十分坚强。当萨比努斯在占卜之后告诉她，年幼的韦帕芗注定要统治整个帝国时，她爆发出一阵笑声，又善意地嘲笑了一下[2]！当父母出国在外时，幼小的韦帕芗和他的祖母居住在科萨。终其一生，他都对伊特鲁里亚这片被大海包围的土地保持着深深的眷恋[3]。

苏埃托尼乌斯并未详细介绍这个孩子的学业，但我们知道，他具有敏锐的务实感。他后来成为一位优秀的演讲者[4]，对艺术也颇为敏感[5]。

继哥哥提图斯·弗拉维乌斯·萨比努斯（Titus Flavius Sabinus）成人后不久，韦帕芗也在 16 岁时穿上了成年男子的托加长袍。维斯帕西娅·波拉梦想着孩子们能有个远大前程，她的家人中已经出了一名元老，她希望自己的孩子也能踏入这个精英阶层。很快，萨比努斯拥抱了母亲的理想，于公元 34 年开始担任裁判官，开启了他的荣耀之路。与哥哥不同，韦帕芗在军旅生涯中找到了自己的位置，骑士一职很适合他。但他的母亲认为这是缺乏野心的表现，并为此感到生气，总是不停地责骂他。既然她不能通过关爱的祷告，说服韦帕芗提出晋升元老的要求，那就让他感到羞耻——最好在公开场合——不断称他为"哥哥的勤务兵"[6]。事实上，维斯帕西娅并不是首位为了满足个人对权力和威望的渴求，而向儿子施加压力的罗马女性。她利用愧疚感，使幼子韦帕芗最终提出了成为元老的要求。没有什么比中伤一个人的自豪感，来刺激他做出反应更有效的手段了。终于，韦帕芗让母亲为他感到骄傲。

诚实的公职生涯

韦帕芗没有在罗马长大，这使得他的事业开端相对有些艰难。荣誉生涯的每个阶段都涉及选举，因此必须拥有坚实的拥护者和关系网，以得到支持。他经历了多次尝试后才艰难地当选市政官，后来倒是没费太大力气就当选了大法官。为了保持他的人脉，这位年轻的元老明智地选择了依靠皇室。这证明他比表面看上去更有野心。在没有多少保护者和拥护者的情况下，他仍目标高远。

韦帕芗之所以能够经常出入皇宫，很可能多亏了他的一位情人的帮助，那就是安东尼娅的私人秘书凯尼斯。这位昔日的女奴完全了解奥古斯都之家的权力秘密，以及那里所有私人和公共事务。安东尼娅曾让她参与过提比略的禁卫军长官塞扬努斯倒台一事，这证明了主人对她甚为信任。然而，不应指责韦帕芗引诱一名出身低微的女子为己所用。30多年间，他似乎对她一直真心相待[1]。而且，他一丧偶，就马上让她成为自己的正式情人[7]。

多亏了情人凯尼斯的帮助，还有他设法和贵族们结下的友谊，韦帕芗才能够得到历代皇帝的恩宠。出于取悦卡利古拉的目的，他呼吁，在小阿格里皮娜和利维拉阴谋败露后[2]，加重她们的刑期。为了讨好这位年轻的皇帝，韦帕芗还在从日耳曼尼亚归来后，组织了一些向他致敬的游艺活动，甚至不怕忤逆元老来逢迎他，只要这样做有利可图[8]。但是，韦帕芗的种种努力皆徒劳无功，因为卡利古拉在公元41年被刺杀了。他只好再次投向克劳狄，加入那并不太恭顺服从的新宫廷中。凯尼斯帮了他不少忙，因为，自从安东尼娅去世后，克劳狄就正式成了她的主人。根据历史学家菲利普·塔雷尔（Philippe Tarel）的说法，可能是凯尼斯说服了获释奴隶纳齐苏斯[9]，让纳齐苏斯促使克劳狄把日耳曼尼亚奥古斯塔第二军团长的职位授予韦帕芗[10]。这是一个声望很高的职位，韦帕芗在任职期间，打退了日耳曼人的突袭。日耳曼尼亚地区刚安定下来，克劳狄又将韦帕芗和他手下人马派往不列颠[3]。韦帕芗在那里度过了四年，赢下了对蛮族的一场又一场胜利[11]。公元47年，韦帕芗回到罗马，战功赫赫，戎马辉煌。他甚至享受了一场凯旋仪式，对皇室之外的人来说，这一荣耀日渐稀有。然而那时小阿格里皮娜已经当

---

① Dion Cassius, *Histoire romaine*, LXVI, 14, 2. 根据历史学家卡西乌斯·狄奥的说法，韦帕芗"发现她有一种独特的魅力"。
② 参见第四章。
③ 位于现在的大不列颠。

上了皇后,她没有忘记几年前韦帕芗曾要求卡利古拉判她死刑。因此,只要她手中握着政治生活的控制权,韦帕芗就只能沦落到无所作为[12]。

韦帕芗利用荣誉生涯放缓的这段时期组建了一个家庭。由于阶层的原因,婚姻法禁止他与凯尼斯成婚,因此他选择了在列蒂的一名亲戚——弗拉维娅·多米提拉(Flavia Domitilla)——作为结婚对象[13]。他们在一起生育了三个孩子:提图斯、图密善(Domitien)和多米提拉(Domitilla)。他的妻子和女儿在公元69年之前就已经去世了,不过我们不知道确切的时间[14]。韦帕芗尽可能给两个儿子提供优越的教育。在凯尼斯的帮助下,他设法将提图斯安排到皇宫里,在布列塔尼库斯的身边。

然而,罗马作为首都,居大不易,尤其是当你想要出入宫廷时。韦帕芗的政治生涯举步维艰,只好成了马贩子。对他来说,只要能赚到钱,卖马匹和牲畜又有什么关系!但是,元老们没有称赞他的实用主义,反倒给他起了"赶骡子的马夫"的绰号,这可真不是什么恭维话。

小阿格里皮娜一被儿子驱逐出宫殿,韦帕芗就又开始奉承起尼禄来。公元62年到63年间,他从尼禄那里得到了非洲行省总督的职位。他在任职期间只遭遇过一次意外事件,而他很好地履行了职责:在平息哈德鲁米图姆①的一次局部叛乱中,当地居民拿着一棵棵萝卜,朝他的脸扔过去。蔬菜虽不至于致死,却仍是可怕的投掷

---

① 位于现今突尼斯的苏塞市。

物。韦帕芗还经历过一次比萝卜危险得多的事件,差点给他招来杀身之祸!公元 66 年,他作为被指定的随行人员之一,陪同尼禄前往亚该亚。能参加这次旅行是一种殊荣,可惜的是,行程发展很糟糕。57 岁的韦帕芗已经过了有耐力的年纪,无法忍受整整一天都待在剧院里聆听皇帝那蹩脚的声乐表演。尼禄注意到,他的朝臣总在他演出时脚底抹油,偷偷溜之大吉。于是,韦帕芗只好想办法平息尼禄的愤怒,结果又是一次徒劳之举。他尽力让自己待在剧院,却在观演过程中睡着了。对尼禄而言,这太过分了:韦帕芗被逐出了随行人员之列。他不得不待在亚该亚,在一个距尼禄不远的安静村庄里,租了一幢别墅住下来,等待被皇帝召回或赐死的命运。终于有一天,他收到一封来信,信中内容大大出乎他的意料:他已被任命为犹太行省的一支陆军军队的指挥官。犹太地区是个十足的火药桶,故而皇帝需要派一名久经沙场的将军去重建那里的秩序。犹太人反对过度征税,也因此准备反抗罗马的统治。他们暗杀了行省总督,还从前来救援的叙利亚执政官那里偷走了一面罗马鹰旗。在罗马人看来,鹰旗失窃是无法接受的大事。它是军团里的至高神圣之物,是罗马的象征。此外,犹太地区还是罗马与其世代敌国帕提亚之间的缓冲地带。所以,为了抵挡住当地好战民众带来的压力,维持该省的和平十分必要。尽管面对着爆炸性的复杂局势,韦帕芗仍然很高兴能重新投身军旅。他不在乎尼禄提供给他这份工作时是否乐意,因为他觉得自己既然出身卑微,志向也必然无须远大。

韦帕芗刚刚到达犹太行省,就开始大力恢复对军队的控制,并与该地区所有附庸国国王,包括贝雷尼斯(Bérénice)女王,建立了外交关系,这是孤立叛军必要的先决条件。他让长子提图斯担任第十五军团——阿波利纳里斯军团——的军团长,协助自己完成任务。恢复犹太和平成了一件家事[15]。

从犹太行省到罗马帝国

根据一个古老的东方传统,世界将属于犹太的主宰者。苏埃托尼乌斯可能是故意或出于误解,而使用了弥赛亚式的预言来描述韦帕芗即位一事[16]。彼时,帝国尚未拜倒在他的脚下,但犹太城市一个接一个地被他征服了。短短一年半的时间里,韦帕芗先后拿下了雅法、尤塔帕塔、迦玛拉、抹大拉、基斯卡拉和希伯仑。他既懂得如何在军队中建立纪律,又知道如何激励自己的士兵,还完美掌握了围城的艺术①。

尽管如此,来自西方的消息还是令他感到担忧。文德克斯起兵叛乱,惨遭击溃,加尔巴接过了反叛的旗帜,当上了罗马的新主人,尼禄则自杀身亡。而韦帕芗一直以来的策略都是让王子接纳自己为朋友,如今他在思忖,面对一位老兵的登基,自己该如何反应。他意识到他往日亲近尼禄的行为可能会招来麻烦,更何况,他的小儿子图密善还独自留在罗马。如果加尔巴要进行大规模的反尼禄清洗,图密善可能是一个容易被针对的目标[17]。韦帕芗做出了

---

① 指围攻城市或堡垒要塞的兵法。

最合乎逻辑并且风险最低的决定：他派长子提图斯前往罗马，宣誓效忠加尔巴，并请求皇帝对犹太行省的治理做出新的指示。如果加尔巴热情欢迎提图斯，他就可以继续他的荣耀之路。他年事已高，可以要求担任大法官。此外，韦帕芗还抱着提图斯被加尔巴收养的梦想：加尔巴已至暮年，因而他的任期是一段过渡期，而年轻的提图斯是下任皇帝的优秀候选人。

但是，罗马人总在冬天避开大海，绝不是偶然为之的。公元68年末，航行变得困难重重，提图斯放缓了前进的脚步。在科林斯的岸边，他得知了加尔巴去世的消息。奥托接替皇位，但维特里乌斯也在日耳曼尼亚称帝。回到如此动荡的罗马，对这位年轻将军来说似乎是个不怎么合适的选择，他随即决定返回东方。根据塔西佗的说法，提图斯之所以做出这一决定，部分原因是他渴望与贝雷尼斯女王再次相见[18]。

仍留在东方的韦帕芗时刻留意着罗马局势的变化，他的军队站在奥托身后表示支持。对他来说，这个昔日尼禄派的人登上皇位并不是件坏事。可是，三个月后，局势又一次改变了。韦帕芗多年前曾经是维特里乌斯父亲的拥护者[19]。因此，谨慎起见，他选择了促使部队认可维特里乌斯为新任皇帝。同时，他知道，维特里乌斯是个阴险狡诈的骗子，面对刚刚征服了东方的备受尊敬的将军，此人定会心生恐惧。根据苏埃托尼乌斯的说法，从尼禄倒台以来[20]，韦帕芗就对皇位有了打算。或许是真的吧……但仓促和匆忙将是他最大的敌人。他当然想建立自己的王朝，因为与之前四位皇帝不同，他有两个儿子。除此之外，对他有利的征兆似乎日益增加。卡尔梅尔神的神谕向他保证，他最疯狂的野心将成为现实。被他投入监狱的一个犹太贵族向他保证，只要他把自己放出来，不久后就会戴上王冠。在这段故事里我们只能看出，甜言蜜语和编造的预言演变成了一个宣传故事，但韦帕芗越来越倾向于相信不可能的事情将成为现实。自此，出身低微的列蒂人渴望登上皇位，而他终将得偿所愿。

驻守东方的军队一个又一个地向韦帕芗表示了支持。当时另有三个军团从美西亚出发，前往意大利救援奥托，却被奥托的自杀浇灭了锐气。闲时，士兵们在阿奎利亚大肆劫掠。为了逃避可能的惩罚，这几支部队提议支持韦帕芗谋求皇位[21]。在全体东方军队和埃及总督提比略·尤利乌斯·亚历山大（Tiberius Iulius Alexander）的支持下，公元69年7月1日，韦帕芗在亚历山大称帝[22]。他拥有了强大的盟友和成千上万人马，可以向罗马进军了。

韦帕芗仍然留在埃及，身处后方，以巩固自己在东方的地位。他第一时间派了多支部队和数名将军向西进军，拿下维特里乌斯统治的罗马。公元69年12月20日，弗拉维部队进入首都。次日，元老院承认了对韦帕芗的提名，任命他为此年的执政官。元老院还给提图斯取名为"恺撒"，从一开始就认可他为其父的继任者。几小时后，维特里乌斯被人杀死。弗拉维王朝诞生了！

建立王朝

韦帕芗在恢复了犹太地区的长久和平后，于公元70年9月返回罗马，庆祝自己的凯旋。在人民和元老院眼中，他赢得的胜仗成为弗拉维王朝统治合法性的基础[23]。但是，对这位行动力旺盛的老人来说，向他致敬的游行仪式节奏十分缓慢，简直乏味至极。他甚至抱怨说："这把年纪还接受凯旋仪式真是遭罪，我大概是欠了祖先的吧。"[24]比起脸上涂着红铅穿过罗马，恢复国家稳定更能激起他的热情。韦帕芗意志坚决，定要重建因内战被削弱而摇摇欲坠的帝国权力根基。像他之前的所有皇帝一样，他也以硬币和雕塑为媒介，将自己的形象传遍了整个罗马帝国。不管在哪里，人们都能欣赏到他结实的身材。他脸上皱纹很深，显得表情严肃。他散发着保守罗马人很看重的庄严朴素，这也为他招致了一些嘲讽。由于他看起来总有些紧张，一个爱开玩笑的人对他说，等他胃部不适得到缓解时再跟他讲话[25]。宫廷里的人热衷粗鄙，言行粗俗，但韦帕芗从不缺乏幽默感，总能令言语下流的人闭嘴[26]。

老兵韦帕芗让恢复纪律成为一种荣誉。他付给士兵们高薪，而并不急于购买他们的忠诚，对于想占他便宜的人则翻脸无情。他强迫一群水手赤脚行走，因为他们居然敢要求报销买鞋的费用，还撤消了一位散发着奢靡芳香、向他卑躬屈膝的青年长官的官职。他本人从未挥霍无度，因而拒绝对此类事件宽大处理。就这样，他整肃了法律，尤其加强了关于自由女性与奴隶有染的条文。从那以后，和奴隶私通的女子将因玷污了自己的血统而同样沦为奴隶。至于放高利贷的人，若借钱给未脱离赋权的儿子，在未经其父同意的情况下，将不再能要求儿子偿还债务[27]。

根据传统，韦帕芗捐出财富，为许多美化罗马的工程建设提供资金。对于公元 64 年的大火后留下的不毛之地，他鼓励人们在那儿重建房屋。他在广场上建起一座和平神庙，巧妙地提醒世人，是他结束了手足相残的内战。此外，为了和尤利亚-克劳狄王朝产生关联，他完成了小阿格里皮娜当年为纪念克劳狄被封神而下令建造的神庙[28]。

韦帕芗深知有必要与元老院和平相处，因此将德不配位的元老尽数清除出了该阶层——比起大清洗，这种手段相对不那么暴力，并且还有个好处，能让傲慢的精英阶层成员重新评估自身的价值[29]。品行宽宏的他又为维特里乌斯的女儿提供了嫁妆，以确保她有段美好婚姻，毕竟她出身高等贵族，不该由于父亲的恶行而受苦[30]。对一些穷困潦倒的元老，他使他们的财富得到补充，这一行为是结交朋友的有效手段[31]。为了表示对前来拜访的人的信任，他结束了皇宫入口处的系统搜查工作。但最重要的是，他不会对任何人任意施加惩罚。简而言之，韦帕芗公正地统治着国家，因此得到了赞赏。但是，这位老皇帝身上也有缺陷，他的税收政策很快使他声誉惨淡。

金钱没有香臭

尼禄的穷奢极欲，还有一年多以来的内战，都耗尽了国库的金银，因此有必要充实国家财政，以确保罗马的繁荣。韦帕芗深知这一点，他回到罗马城之后，就表示急需 400 亿塞斯特斯，以保证国库的正常运作。因此，这位伟大的实用主义者增加了税收，还设想出了新的征税名目。他毫不犹豫地征收了加尔巴任期以来未缴的税款，还把敛财任务卖给了地方法官，只要死刑犯的罪过不足以判处死刑，就可以花钱得到赦免。

他小心翼翼地填满帝国金库，亲自从事商贸活动。他仿佛仍然是个普通人一般，批发购买商品，然后高价转售出去。许多元老将商业视为一种有失尊严的活动——精英应该靠名下土地带来的利润为生。这些人本该称赞韦帕芗没像他之前的数任皇帝那样，利用政治清洗或是征财产税的手段来让自己荷包满满。然而流言蜚语四处蔓延，韦帕芗因热爱金钱和从事商贸而遭到诽谤。就这样，整个城市都在低声嘲笑他："狐狸身上的毛变了，但本性难改。"[32]

韦帕芗将著名的尿税传给了后代。在古罗马的城市里，有许多公共厕所。洗衣工收集膀胱制造的产物，其中的尿素可以去除油脂。在无数洗衣槽里，奴隶们用这种天然清洁剂洗净堆在脚下的织物（庞贝城的斯特凡努斯洗衣房就很好地展现了这个蓬勃发展的行业）。因此，尿税与洗衣业有关，而与厕所的使用者无关，但是，征税时必须考虑到他们。皇帝在税收上的创造力招来了嘲讽，甚至提图斯都对此感到厌烦。于是，韦帕芗从税务官的箱子里拿了一把硬币，然后在儿子的鼻子下面挥舞，问硬币的气味是否令他不舒服。提图斯给出了否定的回答。韦帕芗便以胜利者的姿态告诉儿子，这是他征收的新税所带来的。事实上，金钱没有香臭。

日常生活的快乐

在任职的十年间，韦帕芗努力过着秩序井然的生活，没有任何过分行为。他和看重朴素的奥古斯都一样，日常生活单纯而简朴。他起得很早，通过阅读信函和宫廷官员的报告开启新的一天。他尽可能不让人帮他穿衣，也不容许谁跪下给他穿鞋。接着，他接待朋友，向他们致以日常的早间问候，然后开始一天的工作，坐上驮轿，在罗马城四处走动。他用餐时会尽量保持心情愉快，并尽可能以幽默的方式来解决细小的日常纠纷，即便是粗鄙下流的俏皮话也不会惊到他。他也乐于嘲弄他人。有一天，他的一位朝臣梅斯特里乌斯·弗洛鲁斯（Mestrius Florus）提醒他注意 plaustra（"战车"）一词的发音，韦帕芗和气地接受了纠正：他会努力不再把 plaustra 读成 plostra。第二天，他又遇到弗洛鲁斯，便调皮地向他打招呼，称呼他为"弗劳鲁斯"（Flaurus）。这与其说是报复，不如说更像是个恶作剧，此事充分说明了他的性格。

韦帕芗在 60 多年的岁月中取悦过不少女性。私下里，他把凯尼斯当成皇后，尽管她的身影并未出现在官方形象中。凯尼斯去世后，他有过许多妃子。她们显然都是出身低微的女人，唯一的任务是在夜晚降临后，给劳累了一天的将军提供舒适的休憩。然而有一天，他拜倒在一位过于主动向他示爱的女人的裙下。她是一位妓女吗？苏埃托尼乌斯没有言明，但写道，韦帕芗为了她的陪伴花掉了 40 万塞斯特斯。当管家问他如何将这笔费用记入账簿时，皇帝有些任性地回答道："就记在被韦帕芗激起的爱情的账本上吧。"[33]

苏埃托尼乌斯希望助长这名老战士的贪婪之名，不过并未如愿，事实上，在国库变得充盈后，韦帕芗也会不吝千金。他甚至专门为艺术家设立津贴，充当艺术从业者的保护人：修辞学者、诗人和雕塑家完全成为国家的雇员，这意味着他们的艺术将为皇帝服务。韦帕芗还为知名艺术家们提供了数目可观的奖金，悲剧作家阿佩拉里斯（Appellaris），竖琴家特尔普努斯和狄奥多鲁斯（Diodore）因此获得了数十万塞斯特斯的收入。他在分配食物上也非常慷慨，富者享盛宴，贫者得稷黍，天下无人死于饥馑。韦帕芗没有重建黄金年代，却将罗马带进了理性的时代。

可是，这些慷慨举动并不能抵消税收的沉重负担，韦帕芗去世时，身上背负着贪婪的恶名。在他的葬礼上，著名的滑稽剧演员法沃尔（Favor）戴上他的假面具，依照惯例穿过整个城市，大开玩笑（罗马人认为笑声可以避开邪恶之眼）。法沃尔向丧葬队伍发问，葬礼的价格是多少，得到的答案是 1 000 万塞斯特斯。于是，他大声喊道："请给我 10 万塞斯特斯，然后把我扔进台伯河吧！"[34] 的确，韦帕芗并不认为自己需要与诸神处于平等地位。他更喜欢像普通人那样生活，并且以此为傲。在这一点上，他是第一个粗暴地打发走逢迎者的皇帝，那群马屁精想把大力神赫拉克勒斯塑造成弗拉维一族的祖先[35]。然而，这位皇帝一生战功卓著，不必靠什么身在天穹的先祖。

第十章 韦帕芗：时来我用

但韦帕芗的十年任期，并不是一段漫长的田园诗般的旅程。尽管在罗马，弗拉维家族已不再有重要的反对者，但不满和嫉妒的声音从未停歇，提图斯成了被人仇恨的对象。接受继承人逻辑，就等于接受了君主制，这对元老们来说总是有点痛苦。其实，提图斯与犹太女王贝雷尼斯之间暧昧不清的联系，更坐实了他们的担忧。而韦帕芗明显保护了他的儿子，他试图在不诉诸武断而不公正刑罚的情况下，让世人不再议论。犬儒主义哲学家德米特里乌斯（Demetrius）很可能被判决了一段时间的刑期，因为他一遇到弗拉维家族的人就不停侮辱他们，韦帕芗只好把他当成一条狗，关到笼子里让他闭嘴。为了表现自己做决定时审慎有度，韦帕芗没有杀死此人。言语能激起仇恨，只是它们触及的范围有限。

然而，一场由两名元老领导的恶毒阴谋很快在皇宫中萌芽。凯齐努斯·阿利努斯（Caecinus Alienus）和埃普里乌斯·马凯路斯（Eprius Marcellus）① 得到过韦帕芗不少恩宠，却不择手段地谋划，试图暗杀他，还打算将提图斯排挤出皇位继任者行列。他们的阴谋被扼杀在襁褓中[36]。凯齐努斯在毫无预兆的情况下被皇家卫队杀死，马凯路斯在被元老院判刑后割喉自尽。

公元 79 年春季，似乎没有什么再能威胁到新建立的弗拉维王朝。年近耄耋的韦帕芗病倒了。他度过了非同寻常的一生，几经沉浮，荣誉和挫折惊人地交替而至，然而他丝毫未失去幽默感，还带

---

① Tacite, *Histoire*, Ⅰ, 53. 这两个人可能是机会主义者，职业生涯令人眼花缭乱，愿意为了执政做任何事情。

着一丝讥讽，不停地重复道："多么不幸！我想我正在成为神！"①[37]尽管被发烧和胃痛折磨，只要还力所能及，他就坚持履行皇帝一职所固有的义务，声称要站着死去[38]。当他感到最后一丝力量即将离开身体时，他紧紧抓住了围在身边的朝臣的胳膊。就这样，韦帕芗带着坚毅——那让他在战场上攻城拔寨的坚毅，告别了人世。

公元79年6月24日，就像他当年对元老院承诺的那样，韦帕芗将一个重归和平的帝国作为遗产留给了儿子们[39]。他的长子提图斯继承了皇位。随后，提图斯见证父亲被升为神明。弗拉维王朝的宣传随之得到了增强，自此，这个家庭的血统神圣性植根于先祖的丰功伟业。

终　章

耶路撒冷被攻下了，终于！提图斯任由自己瘫倒在床上，他已经好几天没睡觉了。为了保卫他们的城市，犹太人和罗马人进行了苦战。尽管困难重重，伏击让他险些丧命，这位将军也没有放弃战斗。他不想让父亲失望，也不想辜负罗马对他的信任。他准备沉沉睡去，脑中却充满了惨叫声，以及刀光剑影、血流成河的画面。这

---

① Ph. Tarel，*Titus*，*op. cit.*，p. 229. 这句话可能是他的政敌们后来编造的。他们批评他建立了基于世袭权力和神化前人的君主制，这有助于将所有其他潜在的皇位候选人排除在继任者之外。

时，指挥官军帐门口的卫兵喊道：

"英白拉多，贝雷尼斯女王求见。"

听到这个名字，提图斯顿感吃惊。他已经好几个星期没见到她了。没法在更好的情势下迎接她，他觉得有些遗憾，但还是让警卫请她进来。一扇扇门打开了，将军看到好几个犹太守卫和女仆围在贝雷尼斯身边，但她还是独自进入了军帐。她轻柔地撩开那块遮住她黑色长发的布料，露出庄严的脸庞，明亮的眼眸闪着光。

提图斯走上前去拥抱她，但她避开了他的怀抱。

"真的有必要毁掉圣殿吗？"

提图斯叹了口气，明显感到了不安。

"对不起。我知道圣殿对你的家人意味着什么，我本来希望能避免的，可是却无法选择。"①

"你摧毁了我祖先的城市，掠夺了它的宝藏，你这个怪兽！"

她话音一落，提图斯就感到浑身血液都往上涌，他搂住贝雷尼斯的腰，将她紧紧抱在了怀里。他感到她的身体变得僵直，但没有为了躲避他而移动半步。

"你知道我们会不惜一切代价镇压叛乱。你一直站在罗马人这边，就像你所有的家庭成员那样。我们都想要同样的东西——犹太的和平。"

他感到她在自己怀里弯下了身子，又继续说道：

---

① Ph. Tarel, *Titus*, *op. cit.*, p.170. 提图斯在摧毁耶路撒冷圣殿一事中的责任很难评估，各种信息来源彼此相当矛盾。从战略的角度来看，这一举措似乎是不可避免的。

"跟我去罗马吧,把灰烬留在身后。"

贝雷尼斯对她的爱人温柔地微笑起来。此刻,她感受到了他的真诚。不过,她知道,在罗马她将永远是一位异邦人、一座奖杯或一个婊子,或同时是以上三者。她和他之间的爱情绝无可能,所以,不妨尽情享受这会心的夜晚吧。她将双唇贴在他的唇上,带着绝望的热情拥吻他。黑暗中,再也看不到从圣殿的石灰岩废墟中缓缓升起的热气。此刻,两人都可以闭上眼睛,忘掉把他们分开的一切。

第十一章　提图斯：宠儿之路

任何人都不该在和皇帝交谈后败兴而归。

——苏埃托尼乌斯，《提图斯》(*Titus*)，第 8 章

提图斯在办公室里踱了千百步，迷信的焦虑绞着他的五脏六腑。众神向他降下了征兆，这是肯定的。但是，他究竟做了什么，才招致了如此灾难？为什么会这样？一座山怎么会爆炸？维苏威火山喷出的石头雨和火焰洪流，是如何摧毁了庞贝、赫库兰尼姆、博斯科特雷卡塞、奥普隆蒂斯还有其他沿海城镇的？米塞纳舰队的长官老普林尼，为什么会在前往斯塔比亚营救朋友时死去？提图斯知道这位经验丰富的百科全书式学者定会前往灾区，进行更细致的观察。他为一生的好奇心付出了代价，一切都是为了完成他的《自然史》。但是，除了一群无聊的学者外，谁还会翻看那些杂乱无章的书页呢？

自从提图斯接任父亲的皇位以来，已经过去了四个月，才四个月，他就不得不面对一场空前的惨剧。那不勒斯湾的一半地区毁于灰烬，成千上万个受灾家庭都在寻求避难之所。他必须迅速采取行动，他做出的每个决定都将被人评判。他坐在象牙椅子上，手肘撑在膝盖上，俯下身，头朝向双腿之间。他长长地呼了一口气，重新找回了镇定。他感到精力集中起来，就像当年身在犹太战场时一样，但这次，他没有性命之忧。他的头脑很清楚，一切都会好起来的。昔日，他是位优秀的将领，同样地，他也将是位伟大的君王。

布列塔尼库斯的朋友

提图斯的父亲韦帕芗，为了开始自己的荣耀之路而迁居罗马，随后很快成了宫廷里的常客。然而，韦帕芗的收入无法满足符合他身份的生活水准，不得不与妻子多米提拉一起住在一间小公寓里。根据苏埃托尼乌斯的说法，这处"贫寒、悲惨的"[1]住所，位于罗马七节楼附近的一个人口稠密的街区。在罗马，七层的高楼十分罕见，只能修建在家境极其寒微的公民们的聚集之地。

公元39年12月30日，提图斯出生在这个贫寒的街区。韦帕

第十一章 提图斯：宠儿之路

芋不想让儿子与商贩和手工匠人的孩子们一起，跟着街头巷尾的老师学习《伊利亚特》和《奥德赛》。毫无疑问是在凯尼斯和纳齐苏斯的支持下，他把儿子送入宫廷，与布列塔尼库斯一起接受教育。小王子刚好比提图斯小一岁。

提图斯在皇宫中接受教育的那几年，一直被笼罩在充满担忧和恐惧的氛围里。一方面，皇后小阿格里皮娜厌恶韦帕芗；另一方面，她试图孤立布列塔尼库斯，以便将自己的儿子尼禄确立为皇位唯一继承人[2]。提图斯可能是布列塔尼库斯为数不多的同伴之一。不过，陪在小王子身边的他，的确享受到了优质教育。当然了，他比不上尼禄，拥有那样声望非凡的老师，但他对学习全心投入。他天生记忆力超群，在驾驭语言上也表现得格外得心应手。他能轻而易举地用拉丁语和希腊语演讲甚至作诗。他对速记也有着浓厚兴趣，后来，他常跟秘书们比赛速记，乐在其中。他还拥有惊人的模仿他人笔迹的天赋，以至于只要他愿意，随时都能以假乱真！这个小男孩还在消遣艺术方面表现得出类拔萃：他竖琴弹得非常好，歌声也令人愉悦。不过，不要觉得他是那种只在图书馆里轻松自在，却不踏入角斗场半步的纤弱少年。事实绝非如此，他很早就表现出高于常人的军人素质。他能自如地挥舞利剑，是一名出色的骑士[3]，不费太多心力就积累了远大前程所需的各种才能。在他身旁，笨拙的布列塔尼库斯显得黯然失色。

克劳狄的儿子没有帝王气质，但是纳齐苏斯愿意相信他。这名获释奴隶是少数反对小阿格里皮娜的人之一。他唯有一个办法能恢复自己在宫廷里的影响力，那便是有朝一日他的少主布列塔尼库斯成为皇帝。为了帮助布列塔尼库斯咬牙坚持下去,他传唤了一名占星师进宫。此人见了布列塔尼库斯,并没从他的娃娃脸上解读出什么东西,却预言道,陪在他身边的小提图斯将有一个宏伟前程[4]。尽管这位少年胖乎乎的,但其方形的脸庞却并不缺乏力量和优雅。十多岁时,小提图斯已经有了一定魅力。不过对于这一点,我们还是要保持谨慎,要知道,传统历史文献向来对提图斯非常宽容,为的是更好地贬低图密善。然而,钱币和雕像显示,他与父亲韦帕芗外貌非常相似,与此同时,他有着更为阳光的气质[5]。

另外,在上文提到的占卜期间,提图斯的出现有些令人惊讶。即使每个人都参与其中,询问帝国的未来也被视为以下犯上,乃大不敬之罪,尤其是在皇家住所里。因此,纳齐苏斯必须谨慎组织此事,还要限制在场的人数。所以,这段场景可能是后人编造出来的,以服务于弗拉维王朝的宣传。人民总是渴望神话般的轶事,来证明伟大人物的命运。

公元 54 年末,尼禄即位掌权。时年,提图斯 14 岁,他应该十分清楚地察觉到了宫殿中的紧张局势,并意识到他的朋友布列塔尼库斯已被逐出继承人之列。公元 55 年 2 月,他参加了一次家庭晚宴,当时坐在他身边的布列塔尼库斯开始抽搐。是由于癫痫发作吗?不少尤利亚-克劳狄家族的人都深受这一恶疾的困扰。镇定自若的尼禄见此情景,要求将他的养兄弟带回房间,过了一会儿,小王子就在那里死去了。提图斯可能也从布列塔尼库斯的酒杯里喝了一些酒,从而吸收了杯中的一些毒药,并因此病倒了好几天[6]。这件事或许证实了提图斯的亲戚、犹太史学家弗拉维乌斯·约瑟夫斯

(Flavius Josèphe）提出的谋杀论[7]。但是，历史学家菲利普·塔雷尔持谨慎态度。后来，提图斯一登上皇位，便试图利用他当年与小王子的友谊，声称自己继承了尤利亚-克劳狄家族的遗产[8]。为了向儿时的朋友致敬并与他的朝代建立联系，提图斯为他竖起雕像，还在竞技场游行（pompa circensis）① 期间把有他形象的头饰戴在头上。

作为一个优秀的弗拉维人，提图斯也是一个机会主义者。他迅速脱下了哀悼的丧服，和尼禄一样过起了放荡生活，度过了他最后几年的青春时光。当然，这可不是免费的。宫廷不是什么无忧无虑的地方，一切都和政治有关，甚至包括娱乐和消遣。和许多年轻人一样，他耽于肉欲享乐，把宫中的嬖幸和太监当作女子来对待[9]。这段轻浮岁月并未持续太久，因为韦帕芗为他的长子制订了宏伟的计划。

被宠爱的儿子

公元 55 年，提图斯穿上了成年男子的托加长袍。4 年后，小阿格里皮娜的去世为他的家人打开了新的前景。公元 61 年，韦帕芗

---

① 指的是纪念皇室祖先的一种游行活动，在某些节日期间举行，人们会举办马戏游行。此事可以理解为，弗拉维家族需要与尤利亚-克劳狄家族建立联系，以确立他们的执政合法性。

升任非洲行省总督,同年,提图斯在日耳曼尼亚初次征战沙场[10]。在那里,他不出意料地遇见了老普林尼。两人惺惺相惜,学识渊博的学者在其著名的《自然史》的前言中提到[11],年轻的提图斯是他军营里的伙伴。提图斯后来又在不列颠继续征战。在这两个边界地区,他都毫不费力地得到了士兵们的尊重,也表现出对军营生活的某种喜爱。

公元60年年中,提图斯回到罗马。他差不多25岁了,到了该结婚的时候了,自然地,要与一个能帮他实现远大志向的家庭结盟。他把目光投向了阿列齐娜·特尔图拉(Arrecina Tertulla),她的父亲曾经担任过禁卫军长官[12]。这是骑士阶层中最高级的职务,能让他与罗马军官建立联系。另外,她家庭富有,可以帮助弗拉维家稳定经济状况,让他们不必总想方设法赚得收入。

提图斯的第一次婚姻没有持续太久,因为年轻的新娘很快就去世了。他被迫再次出发,寻找下一位妻子。这次,他选中了出身名门望族的马尔齐娅·弗尔尼拉(Marcia Furnilla),她是一名执政官的女儿。这段婚姻期间,他们至少生育了一个女儿[13],很可能就是后人通过考古和古钱币方面的资料得知的弗拉维娅·尤利娅(Flavia Julia)。或许是在尼禄对皮索领导的反叛进行大清洗期间,提图斯与马尔齐娅·弗尔尼拉离婚了。27岁的他又一次恢复了单身。但是,眼下要考虑的已经不再是结婚了。不久前,他父亲韦帕芗刚被任命为犹太行省的军队指挥官,这为他提供了成为军团长的机会。公元66年至67年间,在亚历山大,父亲将第十五军团——阿波利纳里斯军团交到了他手中。老将军韦帕芗久经沙场,经验丰

第十一章 提图斯：宠儿之路

富，受人尊敬。此次战争对他来说是个良机，可以将自己的专业知识传授给儿子，并让儿子通过大获全胜而声震罗马。这次的选项里没有失败。

在犹太行省沿海，韦帕芗和提图斯组织战斗，收复了加利利地区，被围困的城市一个接一个地陷落。他们的军队纪律严明，协调一致。这一确凿的事实令犹太人感到惊讶。军团士兵们听着号角声移动，高昂的鹰旗是他们至高无上的象征。他们规整的进攻有如外科手术，又精通围城战术，能毫不费力地击溃一切对手，令人无法抵抗。

公元68年，弗拉维人得到消息，加尔巴自立为皇帝。韦帕芗意识到政治动荡即将到来，因此选择了谨慎对待，派儿子提图斯前往罗马向新皇致意。谁也不知道，老皇帝会不会收养提图斯……事实上，他的名字已经与东方的伟大胜利联系在一起，而他又自小在宫廷里长大。当年冬天，提图斯出海前往罗马。这次航行十分漫长——途中，出于安全起见，他沿着地中海北岸多次停留。行驶到希腊海岸时，他得知，加尔巴收养了年轻的皮索。提图斯对皇位和皇冠的憧憬化为了泡影，随即转身返回。由于对所选航线的担心，他在帕福斯的阿芙罗狄忒神庙稍作停留。神使接待了他，讲了几句像斯芬克斯之谜一般的句子。提图斯认为他理解了神谕，意思是不必担心此次旅途，比这更好的还有，帝国正等着他[14]。受到这番美好预言的激励，他选择返回犹太地区。耶路撒冷仍在抵抗，拿下那座城，将是他最精彩的胜利。

攻占耶路撒冷

公元 69 年，数名皇帝如跳华尔兹一般，你方唱罢我登场。加尔巴被暗杀了，奥托在罗马被拥立登基，维特里乌斯也在日耳曼尼亚称帝。接着，奥托自杀了。如此消沉的局势下，7 月 1 日，驻亚历山大的部队认可韦帕芗为罗马帝国的新主人。犹太和叙利亚的军团也紧随其后，纷纷附和响应。但是，在东方地区没有完全安定下来之前，韦帕芗和提图斯不能离开。被派往罗马的几支弗拉维部队刺杀了维特里乌斯，并迫使元老们承认韦帕芗。12 月 21 日，韦帕芗正式成为皇帝，提图斯立即被认可为皇位继承人，得名"提图斯·恺撒·韦帕芗"（Titus César Vespasien）。随着新王朝的诞生，皇家称号也正式设立。

当内战带来的震荡的结束，罗马终于雨过天晴，重新迎来了和平。公元 70 年 4 月，新皇帝韦帕芗派其继承人提图斯围攻了耶路撒冷。这是提图斯一生中的决定性片段，也正是他，将负责结束战争。父亲把他留在战场上，独自一人。耶路撒冷一战必须旗开得胜，于他，这是荣耀的通行证，直到生命尽头。获胜并不容易，因为眼前的城市既受坚固城墙的围护，城内之人又有保卫它的勇猛决心。

提图斯不像他父亲那样经验丰富，有时也会犯错。一次，他在沿着堡垒侦察时，随行的六百名骑兵的队伍被一个犹太分队袭击

第十一章　提图斯：宠儿之路

了。他意识到了自己的冒失，不该只带着轻型装备出发。幸亏他骑术高超，又擅用剑，才奇迹般地死里逃生。归附了罗马的犹太人弗拉维乌斯·约瑟夫斯见证了这场史诗般的战斗，将此次劫后余生视为上帝出手干预的结果[15]。

至于提图斯本人，则发现自己过度自信了，战斗的艰难远超他的预期。围城持续了很久，如果想结束的话，他必须采取行动。公元70年5月30日，他设法对耶路撒冷发动了一次突袭，但派出的侦察部队无法撤退，遭到全歼。他继续尝试进攻，尽管在第一线的罗马军队遭受了沉重损失，但随着粮食供给的减少，城中的被围之人所面临的局势日趋紧张。付出了足够的耐心和努力之后，提图斯终于占领了要塞安东尼堡①，带着部队攻入了这座城市。耶路撒冷燃起熊熊大火，圣殿被洗劫一空。提图斯的女儿尤利娅度过周岁生日那天，犹太起义得以平息。公元70年9月，获胜的提图斯在他的部队的欢呼声中，被一致推选为英白拉多。他赢得了在军中的崇高威望以及许多罗马人的赞誉。十余年后，提图斯凯旋门在罗马建成，向后人赞颂这位将军的辉煌荣耀。上面的浮雕展现了被当作战利品运回罗马的圣殿圣物，其中包括一个巨大的灯台和一张面包桌。

提图斯的成功是如此完美，以至于有恶意传言指控他想与父亲韦帕芗争权夺位，或者更糟——自立为东方之王！确实有流言蜚语

---

① 安东尼堡是大希律王在耶路撒冷东北部建造的兵营，它可能是罗马总督的总督府所在地。考虑到这种情况，犹太总督本丢·彼拉多（Ponce Pilate）可能曾经住在那里。

说，他与犹太女王贝雷尼斯之间有着热情澎湃的关系。最终，将军离开了犹太，在亚历山大稍作停留。在那里，他参加了一个纪念阿匹斯神（Apis）的仪式。按照古老的传统，他戴上了圣牛王冠，这本是一个惯例，却让有关他的恶意谣言泛滥成灾。为了不惹父亲生气，他加快了返回罗马的步伐，并公开重申了对父亲的忠诚[16]。

受争议的恺撒

自那以后，提图斯一举一动都表现得像他父亲忠实的左膀右臂。他以自己的名字口授正式信件，并连续几次担任行政官员。他还担任过禁卫军长官，这个职位很少交给元老，让皇位继承人来担任就更罕见了。他的荣誉越来越多，人却变得疑神疑鬼，他颇为专制的个性更加重了他的多疑。个中原委可以解释为，他在返回罗马前刚结束了一场漫长且极端暴力的围城行动，他必然需要些时间，才能适应一座和平城市明显轻松的氛围。此外，弗拉维人非常清楚，他们的统治合法性可能会遭人质疑，故而必须保持警惕，所以提图斯身上有一种合情合理的偏执。他的行为更体现了这一点，当他的权威似乎遭到质疑时，他会独断专行地判人死刑[17]。他的警惕不无道理：父亲韦帕芗死前不久，曾是皇室亲信的奥卢斯·凯齐纳（Aulus Caecina）计划暗杀韦帕芗。提图斯发现了凯齐纳的讲稿，那是后者打算在计谋得逞后向士兵们宣读的演讲词。他保持镇定，邀请叛徒去吃晚饭，像什么都没发生一样。用餐结束后，凯齐纳起身向主人告别，随后遭宴会厅出口的禁卫军殴打而死。诚然，对此表示质疑的罗马人可以批评提图斯的作案手段（modus operandi），但不得不承认此法行之有效。

这些年来，提图斯作为父亲的助手，也得以重拾夜生活的欢乐。就像年轻时那样，他晚餐时总会喝到酩酊大醉，吃饱喝足后身边总有剃光毛发的漂亮男孩相伴。也许，只有一个女人能引起他的注意——那就是贝雷尼斯。韦帕芗在位末期，她很可能在罗马待了一段时间。她因其地位而备受尊敬，可她仍然只是个外国人而已，一位东方女王，无时无刻不在准备用恶臭的暴政来污染罗马[18]。犹太女王和罗马将军是否相爱过？历史学家也无法给出确定的答案，不过苏埃托尼乌斯讲述说，提图斯"不顾她的反对，也不顾自己的反对"[19]，将她送回了家。他不能在继承父亲皇位的同时，将一位外国女王留在身边。弗拉维王朝的意识形态构建经不起这种事情的冲击。奥卢斯·凯齐纳的政变意图已经向他表明，他的王朝依然脆弱。

唯一一位被允许出现在弗拉维家族形象中的女性，是提图斯的女儿尤利娅。正如钱币所证实的那样，她是唯一享有奥古斯塔称号的弗拉维女性[20]。提图斯甚至考虑将她嫁给他弟弟图密善，但后者拒绝了，尽管二人早有地下不伦恋情。这个小家庭试图通过内部结合，把权力更好地握在手中。公元79年6月24日，韦帕芗去世，提图斯顺利接过了皇位，这一刻，他父亲已经为此准备了十多年。

"人类的喜悦"

登上权力巅峰的提图斯，为人发生了一百八十度的大转变。他摆脱了年深日久的花天酒地，也不再是昔日残酷而暴虐的军人，取而代之的是一个沉着审慎的皇帝。他身上"有着最珍贵的美德"[21]，苏埃托尼乌斯如是写道，几乎迷上了自己笔下的这个人。

提图斯希望像他继承的帝国一样优秀。40岁那年，他毫不犹豫地放弃了日常生活中的轻浮快乐。他不再给最喜欢的艺术家捐钱，即便他们在舞台上大放异彩，而是组织游艺，以使人民得到快乐。色雷斯人最受他偏爱，不过出于礼貌，他也会鼓励其他角斗士。他组织规模巨大的海战剧，这是一种罕见且昂贵的演出，总是会产生轰动效果。但最值得一提的是，他为一座新圆形剧场的落成举行了揭幕式。这座剧场建在尼禄的黄金屋地区，因旁边有着尼禄不戴皇冠的大型雕像而得名"大斗兽场"。这座美妙的建筑装备了复杂的机械设备，使野生动物能从竞技场地上的翻板活门进入赛道，坐席可容纳50 000人。巨大的布棚（*velum*）① 由皇家舰队的水手开动，只有他们才能启动无数滑轮[22]。同时，提图斯还允许人民在他在场的情况下使用皇宫浴池。不得不说，将尼禄庞大的宫殿建筑群中的一部分交还给罗马民众，是合情合理之举。

---

① 看台上方展开的巨大遮盖物，以供遮荫。

第十一章　提图斯：宠儿之路

提图斯还力争在问候期间保持平易近人的姿态，热忱、勤勉地满足来访者们的要求。他不止一次地说："任何人都不该在和皇帝交谈后败兴而归。"[23]他坚持带着敏锐的正义感和前所未有的温和仁慈来统治国家，种种优良品格为他赢得了"人类的爱与喜悦"的绰号[24]。然而，反复无常的命运女神偏偏爱用严峻的考验来刺激这位完美皇帝的神经。公元79年10月24日①，维苏威火山爆发了。在当时人们的记忆里，如此天灾史无前例。诗人马提亚尔（Martial）在一首短诗中哀叹道："火焰摧毁了一切，将一切埋葬在可怕的灰烬之下。众神但愿他们的神力不曾降临到如此之远。"[25]短短几小时内，数个沿海城镇从地图上消失了，其中包括庞贝和赫库兰尼姆。数以千计的难民流离失所，惊慌失措地走在通往那不勒斯的路上。提图斯还哀悼了老普林尼的遇难，他的这位老朋友当时担任驻那不勒斯湾的米塞纳舰队的指挥官。老普林尼怀着深切的同情心，迅速开展救援工作，又安排执政官组织对灾民的援助，以及对受灾的坎帕尼亚地区的恢复重建。随后，提图斯亲自前往灾难现场。海岸地区地貌变得无从辨认，陆地已移入海中好几公里，昔日繁荣无比的庞贝城如今已化为焦土，提图斯只看到最高建筑物的屋顶从火山碎屑中露出来。他虔诚地从满地火山砾中挖出来几尊神像。所有被找到的财物，如若无人认领，都将重新分配给幸存者，以及资助在那不勒斯修建新房，以收容难民[26]。

同样是在公元79年秋天，瘟疫袭击了首都罗马。这类流行病

---

① 2018年10月，在庞贝第五区进行的新考古发掘中发现的涂鸦证实了这一日期。

不算罕见，古代编年史作者将此次肆虐归咎于维苏威火山喷发出的尘埃。提图斯再次沉着应对。他为病人们提供援助，派人将死者的尸体搬离，最重要的是向神献祭，以便与他们和解。帝国如此多灾多难，必然是诸神发怒的结果[27]。

几个月后，一场大火焚烧了罗马。火势持续了整整三天，损失巨大，但尼禄所做的城市规划通风良好，使得火势得到遏制，避免了对罗马城的进一步破坏。

尽管悲剧接踵而至，提图斯仍尽心竭力地统治国家，带着最大限度的宽厚和善良。他甚至客观平和而不乏幽默地对待当着他的面声称想登上皇位的两名元老。在一场角斗表演期间，提图斯让这二人坐在他身边，并建议他们尝试一下兵器的锋刃。他询问了二人的星座，接着向他们保证说，他俩都身处极端险境，但这危险绝不会来自他。提图斯的镇定大胆和几乎毫不掩饰的威胁，令两位元老甚为惊愕。事实上，这次交谈后不久，他们就死去了……死因不明，提图斯有可能在高度谨慎的情况下策划谋杀了二人。

最让提图斯生畏的仇敌来自萧墙之内。他的弟弟图密善从未原谅他，因为他是父亲更喜欢的那个儿子。韦帕芗从未给幼子图密善机会，让他在战场上证明自己。尽管提图斯公开宣布弟弟为继承人，但在这位完美的兄长身旁，图密善没有半分魅力。被仇恨啃噬的图密善散布谣言，设法策划阴谋叛乱，还购买了一些士兵的忠心。然而，提图斯不愿将他流放，甚至拒绝将他驱逐出宫廷。私底下，他哭着恳求弟弟"最终愿意还以同样的感情"[28]。唉，可惜的是，兄弟间的仇恨通常无从化解。

第十一章 提图斯：宠儿之路

公元 81 年 9 月，厄运似乎缠上了可怜的提图斯。当他准备在一次演出结束后献祭动物时，那头害怕的野兽想办法逃脱了。此时晴朗的空中响起了隆隆雷声，预兆变得更加可怕。尽管遇到如此不祥之兆，提图斯还是怀着沉重的心情，踏上了前往萨宾的路。路上，他因恶性发热而待在驮轿中，又命人拉开了轿帘。望着天空，他似乎说了些谵语。带着无限的悲伤，他意识到自己死期将至。他责怪众神夺走一个无辜者的生命，而他从未后悔毕生的所作所为，除了一件事以外。究竟是哪件事呢？苏埃托尼乌斯没有说，他未能找到答案。当代历史学家回顾这段情节时一致认为，这个好奇心重的家伙应该会为没有找到答案而感到懊丧[29]。

公元 81 年 9 月 13 日，提图斯在他家的一所乡间别墅中去世。他的死因是某种疾病，还是图密善从中做了什么？历史留下了一个谜团。尽管天灾不断，但他短短两年多的统治，仍然是公元 1 世纪下半叶最幸福美好的时期之一。得知他去世的噩耗后，罗马人走上街头，万民悲悼，元老们聚集起来向他致敬。之后的一个月里，应图密善的要求，元老们投票通过一项元老院法令，决定将提图斯封神。提图斯被封神乃当之无愧，或者说，他至少称得上是"神之喜悦"！

终　章

"我要死了！"

尤利娅屈着手肘，靠在床边，从老保姆手里抢过一个金花瓶，朝里面呕吐。苦味的胆汁灼烧着她的嘴唇，这是她第二次流产了，但上一次她没有这么难受。趁着恶心的间隙，她一个字一个字地痛苦地说道：

"菲利斯（Phyllis）[1]，你给我喝了什么？"

"和上次一样，主人，一剂用仙客来、艾蒿和苦艾煎成的汤药[2]。但我增加了剂量，因为这次你发现得太晚了。并且，如果我的药水不起作用，我将不得不用火针，从你肚子里除掉那个长出来的小东西。相信我，那将要痛苦得多。"

公主胸中又一次升起了恶心的感觉。在剧烈的腹部痉挛的推动下，一股胆汁从她双唇间喷出。尽管她痛苦万分，菲利斯还是毫不留情地责骂她。

"这就是不小心冒犯诸神后招来的后果。你就像密尔拉（Myrrha）[3]一样变态，但我的图密善可不想让一个小阿多尼斯（Adonis）从你肚子里出来！"

尤利娅爆发出阵阵哭泣，悔恨填膺，无力自持。她和叔叔的不伦关系已经持续了太长时间，父亲提图斯还在世时，他们俩之间就

---

[1] Suétone, *Domitien*, 17. 菲利斯先后是图密善、尤利娅的保姆。

[2] V. Girod, *Les Femmes et le sexe dans la Rome antique*, Paris, Tallandier, 2013, p.129. 这些具有催泄和疏通作用的植物，确实可以触发月经。

[3] Ovide, *Les Métamorphoses*, X, 300-348. 在神话中，密尔拉爱上了她的父亲。在保姆的帮助下，她设法爬上了他的床并与他发生了性关系。当他发现怀中的新情妇竟是自己的亲生女儿时，便试图杀掉她。密尔拉逃走了，受到众神的惩罚，变成了一棵树。她生下了阿多尼斯，她的眼泪变成了珍贵的没药。

第十一章 提图斯：宠儿之路

开始了。起初，是图密善引诱了她。他告诉她，克劳狄娶了侄女小阿格里皮娜，而如果他登上皇位，他不会娶除了她之外的任何人。那时，她是罗马最高贵的女子。多么天真的尤利娅·奥古斯塔！现在图密善成了皇帝，不再和她谈婚论嫁，却还是继续来看她。她喜欢叔叔的热情，这个情欲的小奴隶是多么荒唐可笑！

恶心感有所缓解，尤利娅无力地瘫倒在床上的软垫子上，再也没了一丝力气。小腹的沉重感引起她的注意。她一定是来月经了，终于！她把染成鲜红色的被子向后推开，看自己是否在流血。床垫浸透了她的血，她再也说不出话来①。

---

① 根据苏埃托尼乌斯记载的传言，尤利娅怀孕后，因叔叔强迫她堕胎而死。

第十二章　图密善：家中弃子

　　皇帝的命运最为不幸，即使他宣告发现了一个阴谋，人们也不会相信是真的，除非他已经被杀掉。

　　　　——苏埃托尼乌斯，《图密善》(*Domitien*)，第 21 章

图密善双手抱着头，手肘搁在父亲昔日工作过的书桌上，叹了口气。他的呼吸似乎因生活的苦痛而变得沉重。他知道人们嘲笑他，因为他习惯了天天将自己锁在公寓的客厅里，连着几个小时闭门不出。他需要这几小时的空闲来重新集中精神，以缓解权力带来的可怕压力。他每天都越发明了一个事实：他不是做皇帝的料。这一点，韦帕芗也知道，这就是为什么他总是更喜欢提图斯。啊，提图斯……他是那么勇敢、那么受人尊敬，是个完美的儿子。图密善，只是个小小的外行而已，不配得到父亲的爱，所以也不配受到人民爱戴……

愤怒和悲伤交织，郁结于胸，图密善的神志有些模糊。他闭上眼睛，屈起手指，梳拢头发。在指关节的拉动下，他感到头皮上有几根松动的发丝脱落下来。他担忧地盯着手中的褐色纤维。这令人沮丧的场景让他感到难过，他已脱发谢顶。以前，俊美的外表是他唯一真正的骄傲①，如今他的美貌也在褪色。他抖了抖双手，以免看到脱落的头发，又抓起一把放在桌沿的用来拆信的锥子，试图让自己沉静下来。他用食指触摸着锥尖，心中升起一股沉闷的苦恼。他无比坚信自己的一生会以悲剧收场。于是，仿佛要抵御一名假想敌一般，他将锥子举过头顶。借着眼角的余光，他看到一只死苍蝇，它腹部朝上，躺在芦苇笔和墨水瓶之间。他迅速地拿起锥子刺穿了那只虫子，把它拿到眼皮底下，观察它。没有血流出来。他讨厌血，讨厌它的气味，那浓稠的黏性，还有金属的味道，血的一切都让他厌恶②。他无法成为一个好士兵，父亲是对的，他一无是处。他松开手，锥子掉到桌上。他站起身，带着迎接死亡般的心情，决定去忙他的事务。一个皇帝不能整天闭门躲藏。

日复一日，为了控制焦虑，图密善养成了在办公室里赶杀苍蝇的习惯。他用锥子刺中它们，为此兴高采烈，仿佛刚刚对某个阴谋者刺出了致命一击。每天，在图密善离开办公室后，朝臣维比乌斯·克里斯普斯（Vibius Crispus）都会发现，又有新的苍蝇被刺

---

① Suétone, *Domitien*, 18. 他对自己的秃头非常难为情，但试图用老生常谈的话来安慰自己接受它："没有什么比美丽更令人愉悦，但没有什么比这更转瞬即逝的了。"

② Suétone, *Domitien*, 9. 图密善可能想过立法来反对牛的献祭牺牲，因为它们流血过多，让他反感。

穿了，挂在锥子上。当好奇的人问他，皇帝闭门不出期间身边是否有人陪同，他早已习惯性地回答："没有，连只苍蝇都没有！"[1]

被抛弃的儿子

公元51年，韦帕芗担任副执政官①。他宠爱的儿子提图斯很快就年满12岁了——这个出类拔萃的少年是他的翻版。10月24日，他再一次享受到成为父亲的快乐。为了向妻子的族裔致敬，他给次子取名为图密善。

这个小男孩永远不会知晓，他哥哥出生在一所多么简陋的房子里。图密善在奎里纳尔山丘较为富裕的格林纳达（Grenade，意为石榴）地区的一所房屋中长大（当上皇帝后，他就将童年的家变为了献给家族的神庙）。长大成人期间，他发现父亲专心于事业，并十分关注提图斯的职业生涯。哥哥是父亲的继承人，父亲在他身上投注了很大希望。父子二人间存在着强有力的代际过渡关系，而家中幼子图密善被排除在这种关系之外。

他很快意识到，自己没有受到像哥哥那样的培养。他进宫廷的

---

① 数名执政官同时当选，两位常任执政官以他们的名字来命名任期那年，其余的均被称为"副执政官"。

次数比哥哥少得多，不过并无疑问的是，他通过家庭教师接受了尚可的教育。后来，他一当上皇帝，就将罗马图书馆塞满珍贵的书籍，以表达他对文学的喜爱。他甚至还从亚历山大图书馆里复制书籍，让罗马城拥有符合其帝国首都地位的文本资源。但是，年轻时他没花多少时间深入学习诗歌和历史。成为皇帝后，他既不爱写作，也不亲自撰写演讲稿。不过苏埃托尼乌斯告诉我们，图密善悉心阅读了提比略的回忆录。这位精于洞察的历史学家很谨慎地看待这件事。他有意无意地将提比略和图密善这两名有些类似的皇帝嵌入自己的书中，二人都是不被家人喜爱的孩子，而这都影响了他们的性格。

尽管图密善不擅长写作，他仍然能通过一种轻松惬意的方式表达自己。他能毫不费力地运用合适的言辞[2]，但他的演讲才能明显不及提图斯。同样，在所有军事训练中，光芒四射的哥哥都让弟弟无处容身。图密善讨厌运动，被迫走路已经足以令他不快。他唯一的才华是射箭，但这在罗马军队中并无太大用处。不过，他喜欢让周围的人惊讶。有一次，他要求一个奴隶将手放在墙上，手指张开，他拉弓瞄准，射出的箭矢落在奴隶分开的手指之间，没有造成丝毫伤害[3]。他只能从无用的英勇之举中收获无用的虚名。

公元 66 年末，图密善的父亲和哥哥动身前往犹太地区，他的母亲很可能已经去世了。因此，15 岁的他只能独自留在罗马。父亲的收入不足以给他相对舒适的生活，苏埃托尼乌斯将他描述为一个真正的贫民。他的家庭一直寅吃卯粮，公元 69 年的政治动荡更是雪上加霜。有时，图密善会向富裕的贵族出卖肉体，希望通过这

第十二章　图密善：家中弃子　　　　　　　　　　　　　　　　　　351

种方式收获几个保护人。他甚至可能将自己卖身给了涅尔瓦（Nerva），而多年之后，后者继承了他的皇位[4]。的确，图密善是一个姿容俊秀的美少年，必然很受欢迎。他个子高挑，身材苗条，仪态气度胜过他的哥哥提图斯。他的面孔比父亲韦帕芗更柔和，一双大眼睛赋予他迷人的魅力①。对他来说，年老是一场可怕的事故，如同沉船一般。他变得肥胖，且脱发谢顶，为此他内心常常受到煎熬[5]。他的焦虑情绪中有些许阴柔的成分，在罗马人看来，与提图斯身上强烈的阳刚气质相比，这倾向于意味着他性格软弱。可是，他和男人恋爱似乎并不是出于不道德的癖好②。他不喜欢被人当作女孩对待，他成年后的性行为也证明了这一点。但当时他的父兄都在犹太，一同进行征服世界的壮举，委身于同性是他寻求爱与金钱的唯一途径。

　　公元70年，韦帕芗和提图斯回到罗马，开始了他们在帝国权力之巅的二重唱。图密善很难在家中找到自己的位置，他就像一块补丁。他并不想赢得家人的好感，反而常常表现得令人不快。这是受过伤害的人的特质。父亲的情人凯尼斯成了他发泄怨恨的对象，

---

　　① R. F. Martin, *Les Douze Césars*, op. cit., pp. 92 - 93. 公元2世纪的编年史学家们把图密善描述成典型的暴君，但这有些夸大其辞。在菲洛斯特拉图斯（*Vie d'Apollonios de Tyane*, Ⅶ, 28）和小普林尼（*Panégyrique de Trajan*）的笔下，图密善有一双暴躁而令人生畏的大眼睛。然而，他年轻时的雕像却有着一张相当和谐的脸庞。
　　② *Ibid.*, p. 168. 更为晚期的作者，如菲洛斯特拉图斯（*Vie d'Apollonios de Tyane*, Ⅶ, 42）和卡西乌斯·狄奥（LⅧ, 2, 6）坚持强调图密善或被动或主动的同性恋行为。但关于这一点，还是应当谨慎看待，因为苏埃托尼乌斯少年时期，图密善仍然在位。假如前者知道后者有同性恋行为，他必然会乐此不疲地将此事写在书中，但他并没有这样做。

他甚至拒绝向她拥抱致意。这样做显然无法帮他赢得父亲的青睐。此外，韦帕芗瞧不起图密善纤细敏感的个性。对在战场上数度出生入死的将军来说，小儿子的焦虑不安令人恼火。一次家庭晚餐时，图密善拒绝食用蘑菇。确实，自从克劳狄死后，这道菜的名声就一直很糟糕！韦帕芗借此机会嘲笑图密善，还冷嘲热讽地劝他说，与其害怕蘑菇不如多害怕武器[6]。

这些看似无关紧要的小烦恼伤害了图密善，令他的心灵变得脆弱。面对强势的一家之父韦帕芗，他只能保持沉默，心中的怨恨却日积月累，对过于完美的哥哥提图斯嫉妒不已。

无法超越的榜样

公元71年6月21日前后，韦帕芗和提图斯庆祝他们胜利而归。整个罗马城一片欢腾。阅兵游行是十分崇高的仪式，对刚刚建立的弗拉维王朝来说事关重大，必须向世人展现一个团结的家庭。韦帕芗把提图斯推到了舞台前方，因为他将来要继承皇位。图密善当时只有19岁，没有任何高级军事成就值得夸耀，只好待在一旁，心怀些许艳羡地看着父亲和哥哥身着同样的紫色托加，头戴月桂叶王冠，脸上涂着红铅，在仪式上化身为朱庇特，各自站在一辆壮观的四马二轮战车上，行驶在游行队伍当中。依照惯例，两人身后各站着一名奴隶，将手中王冠高举过他们的头顶，并在二人耳边低声说着，他们不是神。至于图密善，则在执政官的敦促下骑上一匹漂

第十二章 图密善：家中弃子

亮的白色骏马，跟在两辆马车后面[7]。虽然他看上去气宇非凡……但又一次，即便没有任何不公成分在内，他似乎也比哥哥次一等。

随着时间的流逝，提图斯巩固了他作为韦帕芗左膀右臂的地位。心怀嫉恨的图密善是个外行，只得接受父亲随意交给他的职务。他让同事代替自己行事，并十分乐意将职位卖给出价最高的人。或许，他认为自己是在模仿父亲身上商人的一面吧。韦帕芗带着冷幽默的语气惊讶地说，图密善怎么没把继承人的位子卖了，"他还没给我指派个继任者来"[8]。图密善做不到正确行事，实际上，他一直在不断挑衅，试图引起父亲的注意。提图斯是一个完美的儿子，他无法与之抗衡，只能耍耍诡计和花招……他并没意识到，他的行为是徒劳的。

韦帕芗去世后，提图斯自然而然地继承了皇位。图密善告诉任何乐意听的人，父亲其实是将帝国交给了自己，但遗嘱被篡改了。对许多家庭来说，遗产继承都是悲惨的一刻。每个人都必须接受死者留给他们的东西，而尽管有着充分的依据，兄弟间存在的不平等待遇也十分明显，不容置疑。哥哥在位的两年间，图密善对他充满恶意。他天天梦想着策划阴谋，购买士兵。但是，与其说他看重权力，不如说他更在意的是被爱和被承认。公元81年9月13日，提图斯英年早逝，这使他着实感受到了快乐。不过，在他的提议下，提图斯被元老院封神——对家族尽忠尽孝的表现一直被视为合仪之举。除此之外，这还能增强弗拉维王朝的声望。这就是他，新皇图密善，被封神的两位皇帝的儿子和弟弟。

任期前几年间，图密善试图表现得像个明君。他继续推进由韦帕芩发起的大兴土木政策,尤其是在广场上专门建了一座新的朱庇特神庙,在首都留下弗拉维王朝的烙印。他毫不犹豫地将自己的名字刻在弗拉维家族的所有纪念性建筑上,只字不提初建者[9]。此外,他对待人民极度慷慨,多次拒绝别人留给他的遗产,以表明他的大公无私。不过,要想赢得民众的喜爱,最佳方式依然是为渴望消遣的他们组织游艺竞技。图密善主持了无数次角斗比赛,甚至还让女子走上被火炬照亮的赛场。这种夜间竞技十分罕见,格外受喜爱女战士的人的欢迎,她们身上有着扰动人心的身体魅力。新皇帝还主持了赛跑、体操比赛、音乐和唱歌表演,他会利用以上时刻给贵族和人民分发礼物,发的是食物而不再是钱。他以这样的方式恢复了古老传统,巩固了他象征性的祖国之父的地位。至于他本人,也成了场景设计中的元素之一:他身着紫红色托加,头戴金制月桂冠,上面有朱庇特、朱诺(Junon)和密涅尔瓦的肖像——卡皮托林三神。这赋予他一种皇家风范,比起人类,他更接近神[10]。

  此外,像之前的奥古斯都一样,图密善也进行了实质性的立法工作,来鼓励重塑道德。例如,他颁布了一项禁止阉割奴隶的法令,尽管阉人市场有利可图,被阉的奴隶很珍贵,尤其受到女主人和放荡的男主人的追捧,前者享受他们时不必害怕怀孕,后者则喜欢把他们当女孩对待。奴役状态原本已削弱了他们身上的阳刚之气,无疑,图密善的决定旨在象征性地保护这些人剩下的阳刚之气[11]。在罗马,一位男性公民不论在社会层面上还是在肉体上,都必须充满刚强气概。被阉割在罗马被视为衰弱的象征,被迫去势的不幸者由此降至一种令人烦扰的中间性别,身上的女性化要多于男性化，这是一种不适当的突兀怪异。然而，事实上图密善本人并不是一个勇武的战士，他既不会毫无牢骚地睡在帐篷里，也做不到毫无畏惧地挥舞利剑。

除了这些，皇帝还禁止小丑登台表演，只容许他们在私人居所演出。喜剧演员们拥趸众多，其中包括许多渴望在幕后接近偶像的已婚女子。有人出大价钱，只为帮他们在演出结束后脱下戏服[12]。图密善本人的妻子也被喜剧演员迷了心窍，她很可能是法令所针对的目标之一。

走入法庭时，图密善会以最严肃的态度行使法官之职。他坚定地认为每个人都属于其阶层，需要按社会期望行事。诽谤他人者和生活放荡者都要遭受惩罚，但尤为重要的是，图密善在维斯塔贞女中建立起了良好的秩序。这群纯洁的女祭司无比受人尊重，同时，她们必须在履行神职的 30 年间保持处女之身。可独身生活是如此漫长，有些人难免会冒着激怒维斯塔女神的危险，做出越轨行为。如果女神因其仆从的不轨而感到被冒犯，她可能会摧毁罗马。图密善发现，好几个维斯塔贞女都有情人。因此，犯了罪的她们应献身于地狱诸神，也就是被活着埋葬。可是神职人员数量不多，皇帝不能杀掉其中半数人，故而只有三名有罪的女子遭到了非致命性惩罚。然而，贞女长科涅利娅（Cornelia）被判处极刑。对她来说，情况要严重得多，因为她不是第一次沉迷于乱伦①，而且她还是家

---

① 当一个维斯塔贞女与一个男人发生肉体关系时，她被认为犯了原始意义上的乱伦罪，这是一种违背善良、违背既定秩序的行为。

庭女神的首席仆人。在一场盛大的仪式上，科涅利娅为自己的罪行赎罪。随后她待在封闭的驮轿里，被带到一个地下牢房。旁观者捂住双眼，以免遭受淫秽不洁的侵害。到达目的地后，她被扔进将会永远密封的洞中，注定要缺氧窒息而死。她的情人们也都遭鞭打致死[13]。在我们看来，这些处罚实在很残酷。至此，图密善是一位正直严厉的皇帝，他用心维护着罗马城的秩序、纪律和虔诚。

在外交政策方面，他在达契亚、日耳曼尼亚和不列颠前线上取得了几场漂亮的胜利，他为此深感骄傲。他只去过莱茵河岸的边境，不过几场胜仗为他赢得了当地军队的尊敬。于是，他试图表现得他也继承了父亲的军事天才[14]。

尽管为了做个好皇帝付出了种种努力，图密善还是不禁迷上了专制暴政。昔日，他是被遗弃感和不公待遇折磨的少年，如今，他是无所不能的国家元首，两者间的脱节太过严重。最终，身在帝国之巅的他，并不比在自己家中更能找到自身的位置。

阴影的一面

渐渐地，图密善身上的严肃逐渐褪去，取而代之的是他阴郁的本性。他越来越难以遵守之前皇帝们颁布的宫廷礼仪规范。努力了几年后，他放弃了晨间问安仪式，并在早上玩骰子。他不等下午结束就去泡温泉，白天大部分时间里，他都把自己泡在水池中。对罗马人而言，沐浴是个重要的社交时刻，同时它也受到一些规则的限

第十二章　图密善：家中弃子

制，绝不能滥用规则。不泡澡的时候，图密善时常把自己锁在办公室里，拿着锥子赶杀苍蝇，一待就是几个小时[15]。这种奇怪的习惯可能减轻了他的某种生存焦虑。此外，图密善喜欢午餐吃得很丰盛，而在罗马文化中，这顿饭往往比较简单。他的晚餐倒是经常只简单打发一下，拿个苹果吃就满足了。太阳一下山，他就逃开饭桌。当其他人品尝狂欢的乐趣时，他选择独自漫步[16]。他一直是一个孑然一身的孤独者，却仍无比苦涩地发现，身处山顶的孤独感格外令人压抑。他的生活节奏与时下流行的罗马风俗完全不同步。今天有人会说，他实施回避策略是为了避免面对日常社会义务，逃避那些缺乏诚意且令人疲惫的惺惺作态。

苏埃托尼乌斯用随意的笔触描绘了图密善的形象。从童年时期开始，他与他人的关系就仅仅流于表面。为了逃避这令人心痛的可悲现实，他在妓女的怀抱里沉溺流连。她们一旦得到报酬，就可以完美演绎一出出爱情喜剧。在她们的热情、亲吻、主动拥抱里陶醉，这就已经足够了。图密善与妓女们一起玩乐。传言——或真或假的——说他喜欢亲自为她们剃除私处的毛发[17]。显然，在罗马，这种堪称恋物癖的乐趣被视为一种下流的变态行为。男人应该征服女人，而不是甘当美容师！

但至少妓女们温顺又听话。图密善与妻子多米提娅·朗吉娜（Domitia Longina）感情热烈，出于对她的爱，他拒绝和侄女尤利娅结婚，尽管族内联姻可以通过锁定帝后，增强弗拉维王朝的统治合法性。然而多米提娅却是用情不专之人，与演员帕里斯之间的关系众所周知。图密善很可能在其任期早期离弃了她，即便他之前已经授予她奥古斯塔的头衔[18]。过了一段时间后，他又同意将她"带回他神圣的卧榻"[19]。图密善必然爱着这个女人，或者对她有着受虐狂般的依恋，才会让她重又成为皇后。他这个决定导致人们把他看作一个软弱的人，而贵族们不会尊重一个傻子。然而，图密善还隐瞒了与侄女尤利娅的地下情。年轻的尤利娅非常美丽，她的道德观也足够灵活，能和叔叔一起经历一段有些可耻的浪漫。自克劳狄和小阿格里皮娜的政治婚姻以来，罗马人对叔叔和侄女结婚一事宽容以待，但这种做法没有普及，在具体情况中仍然明显被视为乱伦。他们二人之间的热情显然是相互的，而且没过太长时间就开花结果了。但是，尤利娅不能把叔叔的孩子带到世上[20]。机械操作和草药流产都有致命危险，像当时的很多女人一样，尤利娅最终因中毒、大出血或者败血症，死于流产。

侄女去世，妻子不忠，图密善由此陷入了无依无靠的痛苦。沮丧、孤独、无人劝慰，令他感到茫然不知所措。狂妄自大为他的绝望提供了庇护所，至少给他的生命带来了一点意义。在人民面前，他继续存在。他收集服从的表现，从中感到无法言表的愉悦。后来，他的通函都用以下傲慢文字作为开头："我们的主人和我们的神命令必须完成此事。"[21] 对罗马人而言，专制由此开始。元首（*princeps*）是第一公民，身为"奥古斯都"，他的价值高于他人；身为"祖国之父"，他引领着他的居民。但他既不是神（*deus*），也不是主人（*dominus*），相信自己是以上二者，是不对的。从这些微小细节可以看出，他日渐成为一位专制暴君。事实上，他要求朱庇特祭司和弗拉维祭司都戴上头冠，冠上镶有圆形徽章，上面刻着他的雕像。由此，他和罗马最伟大的神一样，受到同等崇拜。除了这些，他还在神圣的狄安娜森林附近建立了一座新的赫拉克勒斯神庙，庙中神像依照他本人的外貌特征塑造而成[22]。图密善始终在逐渐远离人类世界，向神的宇宙靠近[23]。公元 80 年年底，贵族们开始对他有所怀疑，此人妄自尊大，给自己在广场上竖起越来越多的金银塑像。然而，弗拉维王朝最后一位皇帝没能享有父亲和哥哥的地位。很快，有野心的人开始设计阴谋，力图摆脱这位潜在的暴君。

偏执狂

公元 89 年，卢齐乌斯·安东尼乌斯·萨图尔尼努斯（Lucius Antonius Saturninus）第一个将想法付诸行动。这名执政官是上日耳曼尼亚的总督。他率领第十四军团和第二十一军团揭竿而起，准备向罗马进军。如果下日耳曼尼亚的各个军团也加入他的行列，他本可以成功篡位。可惜，他们对弗拉维王朝绝对忠诚，在总督拉皮乌斯·马克西姆斯（Lappius Maximus）的带领下，他们镇压了叛军[24]。在罗马，图密善猛烈攻击叛徒的支持者们，有嫌疑的人被逮捕，并受到酷刑折磨。皇帝给了刽子手们充分自由，让他们撬开嫌犯的嘴。男人和女人、元老和骑士都遭受了令人难以置信的虐待，他们的手被砍断，私处被烧毁。只有两名被告得以逃脱，他们辩称，自己的生活太过混乱，从来没能赢得严肃的安东尼乌斯的信任。

从那时起，图密善就陷入偏执无法自拔。他坚信，身边到处都是针对他的阴谋诡计，不禁发出哀叹：人们不会相信他，除非他死了[25]。他遵循格言"最好的防御就是进攻"，残酷地攻击元老阶层。他挥舞着欺君之罪的大旗，一一除掉所有使他心生不快的人，并逐渐形成了一种格外可怕的惯用手法（*modus operandi*）。一旦他和颜悦色地对待想要迫害的人，随之而来的酷刑只会更残暴、更戏剧化。于是，元老们逐渐学会畏惧他的温和，因为那总是悲剧的先兆[26]。

他在皇宫里也表现出施虐狂的态度，所用手法别无二致：在攻击某人之前先安抚他。他的财务主管就横遭此祸。一日，图密善邀请他去自己的房间，同他友好地闲聊，晚上又给他奉上一顿美餐，然而次日早晨竟毫无预兆地将他钉在了十字架上。图密善希望被人畏惧，他通过恐怖手段来强行施加命令，为此他必须杀鸡儆猴。他的秘书埃帕弗洛迪图斯成了完美的替罪羊。他当着一众仆从的面将这名获释奴隶处决，以便让他们相信永远不能反抗主人。图密善认为处死此人是明智的选择，他曾经陪同前任主人尼禄逃离罗马，还帮助过尼禄自杀。因此，皇帝的行为乃是高尚义举。作为范例被杀掉的死者本就罪有应得，所以，但愿其他人都表现得规规矩矩[27]！事实上埃帕弗洛迪图斯对尼禄忠心耿耿，他带着尊严死去，其心可鉴，无可指摘。在仆从们眼中，他们这位同伴是可憎的不公之行的受害者。图密善的做法只能激起获释奴隶群体的仇恨。

面对元老们，图密善的作为也越过了红线，首当其冲的是他的堂兄弟弗拉维乌斯·克莱蒙斯（Flavius Clemens）。公元 95 年，44

岁的皇帝图密善还没有继承人。克莱蒙斯有几个年纪尚幼的儿子，他们或多或少地被人们正式看作皇位继承人，甚至还有皇帝收养了他们并给其中二人分别更名为韦帕芗和图密善的说法。尽管承诺会这样做，图密善还是找到了某种借口，判处克莱蒙斯死刑，还流放了他的妻子[28]。至于几个孩子后来怎样，苏埃托尼乌斯没有提及。

在罗马人眼中，图密善是一个嗜血狂徒，他甚至将屠刀挥向自己的家人。从那时开始，他就像一位暴君，同卡利古拉和尼禄一样邪恶。他不仅双手沾满鲜血，还经常横征暴敛，对无名小卒亦盘剥无度。任期最初几年，他因慷慨大方掏空了国库，于是一改往日对待告密者的态度，不再惩罚他们，反倒把他们当成了最好的朋友。遭判刑的人只能目睹自己的财物被没收，遗产也尽数充公。图密善还专门向犹太人强制征税，而他的前任们对此相当宽容。关于这一点，苏埃托尼乌斯讲述说，他曾在青少年时期目睹过令人悲哀的一幕。当时，税务官员坚持核实一位老人是否受过割礼，为的就是在有必要的情况下强迫他缴纳税款。

图密善的皇位已经坐了15年。他的王朝虽然有个幸福美好的开端，后来却逐渐沉没，陷入一个充满专制、暴力和不公的系统。帝国对他来说是一个沉重的负担，他从来没有父亲那样的决心，也没有哥哥那样的勇气[29]。他脆弱的心灵基础在权力的重压下土崩瓦解，使他变成了一个卑鄙小人。韦帕芗的次子尚不知道，未来的好几个世纪里，他都将成为罗马历史学家笔下专制暴君的典型。

缴械的密涅尔瓦

一天早晨，图密善从惊吓中醒来。他做了一个可怕的梦，梦中，他最喜欢的女神密涅尔瓦出现在他面前。她从她的神庙中走出来见他，头上却不再戴着头盔，手中也不再拿着盾牌和长矛。她无力地向他宣告，她不能再保护他了，朱庇特卸下了她的武装……

自从弗拉维乌斯·克莱蒙斯遭到暗杀后，不祥之兆迅速增加。几个月来，人们总会听到晴朗蓝天传来阵阵雷鸣咆哮。被吓破胆的图密善虚张声势地吹嘘说："雷电想劈了谁，就让它劈吧！"从那时起，闪电先是袭击了弗拉维家族的神庙，随后又击中了皇宫大殿。谣言还说它落到了图密善的房间里，这可能有点夸大其词了。在罗马城的一座大门附近，一阵狂风刮掉了他的凯旋雕像底座上的铭文，还将它吹落到一座坟墓上。每当新的一年来临时，图密善都会向在普莱尼斯特的命运女神请求神谕。公元96年，头一回，他收到的预言是可怕的凶兆，他的未来染着鲜血。

图密善感到忧心忡忡，于是咨询了著名占星师阿斯克雷塔里奥（Asclétarion）。又一次，星相向他昭示了黑暗的命运。图密善试图制造恐慌情绪，便又问道，术士知不知道他本人将怎样死去，后者回答说自己会被一群狗撕成碎片。为了表明阿斯克雷塔里奥在说谎，图密善命令卫兵暗杀此人，烧掉他的尸体，然后立即挖个墓穴将他埋葬，以证实他错误地预言了自身命运。但是，当晚突然刮起

第十二章　图密善：家中弃子

狂风，下起暴雨，卫兵们不得不寻找地方避雨，暂且把尸体抛在了一边。到了晚餐时分，哑剧演员拉提努斯（Latinus）告诉图密善，他怎样惊讶地目睹了狗群撕碎了占星师那半被烧焦的遗体[30]。

面对如此多的不祥之兆，图密善的焦虑感迅速加重。他开始亲自扮演起预言者的角色，用浮夸的词语预告自己的终结："明天，水瓶座的月亮将染满鲜血，还会发生一件整个世界都要谈论的事情。"[31]这段话听起来像是后人为临终帝王杜撰的奇言怪谈。不过，图密善应该感受到了宫中格外紧张的气氛。他身边的人恨他，获释奴隶们也不再容忍他的压迫。他已经砍下了那么多头颅，导致皇宫里再也没人感到安全。奥古斯都之家一直如同巢穴，其中孕育着毒蛇，公元96年9月18日，它们将出来咬人。

命丧黄泉那天，图密善在清晨精疲力竭地醒来。整整一宿，他都被焦虑折磨得痛苦不堪。早间时分，预言家按照惯例到来，向他宣布，在日耳曼尼亚发现了关于死亡的征兆，电闪雷鸣可能预示着政权更迭。图密善惶恐万分，下令杀掉这只报丧不报喜的鸟。他坚信第五时（上午10点）对他来说是致命时刻。他像笼中困兽一样在房间里转圈，开始疯狂地抓挠前额上的一个疣子。一股鲜血喷涌而出，他恳求众神，不要让他再流更多血了。终于，人们告知他，当日的第六时已经开始。其实，是奴隶对他说了谎，但图密善恢复了镇定。预言中决定命运的时刻已经过去，他不会在今天死去了。为了放松一下，他决定前往温泉沐浴。他的内务仆人巴尔特尼乌斯（Parthenius）让他停下了前进的步伐：皇宫管家之一斯特凡努斯（Stephanus）有重要消息向他禀报。斯特凡努斯被带进图密善的房间,一只手臂缠着绷带,抱着一份非常重要的信件。图密善抓过文件,发现其中内容是揭发一个阴谋。他沉浸在阅读里,没看到斯特凡努斯从绷带下面抽出一把匕首。锋利的刀刃猛地刺入了他的腹部,在强大生存本能的驱使下,他与袭击者打斗起来。他试图从对方手中夺过武器并戳其双目。当时,一个在他房内负责侍奉拉列斯神的少年奴隶也在现场,吓得目瞪口呆。图密善朝小奴隶大声喊叫,命令他把藏在枕头下的匕首拿来,但男孩只发现一把断了刃的刀柄。所有的出口都被人从外面上了锁。终于,有一扇门打开了。副官克洛狄阿努斯(Clodianus)、巴尔特尼乌斯的获释奴隶马克西姆斯(Maximus)、宫廷守卫萨图尔(Satur),还有几个角斗士,一起进入了皇帝的卧室。所有人都上前攻击图密善,他在自己仆人的袭击下断了气[32]。最讽刺的是,对埃帕弗洛迪图斯之死的报复,正是驱使获释奴隶们阴谋弑君的原因之一。

最后一位弗拉维人的遗体被装进棺材,交到了他的老保姆菲利斯手里,没有任何奢华排场。菲利斯组织了葬礼,将她抚养的孩子的骨灰与尤利娅的骨灰混合,二人似乎超越了死亡,终于结合在了一起[33]。

人民听闻他被杀的消息后毫无反应,相反,元老们纷纷大喜过望。暴君终于死去,他们不再需要恐惧他的邪恶。他们去了元老院议事厅,毁掉图密善的肖像,肆无忌惮地诅咒了他千百遍,还提议抹去有关他的所有记忆。只有士兵们在纷纷议论如何为主人报仇,这些人对弗拉维王朝怀有深深的敬意,而图密善仍然笼罩在父亲和哥哥的光环之中。然而,由于没人收买他们来武力攻占罗马,复仇计划最终流产。

获释奴隶们则没有给各位元老留出迟疑推诿的时间。他们早已开始谨慎操作，将自己选择的主人推向前台。元老涅尔瓦有着和年龄相匹配的智慧，已经准备好临时接管帝国，没必要再次发动内战。自此，罗马帝国开始步入黄金时代。

终　章

"据说，图密善本人梦见自己后颈上长出一个瘤子，因而坚信，这预示着他去世后国家会迎来更幸福、更繁荣昌盛的时期。不久后，预兆就成了现实。当然，这要归功于之后几位皇帝的大公无私和谦卑节制。"[34]苏埃托尼乌斯放下芦苇笔，凝视着眼前的莎草纸，纸上布满了他纤秀的字迹，呈现出一片黑色。他舒心地笑了，心中充满唯有结束长期工作才能带来的那种喜悦。他伸展四肢，放松因案牍劳形而麻木的背部肌肉。三年了，这本《罗马十二帝王传》，他写了三年。诚然，传记属于小众题材，但他自愿将叙述丰功伟绩的工作留给伟大的塔西佗。至于他本人呢，就喜欢泡在档案里。他再次愉快地想起他的幸福时光，那些在皇宫图书馆里挖掘古老文献的时刻。阅读利维娅和奥古斯都的通信往来令他深感陶醉。他喜欢比较不同皇帝讲稿的写作技巧，感到自己与他们亲密无间，对他们了解得一清二楚。但他也绝不能忘记自己写作的目的，他的作品必须讨哈德良皇帝喜欢。第一公民必须从微不足道的书籍中提取出美德的榜样——他已经拥有如此多的榜样，不同于暴君，他要因自己的典范行为而感到自身的伟大。除此之外，该书最后一章的结论是，赞颂罗马自安敦尼王朝以来所经历的黄金时代。他为此感到自豪，这段历史将不会被人忽视。

苏埃托尼乌斯将手稿卷起来，小心翼翼地在圆盒（*capsa*）① 中放好。明天，他会去复印这些稿件，先拿一份给皇帝，再拿一份给皇后，他一直觉得皇后萨宾娜（Sabine）是那么美丽……想到这儿，他心生愉悦。他怀抱着圆盒，准备离开办公室，却在此时迎面撞见了他的保护人塞普提齐乌斯·克拉鲁斯（Septicius Clarus）。这位禁卫军长官看着眼前的通信秘书苏埃托尼乌斯，面露忧伤。苏埃托尼乌斯感到自己的喜悦消失了。如果克拉鲁斯没穿军装而是身着便服，大动干戈地来办公室跟自己见面，那么必然是有什么严重的事情发生了。

"我亲爱的苏埃托尼乌斯，我很遗憾地告诉你，我们成了丑陋的流言诽谤的受害者。有人说我俩跟皇后太熟悉了，上面因此下令，命令我们离开皇宫②。所以，现在你没有工作了。这事实在是不公平，我也感到很抱歉。"

---

① 专指用来放优质莎草纸的圆形盒子。
② *Histoire Auguste*，*Vie d'Hadrien*，XI，3："哈德良解雇了执政官塞普提齐乌斯·克拉鲁斯、通信部门负责人苏埃托尼乌斯·特朗奎鲁斯和其他许多人，因为他们与他的妻子萨宾娜和她的贴身保镖的关系过于亲近。皇室礼节不能容许此事。"这一事件发生于公元122年，而当时哈德良人在不列颠。有可能正是在同一年，苏埃托尼乌斯完成了《罗马十二帝王传》一书。

第十二章 图密善：家中弃子

苏埃托尼乌斯瞥了一眼自己紧紧抱在胸口的盒子。

"啊！"他可怜地哭了起来，"这可真是糟糕透了……"

不过，他很快又恢复了镇定，狡黠地看着克拉鲁斯，朝他露出微笑。他的安然自若几乎完全符合他的别名——特朗奎鲁斯（*Tranquillus*，意为"平静"）。

"那好吧，既然马上能闲下来，那我就可以开始写我的下一本书了。我刚好想要开始写一本有关侮辱和毁谤的书[①]！"

[①] 这本书是苏埃托尼乌斯的众多著作之一，然而现实中此书早已失传。

结语

我当时 22 岁，初到巴黎，进入索邦大学攻读硕士学位。我感到十分自豪，因为我将研究我所热爱的学科——古代历史。我的论文导师扬·勒伯埃克（Yann Le Bohec）教授交给我的论文主题，是关于古钱币学里的尤利亚-克劳狄家族的皇后和公主。为了完成研究，我需要一本自己的苏埃托尼乌斯式作品，一本属于我的《罗马十二帝王传》。如今，我仍然能看到自己跨过学院街书店的门，从书架上拿起我垂涎已久的 Folio Classique 系列丛书中的那本《罗马十二帝王传》。书的序言作者是马塞尔·贝纳布（Marcel Bénabou），封面上印有托马斯·库图尔（Thomas Couture）的油画《颓废的罗马人》（Romains de la décadence）中的一处局部细节。一名上流社会的交际花，身着一袭白衣，视线迷茫空洞，神情忧郁伤感，仿佛她本人并不在场一样。高中二年级时，我第一次在奥赛美术馆里见到这幅画，当时它便给我留下了深刻印象。在那本书里重新发现这一细节，就像一个引导我阅读的标志。那时，我已走在了一条正确的路上。

这本《罗马十二帝王传》从未离开过我。它跟随我完成硕士学业，随后又陪伴我完成博士论文，还见证我撰写了我最初的两本书。有那么多彩色便利贴从它的书页边缘伸出来，我甚至早已不知当初是为了什么贴上去的。不过没关系，我可以一切再从头开始。为了向我研究道路上的伙伴苏埃托尼乌斯致敬，我重写了一本《罗马十二帝王传》，属于我的十二位恺撒。我和他们一起生活了超过十二年，这一切都是有意义的。

说到苏埃托尼乌斯，他的名声是热爱八卦的平庸作家，尤其是和塔西佗相比。对此我一直感到不公平，《罗马十二帝王传》的主题结构表明了他的分析精神。他的文风活泼轻快，书中记载的轶事动人有趣，在我脑海中描绘了一幅幅深刻的影像。经过多年的研究和撰写，这些故事的面目变得清晰明了。我已然成为十二恺撒及其家人的密友。毫无疑问，本书的基石就在于奥古斯都之家。

显然，皇帝是他们所属时代的产物，同时，也是他们那畸形而暴力的原生家庭的产物。我尽力将他们重新放回各自的家庭中，而不是仅仅把目光局限于他们在战场或元老院取得的丰功伟绩。几个世纪以来，历史学家一直在讨论他们在政治上的表现，而我想谈论的是人。除了恺撒、奥古斯都和韦帕芗三位皇帝，既主动追求权力又懂得如何守住江山并把皇位传递下去，其余的恺撒在我看来既虚弱又孤独。有些甚至在君临天下之前就已被摧毁，只靠虚妄的傲慢赋予他们一丝生命活力，例如加尔巴、奥托和维特里乌斯。权力只是撕开了他们身上的裂缝，让他们心中最黑暗的部分暴露在日光之下：脆弱的超我、自卑情结、过度发育的畸形自我以及施虐狂倾向。因此，本书的目的并不是恢复历史人物的声誉——尽管这在我的学科中是一种颇为时髦的说法①，而是试图理解他们，带着历史学家在面对逝去岁月的无限深渊时，必须拥有的一切谦卑。我想要解释他们最疯狂的举动，找到他们偏执妄想或狂妄自大的病因。为此，应当保持仁慈宽厚——但不能讨好迎合，在不评判的情况下审问他们的本性——并怀着极度谦逊的心，建构起与其他人类学科间的桥梁。

在这里，我对十二位恺撒表达我个人的坚定信念。我经常花费不少笔墨描述他们的青年时代，以便了解他们所受的智力培养以及他们与家人的关系。根据以上这些关联的发展，我力图突出他们任期中的重要时刻。我仿佛看到，在帝国的巅峰待了几年后，在沉重的责任、至高无上的权力以及家庭内部的无数压力的重压下，他们的神经最终折断了。

尤利亚-克劳狄家族没有生活在精神分析时代，也没有活在普世仁爱（今天这个概念有些虚伪并被人滥用）的年代。在古罗马人

---

① 让-诺埃尔·卡斯托里奥（Jean-Noël Castorio）在他关于美撒利娜的书籍中很好地证明了，我们对历史人物的看法会根据每个时代的价值体系而变化。参见 *Messaline, la putain impériale*，Paris，Payot，2015，pp. 158–168。

的世界里，身为弱者和受害者没有任何光荣可言①。故此，尊严在当时具有深刻的意义，是古代传统习俗（mos maiorum）的主要美德之一。这种崇高（dignitas）中混杂着庄重（gravita）和严肃（severitas）②，意味着行为举止要像一个人、一个超人，哪怕你是皇帝也要如此。罗马男人身体层面的阳刚有力，相比有说服力的社会层面的男性气概而言，前者是属于后者的一个不太重要的方面，用以和女性区分开来，并和奴隶、获释奴隶、野蛮人形成对比。由此，提比略的诋毁者们指责他性无能也就并非偶然，身体上的无力意味着他没有能力统治帝国。罗马公民必须坚强、聪明、有统治力，需要不断表现出施加权威的强大力量，在贵族阶层中尤为如此[1]。对皇帝们来说，这些社会层面的种种苛求是如此沉重，以至于他们中的很多人都无力承担。提比略、卡利古拉、尼禄和图密善都滑向了暴政，个中缘由，部分程度上是由于无力遵从如此高的美德和阳刚标准。尤其当他们面对有着"男人灵魂"的母亲或姐妹时，就像罗马人以前说的那样，这种失败更加让人产生负罪感。数名女性——比如利维娅、安东尼娅还有两个阿格里皮娜——都比男人更擅长统治。她们经常扮演阉割者的角色，令家中男性因不是完人而感到羞愧。于是，部分程度上，男性们运用暴力且非理性的权威来弥补力量的缺憾，尼禄甚至走到了弑母这一步。当然，这不是

---

① 即使是今天，受害的弱势群体的处境也只能说是差强人意。参见 P. Bruckner, «Vers une société de victimes?», *Constructif*, n° 10, 2005。

② *Dignitas, atis*, f.，崇高、值得尊敬、拥有荣誉感；*Gravita, atis*, f.，带着认真和严苛的尊严与崇高；*Severitas, atis*, f.，严苛、节制、严肃。

导致暴政的唯一要素，书中也提到了许多其他因素，但研究伟人的历史学家们很少考虑到这方面的原因。走在历史幕后的女性们，她们的重要性常被人忽视，而尤利亚-克劳狄家族的女人们很大程度上与其男性亲友一样对暴力充满热情。她们绝不是美德的典范，却有着令人钦佩的果决和勇敢，她们帮助塑造了当朝皇帝。

归根结底，十二位恺撒既不是英雄，也不是怪物，更不是魔鬼。所以，尼禄并不是反基督者的代言人[2]！他们都是人，我怀着谦卑和同情心还他们以人性，那部分被神化传说冲淡的人性。

家族谱系

尤利亚-克劳狄家族

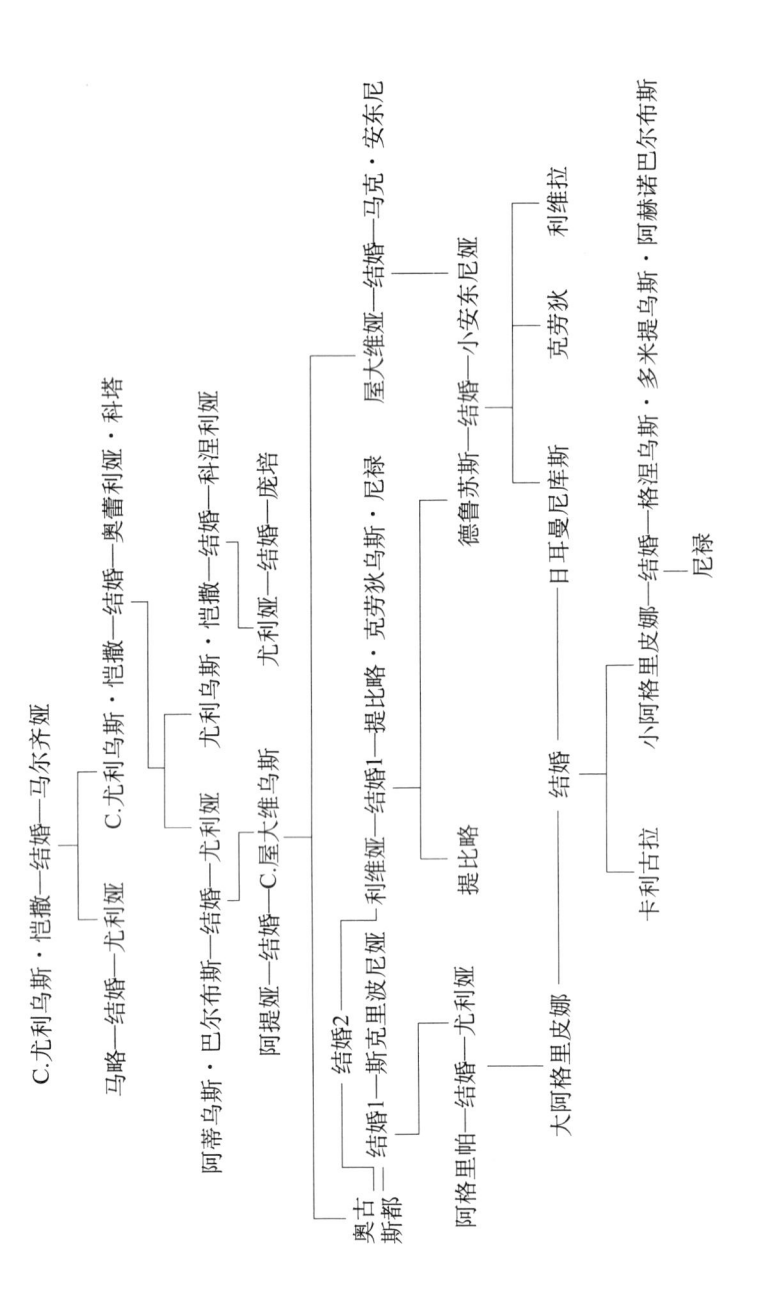

```
C.尤利乌斯·恺撒—结婚—马尔齐娅
                │
       ┌────────┴────────┐
    马略—结婚—尤利娅    C.尤利乌斯·恺撒—结婚—奥蕾利娅·科塔
                                │
                    ┌───────────┴───────────┐
       阿蒂乌斯·巴尔布斯—结婚—尤利娅      尤利乌斯·恺撒—结婚—科涅利娅
                │                                │
       阿提娅—结婚—C.屋大维乌斯              尤利娅—结婚—庞培
                │
       ┌────────┴────────┐
    结婚2                利维娅—结婚1—提比略·克劳狄乌斯·尼禄
    结婚1—斯克里波尼娅         │                    │
   奥古斯都                  提比略        屋大维娅—结婚—马克·安东尼
       │                                           │
阿格里帕—结婚—尤利娅                    ┌──────────┴──────────┐
       │                         德鲁苏斯—结婚—小安东尼娅    利维拉
       │                                       │
       │                              ┌────────┴────────┐
       │                           克劳狄    日耳曼尼库斯
       │                                       │
大阿格里皮娜————————————结婚
       │
       ├──卡利古拉
       │
       └──小阿格里皮娜—结婚—格涅乌斯·多米提乌斯·阿赫诺巴尔布斯
                              │
                            尼禄
```

尤利亚-克劳狄家族（详细）*

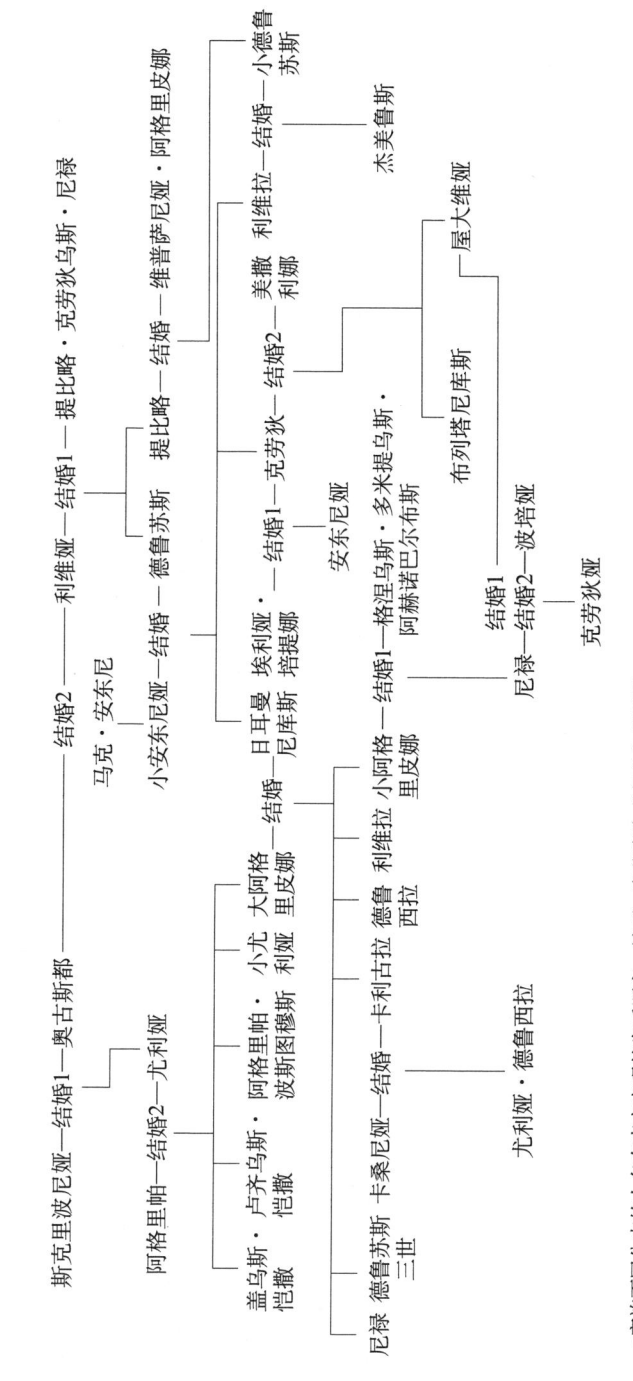

斯克里波尼娅—结婚1—奥古斯都—结婚2——————————利维娅—结婚1—提比略·克劳狄乌斯·尼禄
　　　　　　　　　　　　　　　　　　　　　　　　　　　　　　　　马克·安东尼
阿格里帕—结婚1—尤利娅—结婚2—小安东尼娅—结婚—德鲁苏斯—提比略—结婚—维普萨尼娅·阿格里皮娜
　　　　　　　　　　　　　　　　　　　　　　　日耳曼　埃利娅·
　　　　　　　　　　　　　　　　　　　　　　　尼库斯　培提娜
盖乌斯·卢齐乌斯·阿格里帕·小尤·大阿格　结婚—日耳曼—结婚—小阿格—结婚1—格涅乌斯·多米提乌斯·
恺撒　恺撒　波斯图穆斯·利娅 里皮娜　　　尼库斯　　里皮娜　　 阿赫诺巴尔布斯
　　　　　　　　　　　　　　　　　　　　德鲁　利维拉 小阿格—结婚2—克劳狄乌斯
　　　　　　　　　　　　　　　　　　　　苏斯　　　　里皮娜
尼禄·德鲁苏斯 卡索尼娅—结婚—卡利古拉　　　　　　　　　　　　　　美撒—结婚—小德
　　三世　　　　　　　　　　　　　　　　　　　　　　　　　　　　 利娜　　　 鲁苏斯
　　　　　　　　　　　　　　　　　　安东尼娅　　　　　　　　　　　　　杰美鲁斯
尤利娅·德鲁西拉　　　　　　　　　　　　　　　　　　布列塔尼库斯
　　　　　　　　　　　　　　　　　　　　　　　　　　屋大维娅
　　　　　　　　　　　　　　　　　　　　　　结婚1
　　　　　　　　　　　　　　　　　　　　尼禄—结婚2—波培娅
　　　　　　　　　　　　　　　　　　　　　克劳狄娅

*家族不同分支中的人名在表中出现的先后顺序，并不一定代表生卒年的先后顺序。

弗拉维家族

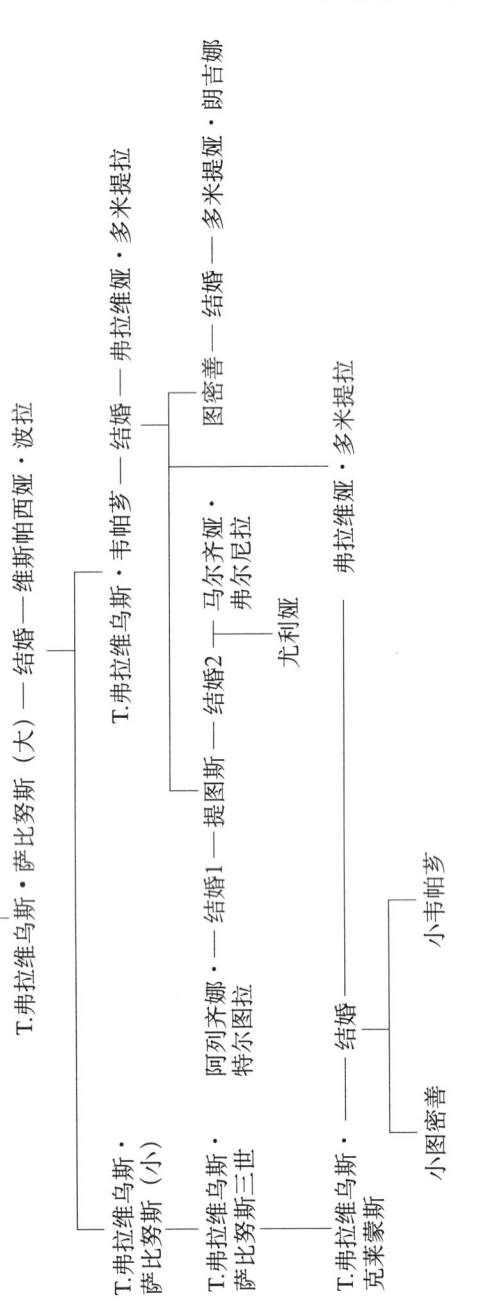

T.弗拉维乌斯·培特罗 —— 结婚 —— 特尔图拉
           │
T.弗拉维乌斯·萨比努斯（大）—— 结婚 —— 维斯帕西娅·波拉
           │
           ├── T.弗拉维乌斯·萨比努斯（小）
           │   └── T.弗拉维乌斯·萨比努斯三世
           │   └── T.弗拉维乌斯·克莱蒙斯 —— 结婚 —— 弗拉维娅·多米提拉
           │   ├── 小韦帕芗
           │   └── 小图密善
           │
           └── T.弗拉维乌斯·韦帕芗 —— 结婚 —— 弗拉维娅·多米提拉
                │
                ├── 阿列齐娜 —— 结婚1 —— 提图斯 —— 结婚2 —— 马尔齐娅·弗尔尼娅
                │   │
                │   └── 尤利娅
                └── 图密善 —— 结婚 —— 多米提娅·朗吉娜

事件年表

公元前

100 年	7 月 12 日：恺撒出生
83 年	安东尼出生
82—79 年	苏拉独裁
81—79 年	恺撒旅居东方
78 年	恺撒返回罗马
75 年	恺撒被海盗劫持
69 年	克里奥佩特拉出生
67 年	恺撒与庞培娅成婚

	恺撒与克拉苏结盟
63 年	屋大维出生
	喀提林阴谋造反
	西塞罗成为执政官
62 年	恺撒出任大法官
	克劳狄乌斯丑闻
	恺撒离弃庞培娅
60 年	"前三头同盟"
59 年	恺撒成为执政官
	庞培与尤利娅成婚
58—50 年	高卢战争
55 年	托勒密十二世在罗马助力下重夺王位
52 年	阿莱西亚战役
51 年	托勒密十三世与克里奥佩特拉七世成为埃及统治者
49 年	恺撒越过卢比孔河
	恺撒担任独裁官（第一次）
	恺撒与庞培进行内战
48 年	克里奥佩特拉与恺撒相遇
	庞培去世
	克里奥佩特拉与托勒密十四世成婚
47 年	恺撒担任独裁官（第二次）
	恺撒里翁出生（?）
46 年	恺撒担任独裁官（第三次）
	恺撒多次凯旋
	克里奥佩特拉第一次在罗马停留

事件年表

	祭拜维纳斯的神庙落成
45 年	恺撒凯旋
	恺撒设立有利于屋大维的遗嘱
	克里奥佩特拉第二次在罗马驻留
44 年	恺撒成为终身独裁官
	3 月 15 日：恺撒遇刺
	克里奥佩特拉离开罗马
	布鲁图斯和卡西乌斯离开意大利
43 年	摩德纳战役
	屋大维成为执政官
	"后三头同盟"
	西塞罗遇刺
42 年	1 月 1 日：恺撒死后封神
	腓立比战役
	布鲁图斯和卡西乌斯之死
41 年	佩鲁贾战争
40 年	安东尼与屋大维娅成婚
	屋大维与斯克里波尼娅成婚
38 年	屋大维与利维娅成婚
37 年	克里奥佩特拉与安东尼成婚（？）
32 年	安东尼休弃屋大维娅
	屋大维公开宣布安东尼的遗嘱
31 年	9 月 2 日：阿克提姆海战
30 年	7 月：安东尼自尽
	8 月：克里奥佩特拉自尽

恺撒里翁被谋杀

埃及成为罗马下属行省

27 年　　1 月 16 日：屋大维获得奥古斯都称号

15 年　　5 月 24 日：日耳曼尼库斯出生

14 年　　大阿格里皮娜出生

3 年　　12 月 24 日：加尔巴出生

1 年　　塞涅卡出生

公元后

4 年　　奥古斯都收养提比略，提比略收养日耳曼尼库斯

5 年　　日耳曼尼库斯与大阿格里皮娜成婚

9 年　　11 月 17 日：韦帕芗出生

12 年　　卡利古拉出生

14 年　　奥古斯都去世，提比略登基

15 年　　9 月 24 日：维特里乌斯出生

11 月 6 日：小阿格里皮娜出生

塞扬努斯成为禁卫军长官

17 年　　日耳曼尼库斯大胜蛮族

19 年　　10 月 10 日：日耳曼尼库斯在安提俄克去世

20 年　　日耳曼尼库斯的骨灰被带回罗马

皮索遭起诉

23 年　　小德鲁苏斯去世

27 年　　提比略定居卡普里岛

28 年　　小阿格里皮娜与格涅乌斯·多米提乌斯·阿赫诺巴尔布

事件年表

	斯成婚
	贝雷尼斯出生
29 年	利维娅去世
	大阿格里皮娜被流放
31 年	10 月 18 日：塞扬努斯之死
32 年	奥托出生
33 年	10 月 18 日：大阿格里皮娜去世
	卡利古拉第一次结婚
36 年	卡利古拉的妻子和孩子因难产去世
37 年	3 月 16—18 日：提比略去世，卡利古拉登基
	5 月 1 日：小安东尼娅去世
	10—11 月：卡利古拉身患重病
	12 月 15 日：尼禄出生
38 年	德鲁西拉病逝后封神
	马克罗失去宠信
	韦帕芗和多米提拉成婚
39 年	盖图利库斯、马库斯·雷必达、小阿格里皮娜和利维拉密谋造反
	12 月 30 日：提图斯出生
40 年	卡利古拉在滨海布洛涅的营地
	多米提乌斯·阿赫诺巴尔布斯去世
	克劳狄和美撒利娜的女儿屋大维娅出生
41 年	1 月 24 日：卡利古拉被杀，克劳狄登基
	小阿格里皮娜和利维拉从流放中返回
	2 月 12 日：布列塔尼库斯出生

	塞涅卡被判流放
48 年	美撒利娜之死
49 年	1月1日：小阿格里皮娜和克劳狄成婚
	塞涅卡担任尼禄的家庭教师
	尼禄和屋大维娅订婚
50 年	小阿格里皮娜获得奥古斯塔头衔
	2月25日：尼禄被克劳狄收养
51 年	尼禄成年
	布鲁斯成为禁卫军长官
	10月24日：图密善出生
54 年	10月13日：克劳狄去世，尼禄登基
55 年	克劳狄死后封神
	塞涅卡发表《神圣的克劳狄变成了南瓜》
	尼禄与阿克提相恋
	布列塔尼库斯之死
	小阿格里皮娜被逐出宫廷
58 年	波培娅成为尼禄的情妇
59 年	3月19日至20日夜晚：小阿格里皮娜被杀
60 年	尼禄组织第一次五年赛会
62 年	布鲁斯之死
	屋大维娅被离弃并遭杀害
	尼禄迎娶波培娅
	提杰利努斯和法恩尼乌斯·鲁弗斯任禁卫军长官
63 年	克劳狄娅·奥古斯塔出生，同年去世
	尤利娅出生（?）

事件年表

64 年	尼禄第一次在那不勒斯登台演出
	7 月 18—27 日：罗马大火
	罗马开始重建
	黄金屋开始修建
65 年	皮索阴谋造反
	塞涅卡之死
	波培娅去世并被封神
66 年	尼禄与斯塔提利娅·美撒利娜成婚
	尼禄前往希腊
	韦帕芗担任犹太战争指挥官
68 年	文德克斯叛乱
	加尔巴叛变
	马谢尔暴动
	6 月 11 日：尼禄自尽，加尔巴称帝
	提图斯启程前往罗马并半路返回犹太
69 年	1 月 2 日：维特里乌斯在下日耳曼尼亚称帝
	1 月 15—16 日：加尔巴和皮索被杀，奥托称帝
	4 月 14 日：贝德里亚库姆战役
	4 月 15 日：奥托自尽
	4 月 19 日：维特里乌斯在罗马登基
	7 月 1 日：韦帕芗在亚历山大称帝
	12 月 20 日：维特里乌斯被杀，提图斯成为恺撒
	12 月 21 日：韦帕芗正式登基
70 年	4—9 月：提图斯围攻耶路撒冷
	苏埃托尼乌斯出生（？）

71 年	韦帕芗和提图斯凯旋
75 年	贝雷尼斯女王在罗马（？）
79 年	6月24日：韦帕芗去世，提图斯登基
	韦帕芗死后封神
	10月24日：维苏威火山爆发
	瘟疫爆发
80 年	罗马火灾
	罗马大斗兽场落成
81 年	9月13—14日：提图斯病逝，图密善登基
	提图斯死后封神
87 年	尤利娅去世（？）
89 年	安东尼乌斯叛乱
96 年	9月18日：图密善之死
113 年	苏埃托尼乌斯进入皇家事务办公室
119—122 年	苏埃托尼乌斯写成《罗马十二帝王传》
122 年	苏埃托尼乌斯失去哈德良的宠信
126 年	苏埃托尼乌斯去世

注释

前言

[1] F. de Champagny, *Les Césars*, 1841.

[2] R. F. Martin, *Les Douze Césars, du mythe à la réalité*, Paris, Les Belles Lettres, 1991.

[3] Voir à ce sujet les recherches de Dascher Keltner, professeur de psychologie sociale à Stanford.

[4] G. Puccini-Delbey, *La Vie sexuelle à Rome*, Paris, Tallandier, 2007.

[5] J. Mambwini Kivuila-Kiaku, « Histoire et rhétorique dans la textualité de la mort d'Agrippine (Tacite, Annales, XIV, 1-13) », *Revue des études lat-*

ines, 4, 2004, pp. 87 – 101; L. Muller, «La mort d'Agrippine», *Les Études classiques*, 62 (1), 1994, pp. 27 – 43.

[6] J. Gascou, *Suétone historien*, Paris, de Boccard, 1984, pp. Ⅺ-Ⅻ.

[7] N. Loraux, «Thucydide n'est pas notre collègue», *Quaderni di storia*, 12, 1980, pp. 55 – 81.

第一章 恺撒：勇者天命

[1] Suétone, *César*, 32.

[2] *Ibid.*

[3] D. Gourevitch et M.-Th. Raepsaet-Charlier, *La Femme dans la Rome antique*, Paris, Hachette, 2001, p. 135.

[4] Y. Le Bohec, *César, chef de guerre*, Paris, Tallandier, coll. «Texto», 2015, p. 21. 恺撒确切的出生日期一直存在争议，但最普遍为人们所接受的是公元前100年7月12日。Suétone, *César*, 88; Plutarque, *César*, 69.

[5] Y. Le Bohec, *César, chef de guerre*, *op. cit.*, p. 23.

[6] Tacite, *Dialogue des orateurs*, 28.

[7] *Ibid.*

[8] Plutarque, *César*, Ⅲ.

[9] Suétone, *César*, 57.

[10] Y. Le Bohec, *César, chef de guerre*, *op. cit.*, p. 29.

[11] R. F. Martin, *Les Douze Césars*, *du mythe à la réalité*, *op. cit.*, p. 51.

[12] Plutarque, *César*, Ⅳ.

[13] Suétone, *César*, 45.

[14] *Ibid.*, Ⅰ.

注释

[15] Y. Le Bohec, *César, chef de guerre, op. cit.*, p. 40: "对于这一任命，历史学家们持有不同的解释。根据一些学者的观察，公元前86年去世的马略以及马略公元前86年至公元前84年间的继任者秦纳对此进行了干预。民众派的领导人可能希望保护一个亲人，此外，有些人指责贵族派企图将一个才华横溢、有前途的年轻人的事业扼杀在萌芽状态。"

[16] Suétone, *César*, 1.

[17] Plutarque, *César*, Ⅰ.

[18] Suétone, *César*, 1; Plutarque, *César*, Ⅰ.

[19] Suétone, *César*, 2; Dion Cassius, *Histoire romaine*, LXIII, 20, 2.

[20] Suétone, *César*, Ⅱ.

[21] *Ibid.*, 22.

[22] Dion Cassius, *Histoire romaine*, XLIII, 20, 4.

[23] Suétone, *César*, 2.

[24] *Ibid.*, 4.

[25] *Ibid.*, 4; Plutarque, *César*, Ⅱ; Velleius Paterculus, Ⅱ, 41-42.

[26] Suétone, *César*, 74.

[27] Plutarque, *César*, Ⅲ.

[28] Suétone, *César*, 4.

[29] *Ibid.*, 7; Plutarque, *César*, Ⅴ, 6.

[30] Suétone, *César*, 6.

[31] *Ibid.*, 7.

[32] *Ibid.*, 9.

[33] Cicéron, *Correspondances*, XVI, 3; XXXIV, 3; CLIX, 15; Velleius Paterculus, Ⅱ, 45.

[34] Suétone, *César*, 6.

[35] *Ibid.*, 10.

[36] Y. Le Bohec, *César, chef de guerre, op. cit.*, p. 58.

[37] Suétone, *César*, 20.

[38] *Ibid.*, 10

[39] *Ibid.*, 10.

[40] Y. Le Bohec, *César, chef de guerre, op. cit.*, p. 52.

[41] *Ibid.*, p. 53.

[42] Suétone, *César*, 14.

[43] Y. Le Bohec, *César, chef de guerre, op. cit.*, p. 55.

[44] Suétone, *César*, 14.

[45] *Ibid.*, 17.

[46] Y. Le Bohec, *César, chef de guerre, op. cit.*, p. 59.

[47] Plutarque, *Pompée*, Ⅱ; ⅩⅩⅩ - ⅩⅬⅠ.

[48] Y. Le Bohec, *César, chef de guerre, op. cit.*, p. 61.

[49] Suétone, *César*, 19; Plutarque, *César*, ⅩⅢ.

[50] Y. Le Bohec, *César, chef de guerre, op. cit.*, p. 62.

[51] Suétone, *César*, 19.

[52] Suétone, *César*, 20; Plutarque, *César*, ⅩⅣ; Dion Cassius, *Histoire romaine*, 38.

[53] Dion Cassius, *Histoire romaine*, ⅩⅩⅩⅩⅧ.

[54] Appien, Ⅱ, 2, 14.

[55] Suétone, *César*, 21.

[56] *Ibid.*, 22.

[57] Dion Cassius, *Histoire romaine*, ⅩⅩⅩⅧ, 12 - 18.

[58] Suétone, *César*, 24.

[59] Y. Le Bohec, *César, chef de guerre*, op. cit. , p. 111.

[60] Suétone, *César*, 27.

[61] *Ibid.* , 25.

[62] César, *La Guerre des Gaules*, Ⅷ , 4, 4.

[63] Suétone, *César*, 24.

[64] César, *La Guerre des Gaules*, Ⅶ , 57, 3.

[65] Y. Le Bohec, *César, chef de guerre*, op. cit. , p. 276.

[66] César, *La Guerre des Gaules*, Ⅶ , 90, 8.

[67] Suétone, *César*, 26.

[68] Florus, *Abrégé de l'histoire romaine*, Ⅱ , 13, 13.

[69] Y. Le Bohec, *César, chef de guerre*, op. cit. , p. 304.

[70] Dion Cassius, *Histoire romaine*, XL, 60; Y. Le Bohec, *César, chef de guerre*, op. cit. , p. 307.

[71] Appien, *Les Guerres civiles*, Ⅱ , 5, 33.

[72] Suétone, *César*, 30.

[73] *Ibid.* , 31.

[74] *Ibid.* , 32.

[75] P. Renucci, *Marc Antoine, un destin inachevé entre César et Cléopâtre*, Paris, Perrin, 2015, p. 98.

[76] César, *La Guerre civile*, Ⅲ , 102 - 103.

[77] Plutarque, *César*, 54.

[78] Suétone, *César*, 52.

[79] Dion Cassius, *Histoire romaine*, XLⅦ, 3.

[80] *Ibid.* , XLⅡ , 44.

[81] Plutarque, *Vie de César*, 56.

[82] Suétone, *César*, 77.

[83] *Ibid.*, 79.

[84] *Ibid.*, 46-47.

[85] *Ibid.*, 50.

[86] *Ibid.*

[87] *Ibid.*

[88] *Ibid.*, 52.

[89] *Ibid.*, 86.

[90] *Ibid.*

[91] *Ibid.*, 87.

[92] B. Strauss, *La Mort de César*, Paris, Albin Michel, 2018, p. 90.

[93] *Ibid.*, p. 95.

[94] Y. Le Bohec, *César, chef de guerre*, *op. cit.*, p. 459.

[95] Suétone, *César*, 81.

[96] *Ibid.*, 81.

[97] B. Strauss, *La Mort de César*, *op. cit.*, p. 135.

[98] Suétone, *César*, 81.

[99] B. Strauss, *La Mort de César*, *op. cit.*, p. 157；Dion Cassius, *Histoire romaine*, 44, 19.

[100] B. Strauss, *La Mort de César*, *op. cit.*, p. 162.

[101] Suétone, *César*, 82.

[102] B. Strauss, *La Mort de César*, *op. cit.*, pp. 164-165. 这一感叹的真实性值得怀疑。必须承认，恺撒生平最后一句话所说的确切内容世人不得而知。

[103] Plutarque, *Vie d'Antoine*, 15.

[104] Suétone, *César*, 88.

[105] Suétone, *Auguste*, 8.

第二章 奥古斯都：权力喜剧

[1] Dion Cassius, *Histoire romaine*, LIII, 16.

[2] *Ibid.*

[3] Suétone, *Auguste*, 16.

[4] *Ibid.*, 94.

[5] *Ibid.*

[6] *CIL*, IV, 6893.

[7] Suétone, *Auguste*, 5.

[8] *Ibid.*, 5 – 6.

[9] *Ibid.*, 4.

[10] *Ibid.*, 2.

[11] *Ibid.*, 3.

[12] *Ibid.*, 7.

[13] *Ibid.*, 6.

[14] *Ibid.*, 3 – 4.

[15] *Ibid.*, 8.

[16] F. Hurlet, *Auguste, les ambiguïtés du pouvoir*, Paris, Armand Colin, 2015, p. 34. et n. 1, p. 34.

[17] Nicolas de Damas, *Vie d'Auguste*, 3 – 4 ; Suétone, *Auguste*, 8.

[18] P. Cosme, *Auguste*, Paris, Perrin, coll. «Tempus», 2009, p. 16.

[19] Suétone, *Auguste*, 94.

[20] F. Hurlet, *Auguste, les ambiguïtés du pouvoir*, op. cit., p. 35.

[21] Suétone, *Auguste*, 8.

[22] F. Hurlet, *Auguste, les ambiguïtés du pouvoir*, op. cit., p. 37.

[23] Suétone, *Auguste*, 94.

[24] P. Cosme, *Auguste*, op. cit., p. 19.

[25] *Ibid.*, p. 20.

[26] Suétone, *Auguste*, 8.

[27] *Ibid.*, 10.

[28] Suétone, *César*, 88.

[29] F. Hurlet, *Auguste, les ambiguïtés du pouvoir*, op. cit., p. 43.

[30] Suétone, *Auguste*, 10.

[31] *Ibid.*

[32] P. Cosme, *Auguste*, op. cit., p. 28.

[33] Suétone, *Auguste*, 10.

[34] P. Renucci, *Marc Antoine, un destin inachevé entre César et Cléopâtre*, op. cit., p. 258.

[35] Suétone, *Auguste*, 24; Appien, *Guerres civiles*, III, 80 et 82; Dion Cassius, *Histoire romaine*, XLVI, 41 et sq.

[36] F. Hurlet, *Auguste, les ambiguïtés du pouvoir*, op. cit., p. 51.

[37] Plutarque, *Cicéron*, 49.

[38] Suétone, *Auguste*, 13.

[39] *Ibid.*, 14.

[40] *Ibid.*, 15.

[41] *Ibid.*, 62.

[42] Plutarque, *Romulus*, XIV, 7.

[43] Suétone, *Auguste*, 16.

[44] *Ibid.*, 16.

[45] *Ibid.*, 17.

[46] Dion Cassius, *Histoire romaine*, L, 3 - 4; Plutarque, *Antoine*, 58 - 59.

[47] Suétone, *Auguste*, 17.

[48] *Ibid.*, 17.

[49] *Ibid.*, 18.

[50] *Ibid.*

[51] Dion Cassius, *Histoire romaine*, LII, 20, 4.

[52] Suétone, *Auguste*, 28; F. Hurlet, *Auguste, les ambiguïtés du pouvoir*, *op. cit.*, p. 72.

[53] F. Hurlet, *Auguste, les ambiguïtés du pouvoir*, *op. cit.*, p. 75.

[54] Suétone, *Auguste*, 7.

[55] V. Girod, «Une matrice: la cour romaine du Haut-Empire à l'Antiquité tardive», dans V. Battaggion et Th. Sarmant (dir.), *Histoire mondiale des cours de l'Antiquité à nos jours*, Paris, Perrin, 2019, pp. 121 - 122.

[56] Suétone, *Auguste*, 62.

[57] V. Girod, *Les Femmes et le sexe dans la Rome antique*, Paris, Tallandier, 2013, p. 219.

[58] Suétone, *Auguste*, 64.

[59] *Ibid.*, 63.

[60] *Ibid.*, 67.

[61] *Ibid.*, 53.

[62] *Ibid.*, 32.

[63] *Ibid.*, 34.

[64] *Ibid.*, 35.

[65] *Ibid.*, 37.

[66] *Ibid.*, 38.

[67] *Ibid.*, 37.

[68] *Ibid.*, 38 – 39.

[69] *Ibid.*, 31.

[70] *Ibid.*, 40.

[71] *Ibid.*, 42.

[72] V. Girod, *Les Femmes et le sexe dans la Rome antique*, *op. cit.*, p. 53.

[73] Suétone, *Auguste*, 41.

[74] *Ibid.*, 43.

[75] *Ibid.*, 45.

[76] *Ibid.*, 44.

[77] *Ibid.*, 42.

[78] *Ibid.*, 58.

[79] 因为成为某个难以加入的精英团体中的一员而产生的自豪感，关于该方面的研究，参见 J. Lang, «The Proud Executioner: Pride and the Psychology of Genocide», dans Th. Brudholm et J. Lang (éd.), *Emotions and Mass Atrocity, Philosophical and Theoretical Explorations*, Cambridge, Cambridge University Press, 2018, pp. 64 – 80。

[80] V. Girod, *Les Femmes et le sexe dans la Rome antique*, *op. cit.*, p. 210; Gaius, *Institutions*, 2, 111, 114, 286.

[81] V. Girod, *Les Femmes et le sexe dans la Rome antique*, *op. cit.*, p. 211.

[82] *Ibid*.

[83] Suétone, *Auguste*, 28.

[84] *Ibid.*, 29.

[85] G. Sauron, «Le message symbolique des rinceaux de l'*Ara Pacis Augustae*», *Comptes rendus des séances de l'Académie des inscriptions et belles-lettres*, 126-1, 1982, pp. 81-101.

[86] Suétone, *Auguste*, 30.

[87] *Ibid.*, 52.

[88] *Ibid.*, 50.

[89] Ovide, *L'Art d'aimer*, Ⅱ, 503-515.

[90] R. F. Martin, *Les Douze Césars*, *du mythe à la réalité*, *op. cit.*, p. 54.

[91] Suétone, *Auguste*, 79.

[92] *Ibid.*, 80.

[93] *Ibid.*, 81.

[94] *Ibid.*, 82.

[95] *Ibid.*, 77.

[96] *Ibid.*, 70.

[97] *Ibid.*, 87.

[98] Pline l'Ancien, *Histoire naturelle*, Ⅶ, 46.

[99] Tacite, *Annales*, Ⅰ, 3.

[100] Suétone, *Auguste*, 65.

[101] *Ibid.*, 65.

[102] *Ibid.*, 97.

[103] *Ibid.*, 98.

[104] Dion Cassius, *Histoire romaine*, LⅥ, 30.

[105] P. Cosme, *Auguste*, *op. cit.*, p. 261.

[106] Suétone, *Auguste*, 99.

[107] *Ibid.*，99.

[108] P. Cosme，*Auguste*，*op. cit.*，p. 264.

第三章　提比略：卡普里忧郁

[1] Suétone，*Tibère*，7.

[2] *Ibid.*，14.

[3] *Ibid.*，5.

[4] Velleius Paterculus，*Histoire romaine*，II，71，3.

[5] Suétone，*Tibère*，3.

[6] *Ibid.*，4.

[7] R. Turcan，*Tibère*，Paris，Les Belles Lettres，2017，p. 14.

[8] Suétone，*Tibère*，4.

[9] *Ibid.*，6.

[10] 关于儿童在低龄阶段承受的巨大压力的影响，参见 V. G. Carrion，C. F. Weems，et A. L. Reiss，«Stress predicts brain changes in children：A pilot longitudinal study on youth stress，posttraumatic stress disorder，and the hippocampus»，*Pediatrics*，vol. 119，no. 3，2007，pp. 509 – 516；J. G. Green et al.，«Childhood adversities and adult psychiatric disorders in the national comorbidity survey replication I：associations with first onset of DSM-IV disorders»，*Archives of General Psychiatry*，vol. 67，no. 2，2010，pp. 113 – 123。

[11] Suétone，*Tibère*，4.

[12] R. Turcan，*Tibère*，*op. cit.*，p. 19.

[13] Suétone，*Tibère*，6.

[14] Dion Cassius，*Histoire romaine*，XLVIII，44，5.

[15] Suétone, *Tibère*, 57.

[16] *Ibid.*, 71.

[17] *Ibid.*, 70 - 71.

[18] R. Turcan, *Tibère*, *op. cit.*, 25.

[19] Suétone, *Tibère*, 6.

[20] *Ibid.*, 14.

[21] *Ibid.*, 7; R. Turcan, *Tibère*, *op. cit.*, p. 23. Cette cérémonie eut vraisemblablement lieu le 23 avril 27 av. J.-C. selon une inscription du *CIL*, I, p. 317.

[22] Suétone, *Tibère*, 7.

[23] *Ibid.*, 7.

[24] *Ibid.*, 8 - 9.

[25] *Ibid.*, 9.

[26] V. Girod, *Les Femmes et le sexe dans la Rome antique*, *op. cit.*, pp. 218 - 220.

[27] Suétone, *Auguste*, 63.

[28] Suétone, *Tibère*, 7.

[29] *Ibid.*, 7.

[30] *Ibid.*, 7.

[31] *Ibid.*, 10.

[32] *Ibid.*, 11.

[33] R. Turcan, *Tibère*, *op. cit.*, p. 57.

[34] J. Carcopino, *Passion et politique chez les Césars*, Paris, Hachette, 1958, p. 124.

[35] Velleius Paterculus, *Histoire romaine*, II, 100.

[36] Suétone, *Tibère*, 11; Velleius Paterculus, *Histoire romaine*, Ⅱ, 100.

[37] Suétone, *Tibère*, 50.

[38] K. Carlsmith, T. Wilson et D. Gilbert, « The paradoxical consequences of revenge», *Journal of Personality and Social Psychology*, 2008.

[39] Suétone, *Tibère*, 12-15.

[40] *Ibid.*, 21.

[41] *Ibid.*, 15.

[42] R. Turcan, *Tibère*, *op. cit.*, pp. 73-74.

[43] Suétone, *Tibère*, 16.

[44] Suétone, *Auguste*, 17.

[45] Suétone, *Tibère*, 21; Velleius Paterculus, *Histoire romaine*, Ⅱ, 123; Dion Cassius, *Histoire romaine*, 56, 31. 他是唯一一位认为利维娅在等待提比略返回罗马的时候，隐瞒了奥古斯都已经死亡一事的历史作家。

[46] Velleius Paterculus, *Histoire romaine*, Ⅱ 123; R. Turcan, *Tibère*, *op. cit.*, *Tibère*, 89.

[47] Suétone, *Tibère*, 21.

[48] R. Turcan, *Tibère*, *op. cit.*, 89.

[49] Suétone, *Tibère*, 22.

[50] *Ibid.*, 24.

[51] Suétone, *Tibère*, 25; R. F. Martin, *Les Douze Césars, du mythe à la réalité*, *op. cit.*, p. 224. 根据该书作者的说法，恺撒的犹豫不决是他内心感到脆弱的结果，这种说法我们完全赞同。

[52] Suétone, *Tibère*, 24.

[53] *Ibid.*, 26.

[54] *Ibid.*, 27.

[55] *Ibid.*, 28.

[56] Velleius Paterculus, *Histoire romaine*, Ⅱ, 94 et 97.

[57] R. F. Martin, *Les Douze Césars, du mythe à la réalité*, *op. cit.*, p. 62. 他的皮肤可能因为他的生活方式而变得很差,尤其是受到过度饮酒的影响。

[58] Suétone, *Tibère*, 68.

[59] *Ibid.*, 70.

[60] *Ibid.*, 42.

[61] *Ibid.*, 72.

[62] *Ibid.*, 45.

[63] *Ibid.*, 41.

[64] *Ibid.*, 31.

[65] *Ibid.*, 37.

[66] *Ibid.*, 35.

[67] Tacite, *Annales*, Ⅳ, 22; R. Turcan, *Tibère*, *op. cit.*, p. 153.

[68] Suétone, *Tibère*, 51.

[69] *Ibid.*, 50.

[70] Tacite, *Annales*, Ⅰ, 8 - 15; Dion Cassius, *Histoire romaine*, LⅦ, 18.

[71] Suétone, *Tibère*, 53; Tacite, *Annales*, Ⅳ, 54.

[72] Suétone, *Tibère*, 51.

[73] *Ibid.*, 54; Tacite, *Annales*, Ⅴ, 3.

[74] V. Girod, *Les Femmes et le sexe dans la Rome antique*, *op. cit.*, p. 178.

[75] H. W. Bird, «L. Aelius Seianus and his Political Influence», Bruxelles, *Latomus*, no. 28, 1969, pp. 61 - 63.

[76] Suétone, *Tibère*, 55.

[77] Tacite, *Annales*, IV, 8 et 12; Suétone, *Tibère*, 52; Dion Cassius, *Histoire romaine*, LVII, 22.

[78] Dion Cassius, *Histoire romaine*, LVIII, 10.

[79] Flavius Josèphe, *Antiquités judaïques*, XVIII, 6, 6.

[80] Tacite, *Annales*, IV, 3.

[81] Dion Cassius, *Histoire romaine*, LVIII, 11 - 16.

[82] R. Turcan, *Tibère*, op. cit., p. 162.

[83] Suétone, *Tibère*, 39.

[84] Tacite, *Annales*, IV, 59.

[85] Suétone, *Tibère*, 60.

[86] *Ibid.*, 44 - 46.

[87] G. Puccini-Delbey, *La Vie sexuelle à Rome*, op. cit., pp. 330 - 333.

[88] Suétone, *Tibère*, 44.

[89] *Ibid.*

[90] *Ibid.*, 67.

[91] *Ibid.*, 72.

[92] *Ibid.*, 72.

[93] *Ibid.*, 53.

[94] *Ibid.*, 75.

[95] *Ibid.*, 76.

[96] Pline l'Ancien, *Histoire naturelle*, XI, 4.

[97] Suétone, *Claude*, III.

第四章　卡利古拉：孤独暴君

［1］ Dion Cassius，*Histoire romaine*，LⅧ，28.

［2］ Tacite，*Annales*，Ⅵ，50.

［3］ *Ibid*.

［4］ Suétone，*Caligula*，XIII.

［5］ Dion Cassius，*Histoire romaine*，LVI，26.

［6］ Suétone，*Caligula*，8.

［7］ Tacite，*Annales*，Ⅰ，41.

［8］ J.-N. Castorio，*Caligula*，Paris，Ellipses，2017，pp. 48-49.

［9］ Suétone，*Caligula*，9.

［10］ Y. Rivière，*Germanicus*，Paris，Perrin，2016，p. 145.

［11］ Suétone，*Caligula*，9.

［12］ 该大型浮雕又被称为"神圣的日耳曼尼库斯的荣耀"（Gemma Tiberiana），是由五层缠丝玛瑙切割雕刻而成的群像，出自公元1世纪初期，现保存在法国国家图书馆（inv. Camée 264）。

［13］ P. Renucci，*Caligula*，*l'impudent*，Paris，Perrin，1986，p. 58.

［14］ Tacite，*Annales*，Ⅰ，35.

［15］ P. Renucci，*Caligula*，*l'impudent*，*op. cit.*，p. 58.

［16］ Dion Cassius，*Histoire romaine*，LVII，5；Tacite，*Annales*，Ⅰ，41.

［17］ D. Pleux，*De l'enfant roi à l'enfant tyran*，Paris，Odile Jacob，2002，p. 84.

［18］ Tacite，*Annales*，Ⅱ，41.

［19］ V. Girod，*Agrippine*，*sexe*，*crimes et pouvoir dans la Rome impériale*，

Paris, Tallandier, 2015, pp. 40 – 41.

[20] Suétone, *Caligula*, 10.

[21] Tacite, *Annales*, Ⅱ, 51.

[22] *Ibid.*, 53 – 55.

[23] *Ibid.*, 69.

[24] Suétone, *Caligula*, 5.

[25] Tacite, *Annales*, Ⅱ, 75.

[26] *Ibid.*, Ⅳ, 57.

[27] Dion Cassius, *Histoire romaine*, LⅦ, 3.

[28] Tacite, *Annales*, Ⅴ, 1.

[29] P. Renucci, *Caligula, l'impudent*, *op. cit.*, p. 131.

[30] Suétone, *Caligula*, 10.

[31] *Ibid.*, 53.

[32] *Ibid.*, 24; Tacite, *Annales*, Ⅵ, 15.

[33] J.-N. Castorio, *Caligula*, *op. cit.*, p. 107.

[34] Dion Cassius, *Histoire romaine*, LⅧ, 23.

[35] Suétone, *Caligula*, 11.

[36] Tacite, *Annales*, Ⅵ, 23 – 25.

[37] Pleux D., *De l'enfant roi à l'enfant tyran*, *op. cit.*, p. 167.

[38] Suétone, *Caligula*, 11.

[39] *Ibid.*

[40] *Ibid.*, 12.

[41] *Ibid.*

[42] Tacite, *Annales*, Ⅵ, 46; Dion Cassius, *Histoire romaine*, LⅧ, 28.

[43] Tacite, *Annales*, Ⅵ, 46.

[44] *Ibid.*, 50.

[45] Suétone, *Caligula*, 12.

[46] Tacite, *Annales*, Ⅵ, 50.

[47] Suétone, *Tibère*, 73.

[48] J.-N. Castorio, *Caligula*, *op. cit.*, p. 135. 这个日期在阿尔瓦尔兄弟会的文件中得到了证明。

[49] Suétone, *Caligula*, 13.

[50] *Ibid.*, 16.

[51] *Ibid.*, 15.

[52] *Ibid.*, 14; Dion Cassius, *Histoire romaine*, LIX, 1, 2.

[53] Dion Cassius, *Histoire romaine*, LIX, 8.

[54] Suétone, *Caligula*, 23.

[55] E. Cizek, *Structures et idéologies dans les* Vies des douze Césars *de Suétone*, Paris, Les Belles Lettres, 1977, pp. 139–141.

[56] Suétone, *Auguste*, 79, 奥古斯都的头发近似金色; V. Girod, *Agrippine, sexe, crimes et pouvoir dans la Rome impériale*, *op. cit.*, p. 132, 卡利古拉的妹妹小阿格里皮娜的头发, 可能是接近亚麻色的浅褐色。

[57] Suétone, *Caligula*, 50; R. F. Martin, *Les Douze Césars*, *du mythe à la réalité*, *op. cit.*, p. 67. 根据该书作者的说法, 卡利古拉的表情练习是一种手段, 使他显得更加可怕。

[58] R. F. Martin, *Les Douze Césars*, *du mythe à la réalité*, *op. cit.*, p. 69.

[59] Suétone, *Caligula*, 52.

[60] *Ibid.*, 23.

[61] *Ibid.*, 15.

[62] Dion Cassius, *Histoire romaine*, LIX, 3.

[63] Suétone, *Caligula*, 15.

[64] 关于这一主题, 参见 L. Grinberg, *Culpabilité et dépression*, Paris, Les Belles Lettres, 1992, p. 123: "我们倾向于在不同场景和不同场合重现同一类型的冲突, 它们与人类婴幼儿时期最早出现的冲突的原始模型相一致。……在重复强迫性行为的起源因素中, 我们发现焦虑的情形来自人类最初的痛苦经历。这些焦虑感和罪恶感具有迫害性并令人抑郁, 迫使我们一次又一次地对自己和他人重复某种行为, 以抵御那些在生命之初想象出来的危险。"

[65] Suétone, *Caligula*, 15. 为了庆祝这一活动, 罗马还铸造了正面是大阿格里皮娜头像的塞斯特斯币, 背面的图案则是她在马戏游艺中的荣誉战车 (*carpentum*, RIC^2, I, 55)。参见 V. Girod, «Le *carpentum* dans la numismatique romaine: évolution et signification», *Cahiers numismatiques*, n°175, 2008, pp. 27–47。

[66] RIC^2, I, 7–8.

[67] M. Beard, *Women and Power*, *A Manifesto*, Londres, Profile Books, 2017, p. 8. 在这本书中, 作者解释了厌女症是如何成为古希腊和古罗马社会的一个结构性因素的。

[68] Y. Rivière, *Germanicus*, *op. cit.*, p. 424.

[69] RIC^2, I, 57, 59.

[70] Suétone, *Caligula*, 15.

[71] *Ibid.*, 15.

[72] *Ibid.*, 23.

[73] *Ibid.*, 29.

[74] *Ibid.*, 23.

[75] *Ibid.*, 15.

[76] *Ibid.*, 23.

[77] *Ibid.*, 26.

[78] *Ibid.*, 35.

[79] *Ibid.*, 26.

[80] P. Renucci, *Caligula, l'impudent*, *op. cit.*, p. 185.

[81] Philon d'Alexandrie, *Contre Flaccus*, 15.

[82] Suétone, *Caligula*, 22.

[83] *Ibid.*, 21.

[84] *Ibid.*, 24.

[85] *RIC*, I^2, 33 et 41.

[86] V. Girod, «Agrippine la Jeune et la monnaie: de la princesse à la régente», dans F. López Sánchez (éd.), *The City and the Coin in The Ancient and Early Medieval Worlds*, British Archeological Reports International Series, 2402, 2012, p. 62.

[87] Suétone, *Caligula*, 15.

[88] P. Renucci, *Caligula, l'impudent*, *op. cit.*, p. 195. 骑士们不具备组织政变的合法性，只有元老院的元老们才能这样做，然而，即便如此，每次政变的尝试都要冒很大风险。

[89] *Ibid.*

[90] Suétone, *Caligula*, 26.

[91] *Ibid.*, 20.

[92] *Ibid.*, 18.

[93] *Ibid.*, 19.

[94] *Ibid.*, 21.

[95] R. F. Martin, *Les Douze Césars, du mythe à la réalité*, *op. cit.*, p. 212.

[96] Suétone, *Caligula*, 14.

[97] Musonius Rufus, *Entretiens*, XIV.

[98] Suétone, *Caligula*, 27.

[99] *Ibid.*, 28.

[100] *Ibid.*, 22.

[101] *Ibid.*, 22.

[102] *Ibid.*, 30.

[103] *Ibid.*, 24; Dion Cassius, *Histoire romaine*, LIX, 22.

[104] P. Grimal, *Sénèque ou la Conscience de l'Empire*, Paris, Les Belles Lettres, 1978, p. 89.

[105] S. Woods, «Diva Drusilla Panthea and the Sisters of Caligula», *American Journal of Archaeology*, 99, 1995, pp. 457-482.

[106] P. Renucci, *Caligula, l'impudent*, *op. cit.*, p. 184.

[107] Suétone, *Caligula*, 27.

[108] *Ibid.*, 26.

[109] *Ibid.*, 30.

[110] *Ibid.*, 26.

[111] *Ibid.*, 40-41.

[112] *Ibid.*, 47.

[113] *Ibid.*, 49.

[114] *Ibid.*, 48.

[115] *Ibid.*, 47.

[116] V. Girod, *Agrippine, sexe, crimes et pouvoir dans la Rome impériale*, *op. cit.*, p. 88.

[117] A. Waytz, «The strange relationship between power and loneli-

ness», *Harvard Business Review*, 27 avril 2016（https：//hbr. org/2016/04/the-strange-relationship-between-power-and-loneliness）.

[118] Suétone, *Caligula*, 25.

[119] *Ibid.*, 50.

[120] *Ibid.*, 36.

[121] *Ibid.*, 24.

[122] *Ibid.*, 55.

[123] G. Puccini-Delbey, *La Vie sexuelle à Rome*, *op. cit.*, p. 289.

[124] Y. Rivière, *Germanicus*, *op. cit.*, p. 173.

[125] Dion Cassius, *Histoire romaine*, LIX, 29.

[126] Suétone, *Caligula*, 47.

[127] Dion Cassius, *Histoire romaine*, LIX, 29; Suétone, *Caligula*, 59.

第五章　克劳狄：畸人治国

[1] Suétone, *Claude*, 30.

[2] *Ibid.*, 10.

[3] *Ibid.*, 2.

[4] *Ibid.*, 1-2.

[5] *Ibid.*, 30.

[6] *Ibid.*, 31; Dion Cassius, *Histoire romaine*, LX, 2.

[7] R. F. Martin, *Les Douze Césars*, *du mythe à la réalité*, *op. cit.*, pp. 183-187.

[8] Suétone, *Claude*, 3.

[9] *Ibid.*

[10] *Ibid.*, 2.

[11] *Ibid.*, 4.

[12] *Ibid.*

[13] *Ibid.*

[14] *Ibid.*

[15] *Ibid.*

[16] *Ibid.*, 38.

[17] P. Renucci, *Claude, l'empereur inattendu*, Paris, Perrin, 2012, p. 44.

[18] Suétone, *Claude*, 5.

[19] *Ibid.*, 6.

[20] P. Renucci, *Claude, l'empereur inattendu*, *op. cit.*, p. 45.

[21] Suétone, *Claude*, 26.

[22] *Ibid.*, 27.

[23] *Ibid.*, 28.

[24] *Ibid.*, 7.

[25] J.-N. Castorio, *Messaline, la putain impériale*, Paris, Payot, 2015, p. 32.

[26] *Ibid.*, p. 53.

[27] Suétone, *Claude*, 8.

[28] Dion Cassius, *Histoire romaine*, LX, 1, 3.

[29] Suétone, *Claude*, 10.

[30] P. Renucci, *Claude, l'empereur inattendu*, *op. cit.*, p. 77.

[31] Suétone, *Claude*, 11.

[32] Dion Cassius, *Histoire romaine*, LX, 3, 2.

[33] P. Renucci, *Claude, l'empereur inattendu*, *op. cit.*, pp. 78-79.

[34] Suétone, *Claude*, 12.

[35] *Ibid.*, 30.

[36] *Ibid.*, 12.

[37] *Ibid.*, 40.

[38] *Ibid.*, 35.

[39] *Ibid.*, 13.

[40] *Ibid.*, 17.

[41] *Ibid.*, 18.

[42] *Ibid.*, 40.

[43] *Ibid.*, 23.

[44] *Ibid.*, 24.

[45] *Ibid.*, 25.

[46] *Ibid.*, 24.

[47] R. Turcan, *Vivre à la cour des Césars*, Paris, Les Belles Lettres, 1987, pp. 63 – 64.

[48] Suétone, *Claude*, 29.

[49] *Ibid.*, 28.

[50] P. Grimal, *Sénèque ou la Conscience de l'Empire*, op. cit., p. 99.

[51] P. Renucci, *Claude, l'empereur inattendu*, op. cit., p. 133.

[52] P. Grimal, «Les rapports de Sénèque et de l'empereur Claude», *CRAI*, 122, 1978, p. 472.

[53] Tacite, *Annales*, XI, 12.

[54] *Ibid.*

[55] Suétone, *Claude*, 29.

[56] Tacite, *Annales*, XI, 28 – 30.

[57] V. Girod, *Agrippine, sexe, crimes et pouvoir dans la Rome impériale*, op. cit., p. 124.

[58] Tacite, *Annales*, XII, 6; F. B. R. Godolphin, «A note on the marriage of Claudius and Agrippina», *Classical Philology*, 29, 1934, pp. 143-145.

[59] Tacite, *Annales*, XII, 8.

[60] Dion Cassius, *Histoire romaine*, LX, 33; V. Girod, *Agrippine, sexe, crimes et pouvoir dans la Rome impériale*, op. cit., p. 128.

[61] Suétone, *Claude*, 27.

[62] Dion Cassius, *Histoire romaine*, LX, 33; Tacite, *Annales*, XII, 56.

[63] Suétone, *Claude*, 21.

[64] V. Girod, *Agrippine, sexe, crimes et pouvoir dans la Rome impériale*, op. cit., pp. 149-150.

[65] Suétone, *Claude*, 43.

[66] *Ibid.*

[67] *Ibid.*, 46.

[68] *Ibid.*, 33.

[69] *Ibid.*, 44.

[70] *Ibid.*, 45.

[71] Sénèque, *L'Apocoloquintose du divin Claude*, 5.

[72] *Ibid.*, 13.

第六章 尼禄：母子悲剧

[1] Tacite, *Annales*, XIII, 19-20.

[2] Suétone, *Néron*, 6; Dion Cassius, *Histoire romaine*, LXI, 2.

注释

[3] Suétone，*Néron*，1.

[4] *Ibid.*，3.

[5] *Ibid.*，4. Voir aussi：Ph. Moreau Ph.，«À propos du sénatus-consulte épigraphique de Larinum»，*Revue des études latines*，n° 61，1983，pp. 36-48.

[6] Suétone，*Néron*，5.

[7] *Ibid.*

[8] Dion Cassius，*Histoire romaine*，LXI，2.

[9] F. Kaltenbeck，«De la mère au symptome»，*Savoirs et clinique*，2003/1，pp. 9-15："这位母亲的身体里没有阳具，她喜欢她孩子身体上的阳具形象。因此，孩子必须意识到，被爱的不是他自己，而是那个形象。……母亲喜欢孩子身上的某个器官，因此，认为她无条件地爱孩子的想法是个错误。……哈姆雷特王子以及强迫性神经症的患者，在被迫了解到真相，知道母亲最爱的是自己身上某个形象时，会格外感到被欺骗。由于他们自己也迷恋被人凝视，他们很难忍受自己首先作为一种形象被爱。"

[10] Suétone，*Néron*，50.

[11] Suétone，*Caligula*，24；Tacite，*Annales*，XIV，2；Dion Cassius，*Histoire romaine*，LIX，10.

[12] Suétone，*Néron*，6.

[13] K. R. Bradley，*Suetonius' Life of Nero. An Historical Commentary*，Bruxelles，Latomus，1978，p. 50；Gaius，*Les Institutions oratoires*，1，189.

[14] Suétone，*Néron*，6.

[15] Quintilien，*L'Institution oratoire*，X，1，23；Dion Cassius，*Histoire romaine*，LX，23；Martial，*Épigrammes*，X，2；Suétone，*Vie de Passiénus*.

[16] E. Cizek，*Néron*，Paris，Fayard，1982，p. 27.

[17] Suétone，*Néron*，6.

[18] *Ibid.* ; Tacite, *Annales*, XI, 11.

[19] Suétone, *Néron*, 52.

[20] *Ibid.*

[21] Tacite, *Annales*, XIII, 3.

[22] *CIL*, VI, 2040 - 2045; Suétone, *Claude*, 27; Suétone, *Néron*, 7; Tacite, *Annales*, XII, 26.

[23] *RIC*, I^2, 82.

[24] Suétone, *Néron*, 7; Tacite, *Annales*, XII, 41.

[25] Suétone, *Claude*, 45.

[26] Suétone, *Néron*, 8.

[27] Y. Le Bohec, *L'Armée romaine*, Paris, Picard, 1989, p. 21.

[28] Tacite, *Annales*, XII, 69; Suétone, *Néron*, 8; Dion Cassius, *Histoire romaine*, 61, 3.

[29] Tacite, *Annales*, XII, 69; Dion Cassius, *Histoire romaine*, 61, 1.

[30] Suétone, *Néron*, 9; Tacite, *Annales*, XIII, 2.

[31] *RIC*, I^2, 82.

[32] Sénèque, *L'Apocoloquintose du divin Claude*, 4.

[33] Suétone, *Néron*, 51.

[34] Pseudo-Lucien, *Néron ou le Percement de l'Isthme*, 7.

[35] R. F. Martin, *Les Douze Césars, du mythe à la réalité*, op. cit. , p. 77.

[36] *Ibid.* , p. 78.

[37] Suétone, *Néron*, 51.

[38] V. Girod, «Une matrice: la cour romaine du Haut-Empire à l'Antiquité tardive», dans V. Battaggion et Th. Sarmant (dir.), *Histoire mondiale des cours de l'Antiquité à nos jours*, op. cit. , p. 124.

[39] Dion Cassius, *Histoire romaine*, LXI, 20.

[40] Suétone, *Néron*, 20.

[41] Dion Cassius, *Histoire romaine*, LXI, 3.

[42] E. Cizek, *Néron*, *op. cit.*, p. 94.

[43] Suétone, *Néron*, 10.

[44] *Ibid.*, 11-12.

[45] *Ibid.*, 26.

[46] *RIC*, I^2, 1-7.

[47] Tacite, *Annales*, XIII, 2.

[48] V. Girod, *Agrippine, sexe, crimes et pouvoir dans la Rome impériale*, *op. cit.*, p. 164.

[49] Tacite, *Annales*, XIII, 5.

[50] Suétone, *Néron*, 28.

[51] *Ibid.*, 33; Tacite, *Annales*, XIII, 15-16; Dion Cassius, *Histoire romaine*, LXI, 7.

[52] Tacite, *Annales*, XIII, 20.

[53] *Ibid.*, 21; XIV, 12.

[54] *Ibid.*, XIII, 45.

[55] Suétone, *Néron*, 34; Tacite, *Annales*, XIV, 3-9; Dion Cassius, *Histoire romaine*, LXI, 12-14.

[56] Suétone, *Néron*, 39.

[57] Dion Cassius, *Histoire romaine*, LXI, 16.

[58] A. A. Barrett, *Agrippina. Sex, Power and Politics in the Early Empire*, New Haven et Londres, Yale University Press, 1996, p. 193.

[59] Suétone, *Néron*, 35; Tacite, *Annales*, XIV, 60-64; Dion Cas-

sius, *Histoire romaine*, LXII, 13.

[60] Suétone, *Néron*, 53.

[61] *Ibid.*, 20.

[62] E. Cizek, *Néron*, *op. cit.*, p. 47. La question est impossible à trancher…

[63] Suétone, *Néron*, 21.

[64] Elle est attribuée à Sénèque, ou tout du moins à un imitateur.

[65] Suétone, *Néron*, 54.

[66] *Ibid.*, 22.

[67] *Ibid.*, 30.

[68] *Ibid.*, 13.

[69] *Ibid.*, 23.

[70] *Ibid.*, 29.

[71] *Ibid.*, 35.

[72] Dion Cassius, *Histoire romaine*, LXIII, 26.

[73] Suétone, *Néron*, 35.

[74] E. Cizek, *Néron*, *op. cit.*, p. 304.

[75] Suétone, *Néron*, 38; Tacite, *Annales*, XV, 38 – 43; Dion Cassius, *Histoire romaine*, LXII, 16 – 18.

[76] Suétone, *Néron*, 38; Dion Cassius, *Histoire romaine*, LXII, 16.

[77] Suétone, *Néron*, 16.

[78] *Ibid.*, 39.

[79] Pline l'Ancien, *Histoire naturelle*, 34, 45 – 46.

[80] Suétone, *Néron*, 31.

[81] *Ibid.*, 35.

注释

[82] E. Cizek，*Néron*，*op. cit.*，p. 257.

[83] *Ibid.*，p. 262.

[84] Tacite，*Annales*，XV，54 - 56.

[85] Suétone，*Néron*，45.

[86] *Ibid.*，32.

[87] E. Cizek，*Néron*，*op. cit.*，p. 390.

[88] Suétone，*Néron*，42 - 43.

[89] *Ibid.*，43；Dion Cassius，*Histoire romaine*，LXIII，25.

[90] Suétone，*Néron*，46.

[91] *Ibid.*，47.

[92] *Ibid.*，6.

[93] *Ibid.*，48.

[94] *Ibid.*，49.

[95] *Ibid.*

[96] *Ibid.*

[97] *Ibid.*，57.

第七章　加尔巴：僵硬统治

[1] Suétone，*Galba*，4.

[2] *Ibid.*，3.

[3] *Ibid.*，4.

[4] Plutarque，*Galba*，3.

[5] Suétone，*Galba*，4.

[6] *Ibid.*，5.

[7] *Ibid.*, 4.

[8] *Ibid.*

[9] *Ibid.*, 5

[10] *Ibid.*, 6.

[11] V. Girod, *Les Femmes et le sexe dans la Rome antique*, *op. cit.*, pp. 57 – 58.

[12] Plutarque, *Galba*, Ⅲ; Suétone, *Galba*, 6.

[13] Suétone, *Galba*, 6.

[14] *Ibid.*

[15] J.-N. Castorio, *Caligula*, *op. cit.*, p. 290.

[16] Suétone, *Galba*, 4.

[17] *Ibid.*, 7.

[18] *Ibid.*, 22.

[19] *Ibid.*, 12.

[20] *Ibid.*, 9.

[21] *Ibid.*, 22.

[22] R. F. Martin, *Les Douze Césars, du mythe à la réalité*, *op. cit.*, pp. 165 – 166.

[23] V. Girod, *Les Femmes et le sexe dans la Rome antique*, *op. cit.*, pp. 161 – 163.

[24] Plutarque, *Galba*, 4.

[25] Suétone, *Galba*, 4.

[26] *Ibid.*, 10; Plutarque, *Galba*, 5.

[27] Suétone, *Galba*, 11.

[28] *Ibid.*, 2.

[29] *Ibid.*, 15.

[30] *Ibid.*, 14.

[31] *Ibid.*, 15.

[32] *Ibid.*, 20. Homère, *Iliade*, V, 254; *Odyssée*, XXI, 426.

[33] Suétone, *Galba*, 21.

[34] Tacite, *Histoires*, I, 16, 1.

[35] R. F. Martin, *Les Douze Césars, du mythe à la réalité, op. cit.*, p. 83.

[36] Suétone, *Galba*, 16.

[37] *Ibid.*, 18.

[38] *Ibid.*, 19.

[39] *Ibid.*, 20.

第八章 奥托：善终之道

[1] Suétone, *Othon*, 10.

[2] *Ibid.*, 1.

[3] *Ibid.*, 2.

[4] *Ibid.*

[5] *Ibid.*, 12.

[6] Voir par exemple un denier du règne: *RIC*, I^2, 4.

[7] R. F. Martin, *Les Douze Césars, du mythe à la réalité, op. cit.*, p. 85.

[8] Tacite, *Annales*, XIII, 45.

[9] Suétone, *Othon*, 5.

[10] *Ibid.*

[11] *Ibid.*

［12］ *Ibid.*，4.

［13］ *Ibid.*

［14］ *Ibid.*，5.

［15］ Plutarque，*Othon*，1.

［16］ *Ibid.*，2.

［17］ E. Cizek，*Néron*，*op. cit.*，pp. 400 - 401.

［18］ Suétone，*Othon*，10.

［19］ *Ibid.*，8.

［20］ *Ibid.*，9.

［21］ *Ibid.*，10.

［22］ *Ibid.*

［23］ 关于维纳斯所拥有的魔力的表述，参见 G. Ficheux，«La chevelure d'Aphrodite et la magie amoureuse»，dans L. Bodiou，D. Frère et V. Mehl（dir.），*L'Expression des corps：gestes，attitudes，regards dans l'iconographie antique*，Cahiers d'histoire du corps antique，2，Rennes，2006，pp. 181 - 194。

［24］ Suétone，*Othon*，10.

第九章　维特里乌斯：饕餮无度

［1］ Suétone，*Vitellius*，9.

［2］ *Ibid.*，1.

［3］ *Ibid.*，2.

［4］ Tacite，*Annales*，XIII，5 - 6.

［5］ Suétone，*Vitellius*，3.

［6］ *Ibid.*

[7] *Ibid.*, 5.

[8] *Ibid.*, 7.

[9] *Ibid.*, 6.

[10] *Ibid.*

[11] *Ibid.*, 7.

[12] *Ibid.*, 8.

[13] *Ibid.*

[14] *Ibid.*, 7.

[15] R. F. Martin, *Les Douze Césars, du mythe à la réalité, op. cit.*, p. 87.

[16] Suétone, *Vitellius*, 17.

[17] *Ibid.*, 10.

[18] *Ibid.*, 11.

[19] *Ibid.*, 12.

[20] *Ibid.*, 13.

[21] *Ibid.*, 14.

[22] *Ibid.*, 15.

第十章　韦帕芗：时来我用

[1] Suétone, *Vespasien*, 1.

[2] *Ibid.*, 5.

[3] *Ibid.*, 2.

[4] Tacite, *Histoire*, II, 80, 4.

[5] Ph. Tarel, *Titus*, Paris, Ellipses, 2016, p. 39.

[6] Suétone, *Vespasien*, 2.

[7] *Ibid.*, 3.

[8] *Ibid.*, 2.

[9] *Ibid.*, 4.

[10] Ph. Tarel, *Titus, op. cit.*, p. 54.

[11] Suétone, *Vespasien*, 4; Tacite, *Agricola*, 13, 5; Dion Cassius, *Histoire romaine*, LX, 20, 3.

[12] Suétone, *Vespasien*, 5.

[13] Ph. Tarel, *Titus, op. cit.*, p. 45.

[14] Suétone, *Vespasien*, 3.

[15] *Ibid.*, 4.

[16] *Ibid.*, 4.

[17] Ph. Tarel, *Titus, op. cit.*, p. 118.

[18] Tacite, *Histoire*, II, 2, 1.

[19] *Ibid.*, III, 66, 7.

[20] Suétone, *Vespasien*, 5.

[21] *Ibid.*, 5.

[22] *Ibid.*, 6.

[23] Ph. Tarel, *Titus, op. cit.*, p. 184.

[24] Suétone, *Vespasien*, 12.

[25] *Ibid.*, 20.

[26] R. F. Martin, *Les Douze Césars, du mythe à la réalité, op. cit.*, p. 89.

[27] Suétone, *Vespasien*, 11.

[28] *Ibid.*, 9.

[29] *Ibid.*, 8.

[30] *Ibid.*, 14.

注释

[31] *Ibid.*, 17.

[32] *Ibid.*, 16.

[33] *Ibid.*, 22-23.

[34] *Ibid.*, 19.

[35] *Ibid.*, 12.

[36] Dion Cassius, *Histoire romaine*, LXVI, 16.

[37] Suétone, *Vespasien*, 23.

[38] *Ibid.*, 24.

[39] *Ibid.*, 25.

第十一章　提图斯：宠儿之路

[1] Suétone, *Titus*, 1.

[2] V. Girod, *Agrippine, sexe, crimes et pouvoir dans la Rome impériale*, *op. cit.*, pp. 137-139.

[3] Suétone, *Titus*, 3.

[4] *Ibid.*, 2.

[5] R. F. Martin, *Les Douze Césars, du mythe à la réalité*, *op. cit.*, pp. 89-91.

[6] Suétone, *Titus*, 2.

[7] Tacite, *Annales*, XIII, 16; Flavius Joseph, *Antiquités judaïques*, XX, 152.

[8] Ph. Tarel, *Titus*, *op. cit.*, p. 70.

[9] Suétone, *Titus*, 7.

[10] *Ibid.*, 4.

[11] Pline l'Ancien，*Histoire naturelle*，préface，3.

[12] Suétone，*Titus*，4.

[13] Ph. Tarel，*Titus*, *op. cit.* 关于提图斯青年时代的记载相当模糊，人们对他的家庭知之甚少，文学方面的有关资料更是对此众说纷纭。

[14] Suétone，*Titus*，5.

[15] Flavius Joseph，*La Guerre des Juifs*，5，60.

[16] Suétone，*Titus*，5.

[17] *Ibid.*，6.

[18] Ph. Tarel，*Titus*, *op. cit.*，pp. 215 – 222.

[19] Suétone，*Titus*，7.

[20] *RIC*，II，388.

[21] Suétone，*Titus*，7.

[22] *Ibid.*

[23] *Ibid.*，8.

[24] *Ibid.*，1.

[25] Martial，*Épigrammes*，IV，44.

[26] Suétone，*Titus*，8；*CIL*，X，1492.

[27] Suétone，*Titus*，8.

[28] *Ibid.*，9.

[29] *Ibid.*，10.

第十二章　图密善：家中弃子

[1] Suétone，*Domitien*，3.

[2] *Ibid.*，20.

注释

[3] *Ibid.*, 19.

[4] *Ibid.*, 1.

[5] *Ibid.*, 20.

[6] *Ibid.*, 14.

[7] Ph. Tarel, *Titus*, *op. cit.*, p. 188.

[8] Suétone, *Domitien*, 1.

[9] *Ibid.*, 5.

[10] *Ibid.*, 4.

[11] Voir à ce sujet O. Gazalé, *Le Mythe de la virilité*, Paris, Robert Laffont, 2017.

[12] Suétone, *Domitien*, 7.

[13] *Ibid.*, 8.

[14] *Ibid.*, 6.

[15] *Ibid.*, 3.

[16] *Ibid.*, 20.

[17] *Ibid.*, 21.

[18] *Ibid.*, 3.

[19] *Ibid.*, 13.

[20] *Ibid.*, 22.

[21] *Ibid.*, 13.

[22] Martial, *Épigrammes*, IX, 64 - 65.

[23] Suétone, *Domitien*, 4.

[24] R. Syme, «Antonius Saturninus», *Journal of Roman Studies*, 68, 1978, pp. 12 - 21.

[25] Suétone, *Domitien*, 21.

[26] *Ibid.*, 11.

[27] *Ibid.*, 14.

[28] *Ibid.*, 15.

[29] J. Schmidt, *La Mort des Césars*, Paris, Perrin, 2016, p. 82. 根据该书作者的说法，图密善无力比肩他的父亲和哥哥，他更倾向于专制统治。

[30] Suétone, *Domitien*, 15.

[31] *Ibid.*, 16.

[32] *Ibid.*, 17.

[33] *Ibid.*

[34] *Ibid.*, 23.

结语

[1] O. Gazalé, *Le Mythe de la virilité*, *op. cit.*

[2] M. Bodinger, «Le mythe de Néron. De l'Apocalypse de saint Jean au Talmud de Babylone», *Revue de l'histoire des religions*, 1989, pp. 21-40.

参考文献

Ash, Rhiannon, *Tacitus*, Oxford, Clarendon Press, 2012.

Barrett, Anthony A., *Caligula, The Corruption of Power*, Londres, Batsford, 1989.

—, *Agrippina. Sex, Power and Politics in the Early Empire*, New Haven et Londres, Yale University Press, 1996.

—, *Livia, First Lady of the Imperial Rome*, New Haven et Londres, Yale University Press, 2002.

Battaggion, Victor, et sarmant, Thierry, *Histoire mondiale des cours de l'Antiquité à nos jours*, Paris, Perrin, 2019.

Bauman, Richard, *Women and Politics in Ancient Rome*, Londres, Routledge, 1994.

Bradley, Keith R., *Suetonius' Life of Nero, An Historical Commentary*, Bruxelles, Latomus, 1978.

Burgeon, Christophe, *Domitien, un empereur controversé*, Paris, L'Harmattan,

2017.

Burns, Jasper, *Great Women of Imperial Rome, Mothers and Wives of the Caesars*, Londres, Routledge, 2007.

Carcopino, Jérôme, *La Vie quotidienne à Rome à l'apogée de l'Empire*, Paris, Hachette, 1936.

—, *Passion et politique chez les Césars*, Paris, Hachette, 1958.

—, *Jules César*, 5ᵉ éd., Paris, PUF, 1968.

Castorio, Jean-Noël, *Messaline, la putain impériale*, Paris, Payot, 2015.

—, *Caligula*, Paris, Ellipses, 2017.

Cizek, Eugen, *L'Époque de Néron et ses controverses idéologiques*, Leyde, E. J. Brill, 1972.

—, «L'*Apocoloquintose*, pamphlet de l'aristocratie latine», *Acta Antiqua Philippopolitana. Studia Historica et Philologica*, Sofia, 1963, p. 295 et sq.

—, *Structures et idéologies dans les* Vies des douze Césars *de Suétone*, Paris, Les Belles Lettres, 1977.

—, *Néron*, Paris, Fayard, 1982.

Cogitore, Isabelle, *La Légitimité dynastique d'Auguste à Néron à l'épreuve des conspirations*, Rome, École française de Rome, 2002.

—, «Les honneurs italiens aux femmes de la famille impériale de la mort de César à la mort de Domitien», dans M. Cébeillac-Gervasoni (dir.), *Les Élites municipales de l'Italie péninsulaire de la mort de César à la mort de Domitien, classes sociales dirigeantes et pouvoir central*, Rome, École française de Rome, 271, 2000, pp. 237 - 266.

Corbier, Mireille, «Divorce and adoption as roman familial strategies», dans B. Rawson (éd.), *Marriage, Divorce and Children in Ancient Rome*, New York, Oxford University Press, 1991, pp. 47 - 78.

—, «La maison des Césars», dans P. Bonte (dir.), *Épouser au plus proche, inceste, prohibitions et stratégies matrimoniales autour de la Méditerranée*, Paris, Éditions de l'École des hautes études en sciences sociales, 1994, pp. 243 - 292.

—, «Male power and legitimacy through women, the Domus Augusta under Julio-Claudians», dans R. Hawley et B. Levick (éd.), *Women in Antiquity, New Assessments*, New York, Routledge, 1995, pp. 178 - 193.

Croisille, Jean-Michel, «L'art de la composition chez Suétone d'après les vies de Claude et de Néron», *Annali dell'Istituto Italiano per gli Studi Storici*, 2, 1970, pp. 73 - 87.

参考文献

Devillers, Olivier, *Tacite et les sources des* Annales, *enquêtes sur la méthode historique*, Louvain-Paris, Peeters, 2003.

Ferrero, Guglielmo, *Les Femmes des Césars*, Paris, Plon, 1930.

Flory-Boudreau, Marleen, «The meaning of Augusta in the Julio-Claudian period», *American Journal of Ancient History*, 13, 2, 1998, pp. 113 - 138.

Gascou, Jacques, *Suétone historien*, Paris, de Boccard, 1984.

Gazalé, Olivia, *Le Mythe de la virilité*, Paris, Robert Laffont, 2017.

Giacosa, Giorgio, *Women of the Caesars*, Milan, Arte e Moneta, 1992.

Girod, Virginie, «Le *carpentum* dans la numismatique romaine: évolution et signification», *Cahiers numismatiques*, n°175, 2008, pp. 27 - 47.

—, «Agrippine la Jeune: de la princesse à la régente», dans F. López Sánchez (éd.), *The City and the Coin in the Ancient and Early Medieval Worlds*, British Archaeological Reports International Series, 2402, 2012, pp. 61 - 72.

—, *Agrippine, sexe, crimes et pouvoir dans la Rome impériale*, Paris, Tallandier, 2015.

—, «Une matrice: la cour romaine du Haut-Empire à l'Antiquité tardive», dans V. Battaggion et Th. Sarmant (dir.), *Histoire mondiale des cours de l'Antiquité à nos jours*, Paris, Perrin, 2019, pp. 120 - 137.

Grant, Michael, *The Twelve Caesars*, Londres, Weidenfeld and Nicolson, 1975.

Griffin, Miriam, *Seneca, A Philosopher in Politics*, Oxford, Clarendon Press, 1976.

—, *Nero: The End of a Dynasty*, Londres, Routledge, 1984.

Grimal, Pierre, *La Civilisation romaine*, Paris, Arthaud, 1960.

—, *L'Amour à Rome*, Paris, Hachette, 1963.

—, *Sénèque ou la Conscience de l'Empire*, Paris, Les Belles Lettres, 1978.

—, *Tacite*, Paris, Fayard, 1990.

Hallet, Judith, *Fathers and Daughters in Roman Society. Women and the Elite Family*, Princeton, Princeton University Press, 1984.

Homo, Léon, *Vespasien, l'empereur du bon sens*, Paris, Albin Michel, 1949.

Hurlet, Frédéric, *Auguste, les ambiguïtés du pouvoir*, Paris, Armand Colin, 2015.

Jones, Brian W., *The Emperor Titus*, Londres-Sidney, Croom Helm, 1984.

—, «Agrippina and Vespasian», *Latomus*, 43, 1984, pp. 581 - 583.

Kokkinos, Nikkos, *Antonia Augusta: Portrait of a Great Lady*, Londres, Routledge, 1992.

Kühner, Hans, et matt, Léonard von, *Les Césars*, Paris, Hachette, 1965.

Le Bohec, Yann, *César, chef de guerre*, Paris, Tallandier, coll. «Texto», 2015.

Levick, Barbara, *Claudius*, Londres, Routledge, 1990.

Martin, Jean-Pierre, «Néron et le pouvoir des astres», *Pallas*, 30, 1983, pp. 63 – 74.

Martin, Régis F., «Les paradoxes de l'empereur Claude», *Revue des études latines*, 67, 1989, pp. 149 – 162.

—, *Les Douze Césars, du mythe à la réalité*, Paris, Les Belles Lettres, 2004.

Massaro, V., et montgomery, I., «Gaius: mad, bad, ill or all three?», *Latomus*, 37, 1978, pp. 894 – 909.

Moreau, Philippe, *Incestus et prohibitae nuptiae, l'inceste à Rome*, Paris, Les Belles Lettres, 2002.

Muller, Laurent, «La mort d'Agrippine», *Les Études classiques*, 62 (1), 1994, pp. 27 – 43.

Nony, Daniel, *Caligula*, Paris, Fayard, 1986.

Petit, Paul, *Histoire générale de l'Empire romain*, I: *Le Haut-Empire*, Paris, Le Seuil, 1978.

Picard, Gilbert-Charles, *Auguste et Néron, le secret de l'Empire*, Paris, Hachette, 1962.

Puccini-Delbey, Géraldine, *La Vie sexuelle à Rome*, Paris, Tallandier, 2007.

Renucci, Pierre, *Caligula, l'impudent*, Paris, Perrin, 1986.

—, *Claude, l'empereur inattendu*, Paris, Perrin, 2012.

—, *Auguste, le révolutionnaire*, Paris, Perrin, 2014.

—, *Marc Antoine, un destin inachevé entre César et Cléopâtre*, Paris, Perrin, 2015.

Salles, Catherine, *Tibère, le second César*, Paris, Robert Laffont, 1985.

—, *La Rome des Flaviens*, Paris, Perrin, coll. «Tempus», 2008.

—, *Néron, empereur des arts*, Paris, Perrin, 2019.

Sartre, Maurice, *Cléopâtre, un rêve de puissance*, Paris, Tallandier, 2018.

Storoni mazzolani, Lidia, *Tibère ou la Spirale du pouvoir*, Paris, Les Belles Lettres, 1986.

Strauss, Barry, *La Mort de César*, traduit de l'anglais par Clotilde Meyer, Paris, Albin Michel, 2018.

Syme, Ronald, «Some friends of the Caesars», *American Journal of Philology*, 77, 1956, pp. 264 - 273.

——, «Antonius Saturninus», *Journal of Roman Studies*, 68, 1978, pp. 12 - 21.

——, *Tacitus*, Oxford, Clarendon Press, 1958.

——, «Domitian, the last years», *Chiron*, 13, 1983, pp. 121 - 146. tarel, Philippe, *Titus*, Paris, Ellipses, 2016. turCan, Robert, *Vivre à la cour des Césars*, Paris, Les Belles Lettres, 1987.

——, *Tibère*, Paris, Les Belles Lettres, 2017.

Verdière, Raoul, «Àverser au dossier sexuel de Néron», *La parola del passato*, 30, 1975, pp. 9 - 21.

Veyne, Paul, *Le Pain et le Cirque*, Paris, Le Seuil, 1976.

Wallace-Hadrill, Andrew, *Suetonius, The Scholar and his Caesars*, Londres, Duckworth, 1983.

Wuilleumier, Pierre, «L'empoisonnement de Claude», *Revue des études latines*, 53, 1975, pp. 3 - 4. yavetz, Zvi, *César et son image*, Paris, Les Belles Lettres, 1990.

Yavetz, Zvi, *César et son image*, Paris, Les Belles Lettres, 1990.

致谢

每一本新书，都是一段孤独的冒险。然而，在十二恺撒的宫廷里，作家身边一直有所陪伴，从未真正孤单过。首先，我要感谢的第一个人是文森特（Vincent）。尽管生活纷扰，但他一直都在，倾听我心，听我大声读出自己的思考，甚至有时还校阅几页书。对此，他值得我最深切、最真诚的谢意。

其次，我还要感谢我的教授和曾经的论文导师、最杰出的恺撒研究专家之一扬·勒伯埃克先生。感谢他抽出宝贵的时间，重新审阅了本书第一章。他推动了我的思想中自由和批判精神的形成，是在智识层面上塑造我的人之一。

最后，本书得以问世，当然也少不了伯努瓦·伊维尔（Benoît

Yvert)、克里斯托弗·帕里（Christophe Parry）和佩兰出版社的整个团队。在全书每一章节的创作中，他们都对我表示了关心，在此感谢各位。

我还要特别感谢我的编辑，维克多·巴塔吉瓮（Victor Battaggion）先生，您身上一半是斯芬克斯、一半是专制暴君。第一次，有很多话就不写出来了，我的意思您全都懂。

La véritable histoire des douze Césars by Virginie Girod

Copyright © Perrin, un Département de Place des Éditeurs, 2019

Simplified Chinese language edition published by arrangement with Editions Perrin, through the Grayhawk Agency.

Simplified Chinese language edition © 2023 China Renmin University Press Co., Ltd

All Rights Reserved.

图书在版编目（CIP）数据

十二恺撒：罗马帝国的黎明/（法）维尔吉妮·吉罗（Virginie Girod）著；信尚尚译．--北京：中国人民大学出版社，2023.2
ISBN 978-7-300-31158-6

Ⅰ.①十… Ⅱ.①维… ②信… Ⅲ.①罗马帝国—历史 Ⅳ.①K126

中国版本图书馆CIP数据核字（2022）第214707号

十二恺撒：罗马帝国的黎明
[法] 维尔吉妮·吉罗（Virginie Girod） 著
信尚尚 译
Shi'er Kaisa

出版发行	中国人民大学出版社		
社 址	北京中关村大街31号	邮政编码	100080
电 话	010-62511242（总编室）	010-62511770（质管部）	
	010-82501766（邮购部）	010-62514148（门市部）	
	010-62515195（发行公司）	010-62515275（盗版举报）	
网 址	http://www.crup.com.cn		
经 销	新华书店		
印 刷	北京联兴盛业印刷股份有限公司		
规 格	148 mm×210 mm 32开本	版 次	2023年2月第1版
印 张	14 插页4	印 次	2023年2月第1次印刷
字 数	287 000	定 价	89.00元

版权所有　侵权必究　印装差错　负责调换